# Terceiro Tempo do Trauma

Coleção Estudos
Dirigida por J. Guinsburg

Equipe de realização – Edição de Texto: Geisa Oliveira; Revisão: Luiz Henrique Soares; Sobrecapa: Sergio Kon; Produção: Ricardo W. Neves, Lia N. Marques, Sergio Kon, Luiz Henrique Soares e Elen Durando.

# Eugênio Canesin Dal Molin

# O TERCEIRO TEMPO DO TRAUMA
## FREUD, FERENCZI E O DESENHO DE UM CONCEITO

Copyright © Perspectiva 2016

Esta publicação contou com o apoio da Fapesp (processo n. 2015/12029-9), por meio do programa "Auxílio à Pesquisa – Publicações".

As opiniões, hipóteses e conclusões ou recomendações expressas neste material são de responsabilidade do autor e não necessariamente refletem a visão da Fapesp.

CIP-Brasil. Catalogação na Publicação
Sindicato Nacional dos Editores de Livros, RJ

---

D142t

    Dal Molin, Eugênio Canesin
    O terceiro tempo do trauma : Freud, Ferenczi e o desenho de um conceito / Eugênio Canesin Dal Molin. - 1. ed. - São Paulo : Perspectiva : Fapesp, 2016.
    272 p. ; 23 cm.   (Estudos ; 346)

    Inclui bibliografia
    ISBN 978-85-273-1074-1

    1. Freud, Sigmund, 1856-1939. 2. Ferenczi, Sandor, 1873-1933. 3. Psicanálise. 4. Neuroses. 5. Trauma. I. Fundação de Amparo à Pesquisa do Estado de São Paulo. II. Título. III. Série.

16-37204

CDD: 150.1952
CDU: 159.964.2

---

17/10/2016     19/10/2016

Direitos reservados à
EDITORA PERSPECTIVA LTDA

Alameda Santos, 1909, cj. 22
01419-100 São Paulo SP Brasil
Tel.: (011) 3885-8388
www.editoraperspectiva.com.br

2022

Para Isabella,
Eden, Ellen e Danilo,
com carinho.

# Sumário

Agradecimentos. . . . . . . . . . . . . . . . . . . . . . . . . . . . . . . . . . . . . . . xi

Prefácio: Os Tempos do Trauma –
*Nelson Ernesto Coelho Junior* . . . . . . . . . . . . . . . . . . . . . . . . . xiii

INTRODUÇÃO . . . . . . . . . . . . . . . . . . . . . . . . . . . . . . . . . . . . 1

PARTE I

1. O Murmúrio do Momento Que Nasce. . . . . . . . . . . . . .11
2. *Chez* Maria Valerie. . . . . . . . . . . . . . . . . . . . . . . . . . . . . 25
3. Jennifer e o Vasto Olho . . . . . . . . . . . . . . . . . . . . . . . . 43
4. "Estar Preparado É Tudo". . . . . . . . . . . . . . . . . . . . . . 67
5. O Menino no Quarto e o Pequeno Historiador. . . . . . 95

PARTE II

6. A Descoberta do Depois. . . . . . . . . . . . . . . . . . . . . . . . .125
7. Do Abandono e de Seus Valiosos Restos . . . . . . . . . . 147
8. A Viagem de Budapeste a Wiesbaden. . . . . . . . . . . . 169
9. O Duplo Trauma Ferencziano . . . . . . . . . . . . . . . . . . . 193

PARTE III

10. O Terceiro Tempo do Trauma . . . . . . . . . . . . . . . . . . . 219

Referências. . . . . . . . . . . . . . . . . . . . . . . . . . . . . . . . . . . . . . . 235

# Agradecimentos

As ideias podem ter o privilégio de encontrar atenção e interesse, o que merece toda a gratidão daquele que as alinhavou e escreveu. Agradeço a todos os que percorreram estas páginas antes de sua publicação, mas a algumas pessoas em especial.

Nelson Ernesto Coelho Junior sempre me ofereceu um lampião quando o percurso mostrava-se escuro, iluminando, com respeito e elegância, as possibilidades abertas a cada curva da pesquisa. Em momentos diferentes ao longo dos últimos anos, Mauro P. Meiches, Inês Loureiro, Flávio Carvalho Ferraz, Daniel Kupermann e Myriam Uchitel comentaram e reorganizaram muitas ideias aqui discutidas, assim como Renata Udler Cromberg, que somou a isso o incentivo na árdua tarefa de abrir portas onde o pensamento encontra uma parede de tijolos.

Aos colegas do grupo de orientação, que funcionou sob a batuta de Nelson E. Coelho Junior, meu reconhecimento a André de Martini, Adriana B. Pereira, Katia Cherix, M. Manuela A. Moreno, M. Florência Gluglielmo, Marcio L. Bandeira e Marcio Robert, que discutiram dos conceitos às vírgulas que rabisquei. Também sou profundamente grato aos grupos nos quais pude apresentar e discutir o que este livro encerra: o composto pelos queridos amigos do Instituto Sedes Sapientiae; o dos que me incumbiram de coordenar o grupo de estudos sobre Ferenczi, às quintas-feiras; e o dos colegas que toda sexta-feira, no grupo de trabalho Faces do Traumático, dedicam-se ao tema que se tornou tão caro a mim.

A pesquisa não teria o mesmo resultado sem a ajuda dos funcionários do IP-USP (Instituto de Psicologia da USP), condensados aqui em Sônia Maria Caetano de Souza.

Agradeço também a Renato Mezan, pela escuta livre nos últimos anos.

Este livro é dedicado a quatro pessoas. A Ellen, Eden e Danilo, incentivadores amorosos dessa aventura, desde há muito a ensinarem-me o exercício do cuidado para com o outro e a seriedade frente às ideias.

E a Isabella, companheira sensível do labor e da vida, todo dia a relembrar-me que Vinicius de Moraes sabia o que dizia quando escreveu: "Há que ser bem cortês sem cortesia; doce e conciliador sem covardia; saber ganhar dinheiro com poesia – para viver um grande amor".

Agradeço a Fapesp (Fundação de Amparo à Pesquisa do Estado de São Paulo) pela concessão da bolsa de mestrado e pelo apoio financeiro para edição e publicação deste volume.

A Renata Mundt, pela primeira revisão do texto.

E a cada paciente que decide aventurar-se na tarefa de conhecer o próprio desenho.

# PREFÁCIO:
# Os Tempos do Trauma

A noção de trauma psíquico é central na construção da psicanálise como área de conhecimento e prática *sui generis*. Trata-se de uma experiência humana que na teorização psicanalítica já foi pensada como elemento inevitável e, por isso mesmo, inaugural do aparelho psíquico, assim como causa primária de diferentes formas de adoecimento. Já foi também pensada como impossibilidade de contenção e transformação de intensidades internas ao sujeito ou, no polo oposto, como experiência marcada pela ação externa (realizada por outro sujeito humano), como nos traumas sexuais ou nos efeitos produzidos por guerras e catástrofes. É uma noção que motivou muitos embates teóricos e clínicos no decorrer dos mais de 120 anos de história da psicanálise, produzindo verdadeiras batalhas entre grandes personagens, como Sigmund Freud e Sándor Ferenczi.

Nesse sentido, como psicanalistas, temos que nos confrontar com vários registros simultâneos: a experiência do trauma, reconhecida clínica e socialmente; o trauma psíquico como conceito-chave da teoria psicanalítica (em suas múltiplas definições); e, por fim, o trauma produzido pela própria história das ideias psicanalíticas, por efeito de embates teórico-clínicos entre as diferentes concepções de autores centrais, como Freud e Ferenczi, gerando cisões e rupturas institucionais.

Tanto nas relações intersubjetivas e históricas, quanto na dimensão intrapsíquica, o trauma pode ser definido como um evento intenso e marcante (pontual ou progressivo) do passado, que estende seus efeitos de devastação ao presente e ao futuro. Nem sempre o impacto psíquico é reconhecido e representado, o que faz com que seu efeito não seja produzido de imediato. Muitas vezes, como indicou Freud, é só no depois, só em um segundo tempo que o trauma torna-se efetivo, fazendo aparecer seu sem sentido e sua dor devastadora e paralisante. O trauma sexual infantil costuma seguir esse roteiro. Em um primeiro momento, aquilo que depois reconhecemos como tendo sido um assédio sexual, é vivido como uma "brincadeira" e, embora ganhe registro por sua intensidade, desmesura e violência, pode não ser reconhecido e representado como uma experiência traumática e, por isso, não chega a revelar no momento seu efeito devastador. Passados alguns anos, em função de maior compreensão e experiência, diante de algum fato ou emoção que remeta à experiência passada, o sentido presente, mas latente, ganha a cena, recobre de significação o que foi vivido no passado e instala definitivamente os efeitos do traumático. É por essas características que o trauma traz sempre indagações sobre a memória, sobre a história e sobre a temporalidade. De resto, a noção de tempo está longe de ser um assunto simples em termos da teorização psicanalítica, a começar por Freud.

Seguramente, um dos mais importantes e inovadores entre os conceitos desenvolvidos pela psicanálise refere-se à dimensão do tempo e, em particular, ao tempo do trauma. A palavra que Freud usou em alemão para conceituar a temporalidade própria das experiências psíquicas infantis (mas também vividas por adultos em situações traumáticas) foi *Nachträglichkeit*. Em inglês, foi traduzido por James Strachey como *deffered action* (ação diferida): momentos vividos que não podem ser integrados em um entrelaçamento de significados (estabelecendo representações psíquicas) têm uma potencialidade de sentido não completamente consumada, embora não tenham eficácia psíquica no instante imediato em que ocorreram.

PREFÁCIO: OS TEMPOS DO TRAUMA

O significado desses momentos vividos só será ativado e suplementado em um *a posteriori*. Novas experiências vão reativar e enriquecer as primeiras marcas e expor aspectos ainda não descobertos, não necessariamente sobre o todo da experiência, mas em particular sobre aquilo que no momento em que foi originalmente vivido não pôde ser integrado em termos psíquicos. Não é apenas uma simples reconsideração do primeiro momento. É uma constante transformação por meio do suplemento interposto por momentos novos que se ligam a eles. A *Nachträglichkeit* implica a existência de uma distância temporal entre a situação vivida e seu efeito psíquico (ou a constituição de uma representação psíquica adequada para a situação vivida), mas promove, acima de tudo, reorganizações e reinscrições psíquicas. Refere-se, também, à marca do que a psicanálise reconhece como repetições psíquicas. É por tudo isso que, em termos psicanalíticos, significado e consistência psíquica vêm muitas vezes depois e não ao mesmo tempo em que a situação vivida, e que a simples linearidade do tempo, do passado para o presente, não tem lugar na complexa temporalidade proposta por Freud.

É justamente nesse ponto que encontramos uma grande discordância entre a teoria freudiana e a maioria das teorias psicológicas no que diz respeito à compreensão do que é a experiência do tempo e sua forma de apreensão objetiva. Como psicanalistas, não acreditamos que podemos, empiricamente, observar o desenvolvimento de uma criança, por exemplo, e ter a certeza de uma relação direta entre os fatos da vida e seu significado psíquico. André Green sugeriu que "os processos relacionados com o tempo são aqueles que escapam à observação e a maioria deles têm que ser deduzidos de forma retrospectiva. Por quê? Porque ocorreram intrapsiquicamente, reorganizando os resultados da percepção, dos afetos, das fantasias, dos desejos etc. Essa é a base para a transferência"[1].

Concordo com Green quando aponta que nunca estamos seguros de poder observar objetivamente um fato que depende de processos psíquicos. Concordo, também, que a transferência é a forma pela qual reorganizamos psiquicamente em um

---

1    A. Green, The Greening of Psychoanalysis, em G. Kohon (ed.), *The Dead Mother*, p. 28.

tratamento psicanalítico os fatos vividos anteriormente. Assim, é muito incerto e impreciso, e até mesmo errado, estabelecer que um trauma, por exemplo, ocorreu quando a criança tinha dois ou três anos, contando apenas com as observações da mãe ou a memória de observações ou mesmo as auto-observações, o que não significa que não haja relação entre os fatos da vida e as representações psíquicas ou entre a realidade externa e a realidade psíquica, ou ainda entre a verdade histórica e a verdade de uma narrativa. A questão aqui é se nós, psicanalistas, devemos acreditar na realidade obtida por meio de métodos observacionais, por meio de métodos empíricos de pesquisa, que medem e contabilizam um tempo cronológico de supostos fatos ocorridos. A psicanálise tem seu próprio método de pesquisa, um método baseado na experiência clínica, baseado no que emerge no *setting* analítico, em um tempo de traumas, de sonhos e de *rêveries*, nos caminhos de tempo próprios ao campo construído por analista e analisando no espaço analítico.

A temática dos tempos do trauma também foi um dos eixos centrais da obra do principal discípulo de Freud, o psicanalista húngaro Sándor Ferenczi. Para ele, em resumo, o traumatismo é o resultado de dois (ou três) tempos distintos, que se referem a aspectos diferentes daqueles postulados por Freud: um primeiro tempo que coincide com respostas apaixonadas de um adulto (ou dos adultos) às solicitações ternas de uma criança; e um segundo momento, em que esses eventos são negados pelos adultos, o que acaba acarretando uma cisão no ego da criança (momento que vemos ganhar o nome de terceiro, intermediário, como proposto por Balint e renovado neste livro por Eugênio Canesin Dal Molin). Ou seja, há primeiro a intensidade insuportável do vivido e a seguir uma desqualificação (um desmentido) do que foi vivido. Portanto, a experiência traumática, tal como pensada por Ferenczi, assim como a concepção em três tempos sugerida por Balint retomando as ideias de Ferenczi, dão aos objetos externos um papel central no processo, ao explicitar que é na relação com a realidade externa, mais do que no mundo intrapsíquico, que iremos encontrar as origens do trauma.

Outro foco de interesse das investigações de Ferenczi dirigiu-se aos efeitos intrapsíquicos produzidos por um evento

PREFÁCIO: OS TEMPOS DO TRAUMA                    XVII

traumático e suas consequências na organização psíquica de um indivíduo. O psicanalista húngaro construiu uma impactante hipótese a partir da observação clínica do trauma: "a personalidade [da criança] ainda fracamente desenvolvida reage ao brusco desprazer, não pela defesa, mas pela identificação ansiosa e a introjeção daquele que a ameaça e a agride"[2]. A partir dessa hipótese, Ferenczi desenvolve uma de suas mais ricas formulações, indicando o efeito da cisão psíquica presente nas experiências traumáticas:

A criança que sofreu uma agressão sexual pode, de súbito, sob a pressão da urgência traumática, manifestar todas as emoções de um adulto maduro [...] Nesse caso, pode-se falar, para opô-la à regressão de que falamos de hábito, de progressão traumática (patológica) ou de prematuração (patológica). Pensa-se nos frutos que ficam maduros e saborosos depressa demais, quando o bico de um pássaro os fere, e na maturidade apressada de um fruto bichado.[3]

A cisão descrita por Ferenczi impõe a simultaneidade de formas psíquicas não conciliáveis, não assimiláveis uma à outra. Em sua perspectiva, essa simultaneidade caracteriza a própria patologia a ser enfrentada pela prática analítica. Ou seja, um aspecto do psiquismo se desenvolve de forma muito precoce para fazer frente às exigências colocadas pela experiência traumática, deixando outro aspecto psíquico em estado de congelamento, impossibilitado de se desenvolver plenamente. A partir do legado ferencziano, alguns analistas, como Winnicott, insistiram ainda mais no fato de que o "trauma é aquilo contra o qual um indivíduo não possui defesa organizada, de maneira que um estado de confusão sobrevém seguido talvez por uma reorganização de defesas de um tipo mais primitivo do que as que eram suficientemente boas antes da ocorrência do trauma"[4].

Além disso, e de forma mais trágica, é também possível afirmar que para a psicanálise o tempo do trauma, que é o

2   S. Ferenczi, Confusão de Línguas Entre os Adultos e a Criança, *Obra Completa*, v. 4, p. 103.
3   Ibidem, p. 104.
4   D.W. Winnicott, A Experiência Mãe-Bebê de Mutualidade, em C. Winnicott; R. Shepherd; M. Davis (orgs.), *Explorações Psicanalíticas de D.W. Winnicott*, p. 201.

tempo de uma agonia ainda não representável ou mesmo da esfera do irrepresentável, inviabiliza o tempo da abertura a uma esperança renovadora, e impõe "o tempo que se contrai e começa a terminar [...] o tempo que resta entre o tempo e seu fim"[5]. Em termos das dinâmicas sociais, a ausência da esperança vem se constituindo como uma das marcas distintivas do mundo contemporâneo. A repetição incessante de guerras, violências, intolerâncias e preconceitos deixa como resíduo psicossocial um estado de desesperança que passa a ser tão nocivo e desestabilizador como suas causas.

Não por acaso, a literatura de nossa modernidade tardia tem valorizado sobremaneira a experiência do trauma, seja nos relatos que enfocam a memória e o testemunho, seja na forma de certo realismo traumático que valoriza a urgência da dor cotidiana, em diferentes planos. Pode-se dizer que, nesses casos, as fronteiras entre a realidade e a ficção ficam muito tênues, já que a partir do trauma os efeitos reais e ficcionais parecem se igualar. É evidente que a escrita literária pode também ser tomada como uma das formas possíveis de elaboração de traumas em seus efeitos coletivos e mais propriamente individuais. Vivemos e sofremos um período histórico em que os traumas são predominantemente produtos humanos, muito mais do que advindos da força da natureza, como já foram em outros momentos da história. Constatações como essa levaram diferentes autores a nomear nosso período histórico a partir dos traumas que produziu, como o fez Cathy Caruth, ao defini-lo como a "era das catástrofes"[6]. Também, não por acaso, encontramos em diferentes narradores de obras contemporâneas da literatura brasileira o que Jaime Ginzburg bem indicou como a influência psicanalítica:

A partir da psicanálise, podem ser elaboradas reflexões sobre constituição do sujeito. Integrando algumas ideias de Freud e Lacan, o estudo do narrador pode privilegiar elementos dissociativos, construções fragmentárias e perspectivas traumáticas em narrativas. Além disso, pode compreender a produção literária dentro do horizonte de tensão entre cultura e barbárie, seguindo o livro *O Mal-Estar na Cultura*, de modo

5    G. Agambem, *The Time That Remains*, p. 62.
6    Cf. C. Caruth (ed.), *Trauma: Explorations in Memory*.

PREFÁCIO: OS TEMPOS DO TRAUMA

a interpretar imagens de negatividade à luz das forças destrutivas que emergem da própria civilização.[7]

Como se sabe, ao denunciar os agudos sintomas de crise do grande projeto da modernidade, ou seja, o projeto da constituição de um sujeito soberano, justo e pleno, Freud foi obrigado a reconhecer nas dimensões intrapsíquicas e intersubjetivas as marcas dos traumas originários e progressivos que marcam a condição humana. O sujeito que emerge do discurso psicanalítico já não pode ser confundido com o sujeito coeso e soberano em sua consciência, tal qual aquele preconizado pela tradição do pensamento moderno. Trata-se de um sujeito cindido, marcado pelos traumas, permanentemente em conflito e, em grande medida, determinado por ações, demandas e desejos sobre os quais não possui controle. Dividido em seu próprio domínio, o sujeito que emerge da descrição psicanalítica acaba por se defrontar com as exigências trágicas e éticas de um mundo individual e social sobredeterminado por vários níveis de conflito.

Por fim, vale lembrar que para a psicanálise a experiência traumática não tem como ser assimilada por completo e de forma definitiva, já que sempre haverá um resto. É desse efeito que decorre o que denominamos de compulsão à repetição por parte da vítima da cena de impacto, da cena traumática. Muitas das novas situações traumáticas reconhecíveis por cada um de nós são provocadas pelo retorno afetivo dos restos de experiências já vividas. Podem também advir da presença diluída do elemento traumático nos mais diversos aspectos da realidade humana, irrepresentáveis, que em certos momentos voltam a "provocar" o efeito traumático. Constatações, entre outras, que nos colocam diretamente diante das sucessivas encruzilhadas suscitadas pelo tema do trauma na história das teorias e das práticas terapêuticas desenvolvidas no campo da psicanálise. Situado ora como efeito da realidade ora como efeito de fantasias, ora como impacto registrado de uma experiência ora como impossibilidade de representação e registro reconhecível, o trauma psíquico exige a reconsideração de muitas das

7  J. Ginzburg, O Narrador na Literatura Brasileira Contemporânea, *Tintas*, p. 204.

XX O TERCEIRO TEMPO DO TRAUMA

proposições psicanalíticas consagradas e acaba por situar-nos para além de evidências já instituídas.

Portanto, é em um amplo cenário teórico-clínico e em um complexo contexto histórico-social, que se insere o livro *O Terceiro Tempo do Trauma: Freud, Ferenczi e o Desenho de um Conceito*, de Eugênio Canesin Dal Molin. A pesquisa original que serve de fundamento ao livro foi apresentada como dissertação de mestrado em Psicologia Experimental e defendida em 2013 no Instituto de Psicologia da USP. Por meio de um texto ao mesmo tempo ágil e erudito, as teorias e as clínicas psicanalíticas do trauma ganham corpo nas elegantes formulações do autor. Obra de um pesquisador rigoroso e criativo, o livro de Eugênio Canesin Dal Molin é dividido em três partes, cada uma com um foco diferente, relativo a modos distintos de se conceber e compreender a experiência do trauma psíquico. A primeira parte é dedicada ao modelo sintetizado em torno das neuroses traumáticas, com as neuroses de guerra como foco particular. Como se sabe, tanto Freud como Ferenczi buscaram compreender e tratar os efeitos e as consequências da Primeira Guerra Mundial sobre soldados traumatizados. A segunda, tem por eixo a discussão teórica sobre o trauma nas obras de Freud e de Ferenczi. A terceira parte toma em consideração a contribuição do psicanalista húngaro radicado na Inglaterra, Michael Balint, e seu esforço em sintetizar uma noção de trauma que una as concepções freudianas e ferenczianas, a partir da formação do trauma em três tempos. Ou seja, o tempo do choque, o tempo da significação tardia dessa experiência, e um tempo que se situa entre o primeiro e o segundo tempos, de reação do ambiente em resposta ao choque. Esse terceiro tempo constitui-se como uma fase intermediária, já que após o choque causado por força da realidade externa, o indivíduo procura integrá-lo psiquicamente por intermédio de uma ajuda que busca nos objetos externos. É esse tempo, intermediário na cronologia da formação traumática, mas o derradeiro a ser observado pela psicanálise, que o nosso autor chama de terceiro. E, como bem sabemos, esse tempo nem sempre se realiza a contento e pode prolongar-se, já que os objetos externos (nós mesmos, os seres humanos) muitas vezes não podem (por termos também os limites impostos pelo traumático), ou não querem, oferecer

PREFÁCIO: OS TEMPOS DO TRAUMA

os elementos necessários para que a ligação do impacto traumático possa se realizar.

Acompanho Eugênio plenamente quando, na conclusão deste livro, ele afirma que

nós, psicanalistas, testemunhamos os movimentos do psiquismo, o dínamo de repetição, não o fato em si mesmo, mas seus efeitos. Essa autenticação, esse reconhecimento, não consiste em um "subscrever" intelectual, como o carimbo de um órgão de censura política a chancelar determinada imagem, mas em um reconhecimento afetivo, um acolhimento, se posso dizer assim, do traumático, do indizível, e – acrescento – do que só pode ser dito a muito custo, por uma parte do indivíduo que hesita em mostrar-se, no espaço analítico.

[...] Quando o ambiente pós-traumático falha em oferecer recursos elaborativos, ele pode estender-se no tempo, repetir-se à exaustão na busca de um objeto que possa testemunhar – acolher afetivamente a experiência.

Contudo, é preciso ter a esperança de que sempre é tempo, ou sempre há tempo, para a escuta do que se repete em busca de acolhimento.

*Nelson Ernesto Coelho Junior*
*Psicanalista e professor doutor do Instituto*
*de Psicologia da Universidade de São Paulo*

# Introdução

> *Festina lente* [Apressa-te lentamente]
> SUETÔNIO, palavras atribuídas a Augusto.

Desde o início, a psicanálise dedicou-se, com maior ou menor atenção, à questão do trauma e realizou várias tentativas de conceituá-lo. Tentativas que nem sempre concordavam entre si ou que só poderiam ser compreendidas por meio de uma justaposição das ideias que foram paulatinamente teorizadas. Sem indicar *a priori* uma conceituação de trauma psíquico, convido o leitor a uma composição. Primeiro do problema em si, acompanhando textos que versaram sobre o tema e discriminando, neles, o que parece implícito à compreensão clínica e teórica do trauma. Na sequência, uma vez estabelecido o problema, a composição terá de embrenhar-se justamente nos aspectos que, uma vez revelados, pedem articulações nem sempre simples ou imediatas. As teorizações não serão apresentadas cronologicamente, porque sua articulação envolve, entre outros aspectos que se tornarão mais claros no decorrer do texto, um problema que se refere à sequência, se assim podemos chamá-la, da formação do trauma psíquico. Utilizarei na exposição dois autores que discutiram amplamente a questão por meio de textos publicados e de correspondência trocada: os conceitos de trauma, como aqui serão discutidos, são os elaborados por Freud e por um de seus mais próximos interlocutores, Sándor Ferenczi[1].

O convite feito ao leitor terá sempre uma dupla natureza. Ao mesmo tempo em que parto do princípio de que a leitura é realizada por interessados no tema, conhecedores do assunto, não posso ignorar que, mesmo aos versados, algumas ideias podem, sem prejuízo, ser retomadas. Daí a dupla natureza do convite – ler sabendo e ler para saber ou relembrar. E daí também algumas liberdades que se oferecem a quem escreve sob a chamada desse duplo convite. O caminho percorrido pode se demorar onde, fossem outras as escolhas de escrita, não se tenderia sequer a parar para descansar. Pode o autor contar com a quantidade e a qualidade das associações do leitor, que verá, antes de ler expressamente no texto, algumas ideias que talvez auxiliassem, já ali, a compreensão de um fenômeno. Fica aquele que escreve sempre a imaginar se não seria o caso de correr com as coisas, de trazer algumas hipóteses ao primeiro plano, imediatamente, em vez de postergá-las. Mas o duplo convite faz-me contar com algo que julgo essencial ao estudo teórico da psicanálise e, em particular, à sua clínica: um problema, para cuja resposta aventa-se uma ou mais hipóteses, deve ser composto, montado, desenhado e apresentado com riqueza de detalhes. Deixá-los de lado, como algo menor, equivaleria a trazer a hipótese de pronto ao leitor, sem lhe apresentar sobre quais premissas ela versa e ignorando que sua forma, seus termos e suas cores remetem integralmente ao problema que ela procura responder.

Uma decorrência dessa posição, do convite e de suas consequências, é a desenvoltura que – espero – o leitor encontre no que se segue. As técnicas de pesquisa, como bem nos lembra Ecléa Bosi, "devem ser adequadas ao objeto: é a lei de ouro. Não conheço outra"[2]. E o objeto, aqui, é o que chamamos de trauma psíquico, com sua temporalidade própria, com sua intensidade característica e consequências impressionantes. Jonathan Sklar deu o seguinte título a um belo livro de sua

---

1   Cf. A.W. Rachman, *Sándor Ferenczi. The Psychotherapist of Tenderness and Passion*; A. Talarn, *Sándor Ferenczi: El Mejor Discípulo de Freud*; M. Stanton, *Sándor Ferenczi: Reconsidering Active Intervention*.
2   *O Tempo Vivo da Memória*, p. 55.

autoria: *Landscapes of the Dark: History, Trauma, Psycho-Analysis*. Dedicado à discussão de casos nos quais o trauma era aspecto central do funcionamento psíquico do paciente, a teorizações sobre o assunto e à clínica que tais experiências demandam, resolveu acrescentar às paisagens de escuridão que encontrou mais três palavras significativas. A última dizia respeito ao seu campo de trabalho, a psicanálise. A segunda, ao objeto central de sua obra. E, a primeira, àquilo que o trauma parece pedir incessantemente ao paciente e ao clínico: história e atenção à história. Caso o leitor encontre nas páginas que seguem mais história do que gostaria, ou histórias que já conhecia, só posso afirmar que cada nota, cada digressão, pareceu-me indispensável. Se mesmo assim tiver a impressão de que alguns detalhes são desnecessários, peço que siga a leitura e lembre-se do famoso ser imaginário, o A Bao A Qu, que vive em uma escada, sensível às almas humanas:

Vive em estágio letárgico, no primeiro degrau, e só desfruta de vida consciente quando alguém sobe a escada. A vibração da pessoa que se aproxima lhe infunde vida, e uma luz interior se insinua nele. Ao mesmo tempo, seu corpo e sua pele quase translúcida começam a se mover. Quando alguém sobe a escada, o A Bao A Qu põe-se nos calcanhares do visitante e sobe agarrando-se à borda dos degraus curvos e gastos pelos pés de gerações de peregrinos. Em cada degrau sua cor se intensifica, sua forma se aperfeiçoa e a luz que irradia é cada vez mais brilhante. Testemunha de sua sensibilidade é o fato de que só consegue sua forma perfeita no último degrau [...] Não sendo assim, o A Bao A Qu fica como que paralisado antes de chegar, o corpo incompleto, a cor indefinida e a luz vacilante.[3]

Embora esse ser imaginário sofra quando não consegue atingir sua forma completa, é possível discerni-lo antes do fim da escada, que termina num terraço circular donde se pode ver todo o horizonte. Borges escreve que: "Só é possível vê-lo bem quando chega à metade da escada, onde os prolongamentos de seu corpo, que, como pequenos braços, o ajudam a subir, definem-se claramente. Há quem diga que ele vê com todo o corpo e que ao tato lembra a pele de pêssego."[4]

3    J.L. Borges; M. Guerrero, *O Livro dos Seres Imaginários*, p. 17.
4    Ibidem, p. 18.

O TERCEIRO TEMPO DO TRAUMA

Ficando o A Bao A Qu como uma espécie de modelo de leitura, e também de escrita, posso dizer ao leitor que uma boa visão do conjunto deste texto talvez seja atingida na metade da subida; e que sua forma completa poderá ser vista pouco antes da chegada ao terraço. Dito isso, devo expor alguns pontos-chave àquele que já deita a sola do pé no primeiro degrau.

Na parte inicial deste texto, procurei discutir experiências que podemos chamar de traumáticas assim que aconteceram. Ou seja, eventos que parecem ganhar esse atributo, de traumático, tão logo o sujeito os vivencia. Nesse sentido, na primeira parte incluem-se aqueles casos que foram chamados, em sentido amplo, de neuroses traumáticas, e eventos menores em intensidade, que pedem de quem os experimenta um trabalho mental de ligação. Para tanto, o primeiro degrau logo apresenta ao leitor um caso clínico e uma passagem da vida de Freud que voltarão a ser discutidos ao final da parte inicial. Entre as apresentações e posterior discussão, acompanharemos uma palestra proferida em Budapeste, em 1916, encontraremos casos clínicos e seguiremos algumas das ideias sobre o trauma e o funcionamento do aparelho mental que nossos autores de base descreveram, entre 1914 e 1926. O ponto nodal da primeira parte é o texto em que Freud explicita que há algo "além do princípio do prazer".

Na segunda parte do texto, debruçar-nos-emos sobre uma temporalidade cara à psicanálise, a que envolve a ideia do *a posteriori* e o conceito de *Nachträglichkeit* [5]. Freud foi profícuo ao discuti-lo, mesmo sem lhe dar o *status* de um conceito: percebemos a ideia desde sua correspondência com Fliess até suas últimas teorizações. O funcionamento mental como um todo, e o trauma psíquico em especial, ganham muito em complexidade em decorrência dessa ideia, de forma que nos ateremos a ela com atenção ímpar. Em Freud, e depois em Ferenczi, observaremos como o trauma psíquico encontra uma conceituação que lhe atribui dois tempos, um primeiro e um segundo (embora para cada um dos autores o segundo tempo envolva um fenômeno diferente). Algumas das experiências ferenczianas com a técnica psicanalítica serão discutidas nesse trecho, especialmente as realizadas entre 1928 e 1932. Foi por meio delas

5    Cf. J. Laplanche; J.-B. Pontalis, *Vocabulário de Psicanálise*.

INTRODUÇÃO

e do que permitiam observar sobre o funcionamento mental que Ferenczi desenvolveu suas mais importantes contribuições sobre o que está enredado no trauma. Creio que aqui os braços do A Bao A Qu já estarão mais que visíveis.

A última parte do texto, conclusiva, procura responder às perguntas que a passagem pelas teorizações anteriores despertou. É sobre o que envolve a formação do trauma que estarão os autores a dialogar, em especial a respeito da participação do meio externo – os sujeitos que compõem o ambiente no qual se insere o paciente – como agente traumático ou facilitador de possibilidades elaborativas. Não vejo maneira mais adequada, e mais de acordo com o campo em que se insere esta obra, que uma na qual esteja presente a clínica. O leitor encontrará, em muitos momentos, pacientes contando suas histórias ou experiências que julgaram significativas e angustiantes. Alguns deles introduzirão aspectos importantes à argumentação, outros, nos ajudarão a jogar luz sobre pontos obscuros da teoria. "Algumas conversas", escreveu Czeslaw Milosz, e algumas discussões, acrescento, "perduram em nossa memória e, às vezes, o que conseguimos lembrar, ainda mais que as palavras exatas, é o que estava diante de nossos olhos"[6]. Daí a necessidade de apresentar o indivíduo, de procurar fazer o leitor imaginá-lo, vê-lo e ouvi-lo. As experiências traumáticas e o ambiente que as recebe são constantemente reproduzidos no trabalho analítico, instigando a criação mental de paisagens que podem ser, como as chamou Sklar, de escuridão. Espero que vejamos como as proposições e releituras técnicas de Ferenczi têm consequências nesse ponto, fazendo da clínica um espaço em que o que foi ou é traumático pode ser reexperimentado em toda sua amplitude.

Justamente a partir da clínica foi feita a escolha da estrutura de apresentação das ideias dos autores. Poderíamos seguir cronologicamente as teorizações de Freud e Ferenczi sobre o trauma, porém a ordem das teorias não respeita a temporalidade do trauma psíquico vivido pelos pacientes, antes, subverte-a. Fosse a cronologia das obras de Freud e Ferenczi que determinasse a linha a ser seguida, esta obra teria de concentrar-se,

6  *Mente Cativa*, p. 142.

logo de início, na compreensão do trauma psíquico, formando-se em dois tempos. O problema criado por tal ordenamento é que ele desrespeita um aspecto que se coloca com frequência ao clínico. Nestas primeiras linhas, posso sintetizá-lo com as seguintes palavras: antes da lembrança, há a experiência. Ou, utilizando palavras de Freud: "devemos nos lembrar que todas as representações mentais [*Vorstellungen*] se originaram de percepções e de fato são repetições [*Wiederholung*] destas últimas"[7]. Tomar as representações antes das percepções é ignorar que estas precedem aquelas, e ignorar a possibilidade de que percepções, impressões e experiências podem ter, em si mesmas, um efeito traumático.

Este trabalho procura dar continuidade e aprofundar minhas pesquisas sobre o tema, iniciadas durante especialização em Teoria Psicanalítica no Cogeae-PUC/SP. Retorno a muitos dos textos trabalhados na época, em 2009, quando busquei demonstrar como a clínica pediu a Freud e a Ferenczi revisões teóricas que ajudassem a compreender casos em que o paciente vivenciara situações traumáticas. Neste texto, as perguntas despertadas antes voltam a ser formuladas, agora sob outros ângulos, pedindo respostas ou gerando outras questões que demandam atenção a aspectos que naquele trabalho não foram abordados, e a discussão de outros textos e comentadores. Tendo experiência no atendimento a pacientes que passaram por situações traumáticas graves (acidentes, abusos sexuais e formas variadas de violência), posso afirmar que as páginas que se seguem estão longe da pretensão de contemplar toda a complexidade do assunto. Elas exprimem uma forma de pesquisar, de compreender e de discutir um tema muitas vezes inquietante.

O imperador, escreveu Suetônio, advertia seus comandantes militares mais impetuosos com a máxima *Festina lente*, dita em grego, pois se trata de um verso das *Fenicianas* de Eurípedes. Se a pesquisa, o processo elaborativo do paciente após um trauma e o fazer analítico nesses casos pedem pressa, convêm lembrar sempre a advertência de Augusto[8]. Por neces-

---

7    A Negativa, *EPI*, v. III, p. 149.

8    Quando adotei a epígrafe de Suetônio, que serviu como bússola ao longo da pesquisa, desconhecia que Daniel Kupermann, no artigo A Via Sensível da Elaboração, *Cadernos de Psicanálise-CPRJ*, fez uso do mesmo mote. Não posso

sidade, gosto ou estilo (talvez por todos), aqui o esforço foi temperar a demanda de presteza com a lentidão do rigor e da sensibilidade.

---

furtar-me de citar o referido trecho, tão próximo do que em vários momentos tentei explicitar aqui e nas páginas seguintes: "Ser psicanalista hoje implica, portanto, questionar de que modo se é convocado no processo elaborador do seu analisando, reconhecendo os desafios que se impõem nos caminhos da clínica: seja em função do que os quadros clínicos apresentam como aparentemente 'intratável'; seja em função da necessidade, para se acolher seu sofrimento, de se reinterpretar o gesto terapêutico inventado por Freud. *O percurso se acena longo, e exige trabalho e paciência* [...] Nesse contexto, convém abrir mão de qualquer rotina que gere comodidade e escutar a advertência enunciada pela sábia máxima latina: *festina lente* – 'apressa-te lentamente'" (p. 43, grifo nosso).

# Parte I

# 1. O Murmúrio do Momento Que Nasce

Gavrilo[1] chegou ao consultório numa cadeira de rodas. Olhava curioso ao redor. Tinha onze anos. Perguntei-lhe o que aconteceu. Contou que ia com os avós e a irmã mais nova à praia, quando um carro na pista oposta tentou ultrapassar um conjunto de caminhões. Gesticulava bastante. Sua mão direita tornou-se "a mulher" – porque era uma motorista que guiava o carro que surgiu de trás do comboio. "A mulher veio em cima da gente", tentando ultrapassar os caminhões. Ela voltava da praia com a filha. "Meu avô entrou no acostamento. A mulher também." Gavrilo fez um movimento com a mão esquerda e o reproduziu, como num espelho preguiçoso, com a mão direita – colocou-as em rota de colisão. "E o carro bateu de frente", disse. Suas mãos não chegaram a se tocar, ficaram paradas, os dedos de uma na altura dos dedos da outra. Imaginei dois carros em alta velocidade, via-os de perto. Conforme se aproximavam, iam ficando

---

[1] Todos os casos utilizados nesta pesquisa, que não foram colhidos da literatura sobre o tema, tiveram, entre outros dados, os nomes alterados, preservando a identidade dos pacientes. O nome Gavrilo, atribuído a esse paciente, foi emprestado de uma figura histórica que logo a seguir é citada, mas não nomeada: o jovem que, ao disparar uma pistola em Sarajevo, desencadeou uma série de eventos que conduziu à Primeira Guerra Mundial.

mais lentos, até o ponto em que a colisão era iminente, mas não acontecia. "E você?", perguntei. "Esmagou a L3 e fiz outras cirurgias", respondeu. Olhei para sua cadeira. "E você viu o outro carro vindo?", perguntei, completando o que gostaria de ter dito da primeira vez. Seu tom era o de quem lia uma notícia, sem alteração e telegráfico. As mãos, porém, haviam encenado as palavras e ficaram ali, sem contato, como se o esmagamento da vértebra e as cirurgias não pudessem encontrar sua causa. Um acidente com consequências, mas em suspenso. À pergunta, se ele vira o outro carro, respondeu, "Não. Eu estava dormindo"; e baixou as mãos.

É inevitável que questionemos como Gavrilo sabe o que aconteceu, mesmo que a resposta pareça óbvia. Suas tias contaram-lhe um pouco, como seria esperado, mas o fizeram com dificuldade. A principal fonte de informação que teve foi a internet. Contou-me que, ao chegar em casa, após um período no hospital, entrou em sites buscando dados sobre o episódio. Um jornal, disse, ao lado da notícia sobre seu acidente, mostrava uma foto na qual ele era retirado das ferragens. Procurou e perguntou a todos o que acontecera, e perguntava-me algo no começo de cada sessão: se vi seu time jogar, se sabia algo sobre sua vértebra, se acreditava que ele sentira o dedo do pé na noite anterior. Perguntando aos outros, Gavrilo compunha um momento e o incluía na sua história. Era um trabalho ainda inacabado, cada nova resposta que ouvia acrescentava ou revelava um elemento desconhecido à cena. Precisava fazer isso para cobrir a lacuna que o acidente representava em suas lembranças. De uma forma, o momento estava ali – ele podia recompô-lo a cada vez que contava – mas, de outra, não. Na primeira sessão, suas mãos pareciam dar o tom e a nota que faltavam: ele sabia até aquele ponto, reconstruíra o acidente até ali. Depois uma pausa, a batida e, em seguida, as consequências físicas. As impressões do acidente, especificamente, não existiam. Nos meses seguintes, perguntei algumas vezes o que ele lembrava, e sua resposta foi sempre "nada". Como dormia, foi-lhe impossível ver a aproximação do outro carro, a manobra de seu avô e o movimento da "mulher" que, após a ultrapassagem frustrada, reagira de forma infeliz. Igualmente, os afetos que mostrava ao contar não pareciam incluí-lo dentro do carro, junto com seus avós e sua irmã.

Perguntei a Gavrilo sobre eles. Contou-me que a irmã também foi operada, mas não estava numa cadeira; que o avô precisou ser internado, mas estava bem e mudou-se de cidade, e que a avó morreu por causa da colisão. Falou sobre cada um como se lesse o noticiário. Devemos concordar acerca da dimensão de suas perdas: elas foram imensas. Gavrilo morava com a avó e pouco via os pais, que se separaram quando ele era um bebê de colo. Sua mãe era dependente química e morava na rua; seu pai repetiu ao longo da maior parte da vida um ciclo que o filho chamava de "entra e sai da cadeia". Depois da batida, Gavrilo e a irmã foram morar com duas tias. O acidente teve consequências profundas em sua vida, como podemos ver. Elas não estavam relacionadas exclusivamente com seu corpo, mas diziam respeito também à perda de sua avó, que fazia às vezes de figura materna.

Menos de um ano após ter me falado pela primeira vez, Gavrilo exibia a cicatriz que lhe restou de uma grande cirurgia feita logo depois do acidente. A cicatriz, que desenhava um traço horizontal no abdômen e seguia para as costas, tinha a cor de sua pele. Como ele usava uma bermuda, pude ver em seu joelho outra cicatriz, que era rosada e parecia mais recente. Perguntei quando se machucara ali, no joelho. "No acidente", respondeu. "Como?" "Eu acho", disse, "que foi a ponta do cinto. Porque tinha sangue aí, quando eu acordei". "E o que você viu quando acordou?", perguntei sem saber sobre qual momento ele falava.

Alguém falava comigo. Não sei se era uma mulher ou um homem. Dizia "não se mexe e não dorme". Porque se eu me mexesse... e porque, se eu dormisse, eu podia... Devia fazer uns dez minutos, ou cinco, que o carro tinha batido. Estavam tirando, levando, dois negócios para ambulância. Do outro carro, duas coisas pretas. Era a mulher e a filha dela. Minha irmã estava atrás do meu avô e eu estava deitado, preso pela parte de baixo do cinto. Eu vi minha avó. E não me mexi, mas acho que dormi porque só lembro bem depois.

A lembrança, composta menos de um ano após o acidente, podia estar à disposição do paciente, entretanto não era tocada. Essa parecia ser, num primeiro correr de olhos, a condição da cena narrada por Gavrilo a partir da cicatriz em seu joelho. Mas só num primeiro correr de olhos. Suas impressões poderiam

14 O TERCEIRO TEMPO DO TRAUMA: PARTE I

ser aquelas – pareciam ser –, mas não estavam à sua disposição antes, ao menos não dessa maneira, e nem haviam permanecido intocadas. A exibição das cicatrizes permitiu que aquela narrativa pudesse ser feita naquele momento; não poderia ter sido feita antes. A cena, vale ressaltar, era similar à reproduzida na foto que viu ao lado da notícia do acidente, e continha elementos que apontavam para as informações que ele colheu após deixar o hospital. Notadamente, sua observação sobre o que eram as duas formas pretas que viu serem levadas para ambulância e sua percepção do tempo que havia passado desde o choque. Se no momento da colisão Gavrilo dormia, seu primeiro despertar, que antes acontecera no hospital, agora era realocado para um momento mais próximo. Em sua história, que sem muito alarde ganhava elementos, o despertar foi reconstruído cinco ou dez minutos depois do choque dos automóveis[2].

Para entender o processo que Gavrilo enfrentou, acredito ser importante um desvio que nos levará a acompanhar e observar outra história, cronológica e espacialmente muito distante da sua, mas não por isso, devo dizer, desinteressante. Nosso desvio *começa* em 28 de junho de 1914, quando do número 19 da Berggasse, em Viena, partiu uma carta endereçada a Sándor Ferenczi: "Estou escrevendo sob a impressão do surpreendente assassinato em Sarajevo, cujas consequências não podem ser previstas. Parece-me que o envolvimento pessoal aqui é leve. Agora, aos nossos assuntos!"[3]

O evento, que serviria de disparador para a maior guerra experimentada pela Europa até então, mereceu um curto parágrafo de Freud. O sucessor ao trono do Império Austro-Húngaro, o arquiduque Francisco Ferdinando, fora assassinado, junto com a esposa, em Sarajevo, por um membro sérvio do movimento Jovem Bósnia[4]. Corretamente, o autor da carta avaliou que as

2 Apresentei de forma resumida o caso de Gavrilo e os aspectos transferenciais envolvidos no tratamento em E. Canesin Dal Molin, Entre o Tempo e o Outro, II Colóquio de Psicanálise da Criança.

3 E. Brabant; E. Falzeder; P. Giampieri-Deutsch, The Correspondence of Sigmund Freud and Sándor Ferenczi: Volume I, 1908-1914, p. 562. Todas as citações de obras em língua estrangeira traduzidas neste livro e sem indicação de tradutor nas referências foram realizadas por mim.

4 E. Falzeder, The Complete Correspondence of Sigmund Freud and Karl Abraham, 1907-1925, p. 252n4.

O MURMÚRIO DO MOMENTO QUE NASCE

consequências do episódio não podiam ser previstas, e dirigiu-se, sem muito hesitar, aos temas mais pessoais que, naqueles meses, envolviam algo que ele chamou de "bomba". A bomba freudiana era "Sobre a História do Movimento Psicanalítico", texto recém-publicado com o objetivo de defender a psicanálise das dissidências[5]. Seguiremos os fatos bélicos a partir da correspondência de Freud, uma vez que eles nos interessam na medida em que pediram, também à psicanálise, algumas alterações de rota.

Em 13 de julho daquele ano, Freud já estava em férias na Vila Fasholt, em Karlsbad[6]. Uma carta partiu de lá dois dias depois com destino a Berlim. Na missiva, endereçada a Karl Abraham, os assuntos tratados ainda eram os relativos à política do movimento psicanalítico e à escrita de alguns textos. A bomba surtira efeito: o grupo suíço, liderado por Jung, afastou-se dos cargos que retinha no movimento[7] e as escolhas de lado na batalha dentro da jovem ciência foram, sem demora, feitas pelos entusiastas da psicanálise. O quadro europeu, porém, começou a aparecer nas cartas trocadas entre Freud e seus correspondentes a partir do dia 26 de julho. O evento disparador, o assassinato do sucessor ao trono, não tardou a mostrar-se digno de observação.

Um ultimato com várias demandas foi emitido pelo Império Austro-Húngaro, esperando uma resposta do Reino da Sérvia em 48 horas. Embora a resposta, dentro do prazo, datada de 25 de julho, aceitasse parcialmente as demandas, no mesmo dia o governo imperial cortou relações diplomáticas com o pequeno país e mobilizou parcialmente suas tropas. Três dias depois, em 28 de julho, o Império Habsburgo declarou guerra à Sérvia[8].

Na correspondência com Abraham, a recente conquista na micropolítica do movimento já se misturava às notícias sobre a política europeia. Em 26 de julho, Freud escreveu-lhe, "Simultaneamente à declaração de guerra, que transforma nosso pacífico *spa*, chega sua carta, enfim trazendo as notícias libertadoras.

5  E. Jones, *A Vida e a Obra de Sigmund Freud. Volume 2*, p. 146-159.
6  E. Brabant; E. Falzeder, *The Correspondence of Sigmund Freud and Sándor Ferenczi: Volume II, 1914-1919*, p. 2; doravante *The Correspondence...v. II*.
7  E. Jones, op. cit.; E. Falzeder, op. cit., p. 257-261.
8  E. Brabant; E. Falzeder, op. cit., p. 9n1; E. Falzeder, op. cit., p. 265n1.

16 O TERCEIRO TEMPO DO TRAUMA: PARTE I

Então estamos livres deles, o brutal, arrogante[9] Jung e seus papagaios!", e continua, "É impossível prever se as condições do tempo nos permitirão manter o congresso. Se a guerra permanecer localizada nos Balcãs, estará tudo bem. Mas nada se pode dizer sobre a Rússia".[10]

Freud ainda relatou o excelente moral em Karlsbad em função das notícias sobre a guerra e, igualmente, declarou que seus filhos não seriam envolvidos pela névoa que começara a espalhar-se. No dia seguinte, contudo, palavras menos otimistas foram-lhe enviadas de Budapeste, onde Sándor Ferenczi recebera notícias mais pessoais sobre a mobilização. Ele escreveu ao *Caro Professor*:

Tão improvável quanto isto é, sob as presentes circunstâncias, esta carta o alcançará num futuro próximo; tentarei, no entanto, dar-lhe um sinal de vida.

A viagem à Inglaterra está cancelada[11]; como um recruta da Guarda Nacional – não estou permitido a deixar o país. Será muita sorte se eu não for convocado. Fui designado para os Hussardos Hónved (!) como médico assistente, então terei de ir em campanha a cavalo. De toda forma, ficarei aqui até primeiro de agosto […] Não é impossível que a guerra também tenha um efeito prejudicial sobre nosso congresso. Os estrangeiros não vão querer vir.

Não devemos cancelar o congresso agora, já?[12]

A carta de Ferenczi não chegou a Karlsbad antes de 29 de julho, quando Freud remeteu outra missiva a Abraham:

Estamos aqui, sozinhos, esperando por cartas que chegam tarde e escrevendo cartas que partem irregularmente, esperança de poder deixar Karlsbad na segunda, 3, enquanto o tráfego com a Alemanha permanece aberto e, após algumas paradas, chegar a Seis [*am Schterm*] enfim, através de Munique. Estamos felizes que nenhum de nossos genros foi pessoalmente afetado, e mesmo assim verdadeiramente envergonhados disso em vista da enormidade de sacrifícios que nos cercam.

Estou feliz por ter terminado dois artigos técnicos enquanto ainda havia silêncio, um sobre amor de transferência e outro intitulado:

9   A palavra é *sanctimonious*, que poderia ser traduzida como hipócrita, falso, beato etc. Em A.S. Hornby; S. Wehmeier, *Oxford Advanced Learner's Dictionary of Current English*, p. 1.132, porém, o sentido é: "*adj. (disapproving)* giving the impression that you feel you are better and more moral than other people".

10   E. Falzeder, op. cit., p. 264-265.

11   Ferenczi pretendia viajar à Inglaterra e lá permanecer por um mês; entre suas atividades previa-se a continuação da análise de Ernest Jones.

12   E. Brabant; E. Falzeder, op. cit., p. 9.

O MURMÚRIO DO MOMENTO QUE NASCE 17

Recordar, Repetir e Elaborar. Acho que minha forma de apresentação mudou, desde o confronto [com Jung] tornei-me mais honesto, corajoso e implacável. Não posso ainda me imaginar começando algo novo.[13]

Freud estava isolado. Karlsbad, que se tornara uma ilha pacífica da qual ele agora queria partir, permitiu-lhe a escrita de dois textos sobre a técnica. O segundo, "Recordar, Repetir e Elaborar"[14], citado na carta e publicado pouco depois, não estava circunscrito à técnica psicanalítica. Nele serão apresentados, pela primeira vez, conceitos como os de "compulsão à repetição" e "elaboração" (*Durcharbeiten*)[15], cuja importância foi determinante em anos posteriores da teorização psicanalítica. Notamos que Freud ainda não percebera a gravidade e a amplitude dos esforços que a guerra traria. Como era de se esperar, ele antes se mostrava feliz porque parecia que seus filhos não seriam envolvidos pelo ambiente bélico, e agora seu contentamento estendia-se aos genros. Adiantemos que isso não se manteve; a guerra pediria a presença de todos os jovens estimados por Freud.

Quando o Império Austro-Húngaro declarou guerra à Sérvia, a Rússia, poder protetor do pequeno país, anunciou uma mobilização parcial de suas tropas no dia seguinte. Na manhã de 31 de julho de 1914, apoiado pelo poder central alemão, o Kaiser assinou e anunciou, em Viena, a mobilização geral do contingente apto no império[16]. "Um dia depois, seguiram-se a mobilização geral da Alemanha e a declaração de guerra alemã contra a Rússia."[17] A Primeira Guerra Mundial mostrava um pouco de sua largueza – não apenas soldados treinados e ativos lutariam nela, os da reserva, os convocados e os voluntários também deveriam lustrar as botas. Conforme fosse necessário, a população masculina seria chamada para compor as linhas de frente.

Ainda no dia 31 de julho, à tarde, Ferenczi escreveu outra vez a Freud, antes de receber qualquer resposta à sua missiva anterior. Após o habitual *Caro Professor* iniciando a carta, lê-se:

---

13  E. Falzeder, op. cit., p. 266.
14  Cf. S. Freud, Remembering, Repeating and Working-Through, SE, v. XII.
15  J. Strachey, Editors Introduction to Remembering, Repeating and Working-Through, em S. Freud, SE, v. XII, p. 146.
16  E. Brabant; E. Falzeder, op. cit., p. 10.
17  E. Falzeder, op. cit., p. 268n1.

O TERCEIRO TEMPO DO TRAUMA: PARTE I

Já que o correio provavelmente não será entregue mais amanhã (as notícias da mobilização *geral* acabaram de chegar), vou adiantar-me para dar um breve comunicado.

Se há verdade nas notícias acima, então amanhã ou no dia seguinte terei de comparecer à Sétima Milícia (Honvéd) do Regimento Hussardo como médico para Guarda Nacional [...] A excitação atingiu um pico aqui (com as notícias do envolvimento da Rússia).[18]

Ferenczi já fora pessoalmente atingido. De férias em Brunshaupten, também no dia da convocação geral feita em Viena, Abraham escreveu a Freud:

Estou respondendo imediatamente. Não sabemos nada por aqui. É possível que partamos ainda hoje ou amanhã. Porque há fortes indicações de que uma mobilização geral acontecerá amanhã ou domingo. Está fora de questão ficar aqui se a guerra estourar. Não se podem fazer outros planos. Então deveremos, provavelmente, esperar e ver em Berlim. Não posso estar longe se a guerra vier, já que estou apto para o serviço militar hospitalar. Não tenho outras obrigações.

Este lugar já está vazio; oficiais da ativa e homens em licença já foram reconvocados.

Tende-se a assumir que nenhum dos poderes envolvidos quer começar a guerra. De toda forma, as coisas parecem muito sérias. Os jornais só são autorizados a imprimir metade do que está acontecendo.[19]

A agitação, vê-se logo, tomou a todos. Contudo, agosto de 1914 se iniciava e Freud ainda estava em Karlsbad. Sabemos quando ele partiu porque escreveu a sua filha Sophie e ao genro, Max Halberstadt, em 6 de agosto:

em Karlsbad não podíamos compreender também a total gravidade da situação. Mas tia Minna e Mathilde, que já haviam retornado à Viena, antes, não nos deram paz até [...] partimos na terça, 4, com o último trem noturno que foi autorizado a correr [...]. As impressões destes dois dias não podem ser postas numa carta[20].

As impressões não podiam ser postas numa carta. Tratam-se das impressões do dia 4 ao dia 6 de agosto, presumivelmente. Como veremos, Freud foi capaz de colocar suas impressões

---

18   E. Brabant; E. Falzeder, op. cit., p. 9-10.
19   E. Falzeder, op. cit., p. 267-268.
20   E. Brabant; E. Falzeder, op. cit., p. 11n3.

numa carta – o que ele não podia era fazê-lo em 6 de agosto. Por quê?

Podemos supor que, se o remetente não era capaz de colocar suas impressões no papel imediatamente após tê-las experimentado, estas deviam conter uma intensidade que não se submeteu aos esforços de síntese e organização aplicados até aquele momento. Da mesma forma, outra dificuldade que impedia a exposição das impressões é o momento no qual Freud reconhece a impossibilidade de escrevê-las. Noutras palavras, não parece ter havido tempo para que elas fossem absorvidas, assentadas e organizadas a contento; Freud não pôde, ainda sob o calor da experiência, descrevê-la. A distância temporal parece ter sido necessária para que um trabalho dessa espécie fosse realizado. De forma semelhante, salvaguardadas as diferenças de grau e intensidade entre as experiências, Gavrilo também precisou de tempo para poder organizar e remontar suas impressões do acidente. Antes, nenhuma memória relativa ao evento lhe ocorria – ele não lembrava nada. Mais tarde, em um exercício gradual e silencioso de montagem, ele foi capaz de descrever algumas lembranças que, se não correspondiam integralmente à realidade factual do evento que lhe causou a perda da avó e do movimento das pernas, eram, porém, capazes de cobrir parcialmente a lacuna em sua memória.

Witold Gombrowicz, escritor polonês que morou grande parte da vida exilado na Argentina, encontrou uma maneira interessante de referir-se a dificuldades desse tipo:

tudo tinha a mesma importância, tudo fazia parte daquele momento, como uma espécie de consonância ou zumbido de um enxame [...] Mas como contar o que quer que seja a não ser *ex post*? Será que nada poderá ser realmente dito, apresentado em seu estado anônimo, que ninguém jamais conseguirá expressar o murmúrio do momento que nasce? [...] Basta olhar em volta e já, diante de nossos olhos, surge a ordem [...] e a forma [...] Que importa? Que seja assim[21].

Falava sobre a dificuldade de contar uma história, respeitando o caos que reina no início de cada evento. O problema, se lermos atentamente as palavras de Gombrowicz, divide-se em

21  *Cosmos*, p. 32.

20 O TERCEIRO TEMPO DO TRAUMA: PARTE I

duas partes que mantêm íntima relação. A primeira diz respeito à quantidade de impressões que se apresentam em dado momento. Descrevê-las em sua inteireza é impossível – uma seleção deve ser feita. O que nos leva à segunda parte do problema: ao selecionar as impressões, extraímos, consequentemente, a ordem que será aplicada na descrição dos eventos. O trabalho de apresentar determinado momento pediria uma distensão temporal, mesmo que mínima, durante a qual aconteceria uma seleção das impressões, sua nomeação e, em seguida, sua organização. É de particular importância o trabalho de nomeação, implícito na passagem citada do escritor polonês. O estado de indiscrição e consonância das impressões, por exemplo, é chamado de "estado anônimo" – a seleção das impressões traz consigo a necessidade de nomear o que é escolhido.

É importante mencionar que, em 14 de agosto, dez dias depois de ter deixado Karlsbad, Freud ainda parecia desassossegado, incapaz de organizar o "estado anônimo", quando enviou breves informações a Ferenczi, num cartão-postal. Os murmúrios dos momentos continuavam a ecoar, como os do último trem autorizado a partir de uma estação. Na última linha, antes das cordiais palavras de estima e da assinatura do remetente, lê-se: "Falta-me toda concentração para trabalhar. Estes são tempos difíceis, nossos interesses diminuíram, por enquanto."[22] A dificuldade de colocar as impressões no papel continuava e agora não se restringia ao começo de agosto.

Mais tarde, já sob o reinado do *ex post*, Freud foi capaz de relatar o que passara. Para tanto, fizera uma seleção entre suas impressões, as quais nomeara e organizara. Sob a data de 23 de agosto de 1914, no cabeçalho, à direita, e após o habitual início, *Caro Amigo*, à esquerda, Ferenczi leu:

Não consigo, de maneira nenhuma, trabalhar. Comecei bem durante a primeira semana depois de Karlsbad, era capaz de usar de três a quatro horas para leitura e reflexão; ao fim desta semana era muito pouco, e hoje faz uma semana desde a última vez que pensei em ciência. Tarefas mentais que eram muito difíceis precisaram ser cuidadas e tão logo alguém conseguiu adaptar-se a elas, chega uma nova demanda que afasta o equilíbrio adquirido. Notei apenas que me tornei mais irritável e cometo

22  E. Brabant; E. Falzeder, op. cit., p. 11.

O MURMÚRIO DO MOMENTO QUE NASCE

atos falhos [*slips of tongue*] o dia inteiro – assim como muitos outros, por sinal. Os nossos, com os quais conversei, estão em estado similar. Para vencer o tédio, Rank colocou-se a tarefa de catalogar minha biblioteca, o que quer começar a fazer amanhã, e eu pensei em um joguinho similar; pego minhas antiguidades, estudo e descrevo cada peça.[23]

Podemos observar dois movimentos diferentes nesse começo de carta. O primeiro, tal qual foi descrito, divide-se em dois e apresenta-nos uma mente aparentemente passiva frente ao mundo. Freud chegou de Karlsbad sob o calor da eclosão de declarações de guerra, teve dificuldades para comunicar-se com os filhos e dedicava algumas horas à leitura e reflexão. Como logo veremos, nesses primeiros dias, ele recebeu informações sobre os filhos. Da mesma forma, pôde encontrar mais notícias sobre a guerra. Portanto, o primeiro movimento é composto por: 1. o colhimento de informações variadas, a leitura, e a reflexão que, na carta, não podemos discernir, *com certeza*, se é dedicada à ciência ou às percepções que, como um zumbido, a guerra impunha; e 2. um exercício de manutenção do equilíbrio psíquico. A tarefa mental parece ser a de absorver as impressões, adaptar-se a elas e, assim, conseguir um equilíbrio. Mas novas demandas são colocadas sobre o psiquismo, novas "tarefas mentais", e o equilíbrio adquirido é desfeito. Observamos, portanto, uma economia mental caracterizada pela passividade do psiquismo: cada nova demanda abala o equilíbrio dele e pede adaptação para que este seja reinstaurado. O que chamo aqui de passividade pode ser questionado, pois há uma espécie de atividade reativa, adaptativa, do psiquismo às tarefas. Na mesma linha, poderíamos nos perguntar se uma prontidão às impressões não seria, a princípio, caracterizada por certa atividade. Embora tais questionamentos sejam válidos e importantes, não creio que eles nos levem, por ora, a uma melhor compreensão dos processos internos descritos pelo autor da carta; nos capítulos subsequentes, encontraremos o mesmo problema tematizado de outras formas[24]. A economia interna

---

23 Ibidem, p. 12-13.

24 Se o colhimento de impressões é passivo ou ativo, não podemos, como dito, a esta altura afirmar. Para Freud, contudo, especialmente em *A Interpretação dos Sonhos* e *Além do Princípio do Prazer*, os estímulos externos são recebidos pela ponta perceptiva do aparelho psíquico de uma maneira que *parece*

de tempos de guerra não parece ser das mais fáceis e seus efeitos foram, em Freud, a irritabilidade e constantes atos falhos verbais. O segundo movimento, à primeira vista mais simples, é a ação realizada frente ao tédio. Freud não diz que está entediado, quem está é Rank. O tédio mostra-se, nessa passagem, como um correlato direto da angústia. Não nos enganemos nesse ponto: o que incomoda Rank e Freud envolve a sensação de não ter o que fazer, o tédio; mas, sob esta alcunha, podemos facilmente perceber que há angústia. Alguns dos jovens Freud foram chamados às linhas, ganharam uniformes, ou estão distantes, sem darem ao pai informações que lhe certifiquem que estão seguros. E Freud não estava certo sobre o que a guerra traria de dificuldades à sua vida ou a seu país, como também não estavam Rank e os demais compatriotas. Logo, a reação empreendida é contra o tédio e contra a angústia gerados pela situação. Ele se propõe uma atividade similar a de seu jovem seguidor: catalogar, descrever, estudar ou – podemos dizer – organizar sua coleção de antiguidades. O jogo é de organização, portanto; age-se sobre os objetos conhecidos de forma a ocupar-se com uma tarefa, até então, aparentemente desnecessária. O *furor ordinativus* é ativo, ao contrário da passividade, real ou aparente, imposta pelas tarefas mentais daqueles dias. Observamos aqui, de maneira rápida, uma descrição de processos mentais aos quais teremos de voltar mais à frente, a saber: os exercícios de natureza passiva da economia psíquica frente às demandas externas e, ligado a esses de uma forma que ainda desconhecemos, um jogo, aparentemente deslocado, de atividade sobre objetos controláveis[25].

passiva – sobre eles deverá agir o psiquismo. Evidentemente, cabe a observação de que o psiquismo, uma vez que tenha essa tarefa, a de receber os estímulos, o faz, sob um ângulo, com certa atividade no mínimo presumida. O mesmo depreendemos da passagem citada do romance de W. Gombrowicz, *Cosmos*, p. 32; se "Basta olhar em volta e já, diante de nossos olhos, surge a ordem [...] e a forma", o simples ato de olhar em volta, tomar os estímulos visuais, faz necessária a observação de que, embora o papel da percepção seja por um lado passivo, há nele uma atividade paradoxalmente anterior e natural.

25 Estando o leitor convidado a associar livremente, não posso, entretanto, deixar de lhe chamar a atenção ao que este trecho da carta diz implicitamente. Vemos nele alguns princípios que Freud discutirá com mais cuidado em poucos anos, baseando-se em outras observações: os sonhos nas neuroses traumáticas, uma brincadeira infantil e a repetição de situações não prazerosas na transferência.

O MURMÚRIO DO MOMENTO QUE NASCE

Mas a carta continua de uma forma curiosa. Se Ferenczi achou que lia uma descrição do que Freud julgara serem seus processos internos, mentais, no período, a frase seguinte mostraria como, para o remetente, até então nada fora dito sobre isso. Lê-se:

O processo interno foi o seguinte: a onda de entusiasmo na Áustria levou-me com ela, a princípio. No lugar do bem-estar e da prática internacional, que há tempos dissiparam-se, tive a esperança de conseguir uma pátria [*fatherland*] na qual a tempestade da guerra expulsara os piores miasmas e na qual as crianças poderiam viver com confiança. Como muitos outros, subitamente mobilizei libido pela Áustria-Hungria. [...] Gradualmente um sentimento de desconforto chegou, conforme a rigidez da censura e a exageração dos menores sucessos lembraram-me da história do "*Dätsch*", que, como um homem moderno, retorna à sua família ortodoxa e deixa-se admirar pelos parentes até que o velho avô dá a ordem para o despirem. Então, sob todas as camadas de roupagem moderna, descobre-se que ele fechara a aba de sua cueca com um prendedor de roupa, porque os cordões haviam sido arrebentados, o que faz o avô decidir que ele não é de todo um "*Dätsch*". Desde o comunicado de anteontem sobre a situação na Sérvia, garanti finalmente essa convicção para Áustria-Hungria, e estou experimentando a fermentação de minha libido em raiva, com a qual não posso começar a lidar.[26]

Ao que tudo indica, a situação na Sérvia à qual Freud se referiu foi a necessidade de movimentar tropas, que lá vinham tendo sucesso, para o *front* russo. O Império Austro-Húngaro mostrava-se fraco e incapaz de se defender sem a ajuda da Alemanha. Daí a lembrança da história do *Dätsch*, do judeu assimilado pela cultura alemã; e daí também a transformação do investimento libidinal em raiva. Ao compararmos o trecho anterior com esse, parece inegável que lá encontramos um processo interno silencioso aos ouvidos de Freud – ele o atravessava, mas não o compreendia nem o julgava digno de ser apontado como tal. Por outro lado, o que chamou de "processo interno" foram suas auto-observações, na maior parte conscientes, a respeito das idas e vindas libidinais que a realidade austríaca lhe causava[27]. A carta ainda trazia

26  E. Brabant; E. Falzeder, op. cit., p. 13.
27  Cf. R. Mezan, *Freud, Pensador da Cultura*, p. 478-486, no qual o autor toca, na relação de Freud com a Áustria nos anos de guerra, em alguns dos motivos aventados para a virada "decisiva na evolução de suas ideias" no texto de 1920, que germinava no pensamento freudiano e apresenta-nos os desdobramentos da Primeira Guerra Mundial para a política europeia.

24 O TERCEIRO TEMPO DO TRAUMA: PARTE I

outras informações pessoais do remetente para o destinatário. Freud confirmava e explicava os motivos pelos quais seu filho, Martin, se voluntariara para compor as tropas; e dizia que sua filha mais nova, Anna, devia estar a caminho de Viena após ter visto os primeiros dias da guerra na Inglaterra. Antes, nenhum dos jovens Freud havia sido tocado diretamente pelo assassinato do arquiduque e suas consequências, agora, esse não era mais o caso. Mesmo o genro de Freud, Max Halberstadt, marido de Sophie, fora convocado e deveria apresentar-se em 7 de setembro[28]. A guerra traria ainda outras consequências, e a observação do processo interno teria de envolver um arsenal teórico que a psicanálise, a exemplo da Áustria-Hungria, não dispunha, em 1914. Ou, se dispunha, faltavam-lhe peças e a lembrança de em qual prateleira ele se encontrava.

Guardemos as informações sobre o caso de Gavrilo, assim como as que se referem aos processos internos descritos (implícita ou explicitamente) por Freud durante os meses em que se formou o palco da Primeira Guerra Mundial. Voltaremos a eles no momento oportuno. A rota que decidimos seguir, todavia, pedirá, por parte do leitor e também de minha parte, passos mais lentos do que os efetuados até agora. Se quisermos deixar ainda mais clara a necessidade dessa diminuição de ritmo, devemos lembrar que há "um vínculo secreto entre a lentidão e a memória, entre a velocidade e o esquecimento"[29]. Esse vínculo é exemplificado por Milan Kundera com uma situação que podemos, com facilidade, experimentar:

Imaginemos uma situação das mais comuns: um homem andando na rua. De repente, ele quer se lembrar de alguma coisa, mas a lembrança lhe escapa. Nesse momento, maquinalmente, seus passos ficam mais lentos. Ao contrário, quem está tentando esquecer um incidente penoso que acabou de viver sem querer acelera o passo, como se quisesse rapidamente se afastar daquilo que no tempo ainda está muito próximo de si.[30]

Deixemos que nossos passos fiquem maquinalmente mais lentos; o caminho pede um esforço para que as lembranças não nos escapem.

28 E. Falzeder, op. cit., p. 272.
29 M. Kundera, A Lentidão, p. 30.
30 Ibidem.

# 2. Chez **Maria Valerie**

Ferenczi enxergou, nos meses impressionantes do início da guerra, uma oportunidade: fazer sua própria análise. Mas a guerra tende a ser desrespeitosa com iniciativas terapêuticas. Ferenczi não conseguia sair de Budapeste e Freud queria ver seus filhos[1]. Martin, que estava em Innsbruck, recebeu a visita do pai em 6 de setembro. Após voltar a Viena, em "16 de setembro, ele [Freud] vai a Hamburgo para ver os Halberstadts [Sophie, o genro e o neto], parando em Berlim na ida e na volta para visitar Abraham. Retorna a Viena, em 27 de setembro de 1914"[2].

No dia 1° de outubro, Ferenczi pôde, enfim, chegar a Viena para começar sua análise. Escreveu num telegrama ter material, já de início, para duas horas de trabalho[3]. Pretendia ficar quatro

1    E. Brabant; E. Falzeder, *The Correspondence...v. II*, p. 14-17.
2    E. Falzeder, *The Complete Correspondence of Sigmund Freud and Karl Abraham, 1907-1925*, p. 276n1. Foi nessa ida a Hamburgo que Freud conheceu Ernst Wolfgang, seu neto, nascido em 11 de março de 1914, que lhe proporcionaria, meses depois, a visão de uma brincadeira que se tornou paradigmática dentro da teoria psicanalítica. Do encontro com o neto em 1914, temos o seguinte comentário postado a K. Abraham: "Meu neto é um sujeitinho encantador, que consegue rir de maneira cativante sempre que alguém lhe dá atenção; ele é um ser decente, civilizado, o que é duplamente valioso em tempos de desencadeada bestialidade" (E. Falzeder, op. cit., p. 279).
3    E. Brabant; E. Falzeder, op. cit., p. 19.

semanas, mas a guerra estendeu-lhe uma mão depois da terceira – ele foi convocado, como esperava, a apresentar-se como médico para os Hussardos Húngaros em Pápa, a menos de cem quilômetros da fronteira austríaca. Análise interrompida, trem tomado. Em 3 de novembro de 1914, Ferenczi escreveu a Freud pedindo que, "por favor, enderece tudo" que lhe enviasse, de agora em diante, para o "Quartel do Sétimo Regimento Hussardo Honvéd" em Pápa[4]. A psicanálise encontraria novos pacientes enquanto Ferenczi ficou aquartelado na pequena cidade a oeste de Budapeste, e também seria colocada em situações inusitadas.

A análise interrompida descobriu, durante algum tempo, uma solução de compromisso: se não se encontram analista e paciente pessoalmente, uma parte do trabalho segue por meio da correspondência. Como não é o intuito, aqui, aprofundar-mo-nos na análise de Ferenczi, só posso recomendar a leitura das missivas trocadas entre novembro de 1914 e setembro de 1915[5]. Por outro lado, é curioso notar que o trabalho como psicanalista não abandonou – ou foi abandonado – por Ferenczi. Uma de suas experiências nesse sentido foi chamada, em tom jocoso, de fato histórico: "Desde hoje estou tendo uma hora analítica a cavalo: estou analisando meu comandante, que é neurótico desde que sofreu um ferimento na cabeça, na Galícia, mas que na verdade sofre de dificuldades libidinais. Logo, a primeira análise hípica na história do mundo! Que subprodutos a guerra traz!"[6]

Deveras, mas não só. Ferenczi começou a perceber que a guerra afetava aqueles que dela participam. Poderíamos dizer que as impressões colhidas durante a guerra afetam não só os que dela participam diretamente – os homens mobilizados – mas também aqueles que, como Freud, ficam em casa. Lembremos o processo, ao qual Freud parecia surdo, que atravessou mesmo estando em seu apartamento em Viena; o de adaptar-se às impressões em busca de um equilíbrio e, depois,

---

4    Ibidem, p. 23.
5    Sobre a análise de Ferenczi, cf. M.S. Bergmann, The Tragic Encounter Between Freud and Ferenczi and Its Impact on the History of Psycho-Analysis, em P.L. Rudnytsky; A. Bókay; P. Giampieri-Deustsch, *Ferenczi's Turn in Psychoanalysis*, p. 145-159; P.L. Rudnytsky, *Introduction: Ferenczi's Turn in Psycho-Analysis*, p. 1-24; A. Talarn, *Sándor Ferenczi: El Mejor Discípulo de Freud*, p. 89-99.
6    E. Brabant; E. Falzeder, op. cit., p. 50.

CHEZ MARIA VALERIE

agir ativamente sobre objetos controláveis. Há uma diferença de intensidade entre as experiências dos mobilizados e as dos outros, que não vestiam uniformes. Mas ambos os grupos precisaram lidar com os eventos preocupantes e com a angústia causada pela guerra. Freud, por exemplo, escreveu a Ferenczi, em 31 de outubro de 1915:

O que me perturba e preocupa dolorosamente é o perigo letal no qual sei que Ernst está. Em 24 de outubro, recebemos a notícia de que ele estava sob fogo pesado e é o único que sobrou de sua bateria. Dois dias depois, ele nos contou em detalhe o que aconteceu. O reconhecimento aéreo descobriu a trincheira deles [...], a trincheira de sua companhia foi atingida por uma pancada direta, e os cinco homens com quem ele vivia há meses foram explodidos e enterrados. Por coincidência, ele não estava na trincheira nesse momento.[7]

Os horrores da guerra, portanto, pediam assimilação tanto dos que estavam em casa, quanto dos que se protegiam nas trincheiras. E Ferenczi tentava deixar Pápa a todo custo. Não que o tempo passado junto aos Hussardos Hónved tivesse sido terrível ou inútil. Atendera pacientes, inclusive a cavalo, empenhara-se em outras análises de curta duração, mas queria voltar a Budapeste.

Em dezembro de 1915, recebeu a comunicação de sua transferência. Embora tivesse de esperar a chegada de seu substituto antes de partir, já sabia em qual área trabalharia ao chegar a Budapeste: "Estou indo para uma seção para casos de doença nervosa relacionada à guerra. Uma oportunidade de me ocupar com as neuroses traumáticas."[8] Temos aqui alguns pontos a notar. O primeiro nos servirá para contextualizar em que momento da teorização freudiana Ferenczi sai de Pápa em direção à capital húngara. Freud começou, em 23 de outubro de 1915, a apresentar suas "Conferências Introdutórias" aos sábados[9]. Portanto, a volta de Ferenczi a Budapeste deu-se enquanto Freud apresentava, redigia e discutia as duas primeiras partes de suas conferências, dedicadas, respectivamente, aos atos falhos e aos sonhos. Algumas informações importantes tomarão

7 Ibidem, p. 86.
8 Ibidem, p. 100.
9 Ibidem, p. 106n2.

## O TERCEIRO TEMPO DO TRAUMA: PARTE I

nossa atenção na terceira parte dessas conferências. O segundo ponto a notar é uma equivalência que Ferenczi faz em sua carta. Ele vai se ocupar, em suas palavras, de "neuroses traumáticas", leia-se, de neuroses de guerra. Essa equivalência, neuroses de guerra seriam equivalentes a neuroses traumáticas, quando não a mesma coisa, está implícita em sua carta. Numa missiva anterior, de julho de 1915, Ferenczi fez a primeira menção ao termo "neuroses de guerra", mas o fez já incluindo, sem distinção, as neuroses traumáticas. Na carta, ele comunica a Freud que escreveria um memorando explicando a necessidade da criação, em Budapeste, de um lugar que atendesse aqueles "com o cérebro aleijado" pela "guerra (lesões orgânicas e neuroses traumáticas)"[10]. Diz também ter dúvidas sobre o sucesso terapêutico em casos desse tipo e pede o conselho de Freud.

O conselho é remetido três dias depois. Nele, Freud argumenta a favor da iniciativa de Ferenczi. Salienta que uma proposição como a pretendida pelo seguidor húngaro poderia trazer vantagens: uma posição de trabalho segura em Budapeste junto a esses casos, um efeito preparatório no caso de uma posição de docência e também lhe pareceu valioso que tal oportunidade pudesse abrir "um novo campo de atuação para você [Ferenczi], o qual pode ser trabalhado de uma perspectiva psicanalítica"[11]. O campo, desnecessário dizer, das neuroses de guerra.

Um terceiro ponto, que não podemos deixar sem destaque, refere-se à forma como essa equivalência será tratada a partir de então; especialmente na terceira parte das *Conferências Introdutórias*[12] de Freud e em uma conferência que Ferenczi apresentou durante um encontro médico no hospital em que passou a trabalhar em Budapeste. Comecemos pela conferência de Ferenczi, apresentada antes, em fevereiro de 1916, e que foi recebida, em suas palavras, "com muito aplauso"[13].

O hospital no qual Ferenczi trabalhou quando voltou a Budapeste, e em que apresentou a conferência, chamava-se Maria Valerie. Frente à quantidade de casos que Ferenczi observou, mais de duzentos, e ao pouco tempo que teve para fazê-lo,

10   Ibidem, p. 71.
11   Ibidem, p. 72.
12   Cf. S. Freud, Introductory Lectures on Psycho-Analysis (Part III), *SE*, v. XVI.
13   E. Brabant; E. Falzeder, op. cit., p. 113.

menos de dois meses, ele não hesitará em iniciar sua conferência lembrando-nos que a "psicanálise nos ensinou que o progresso deve ser esperado não da transformação estatística de muitos, mas da intensa exploração de casos individuais"[14]. Por isso, ressaltou, o que pretendia falar aos colegas do Maria Valerie era uma comunicação preliminar, fruto das impressões que um psicanalista, ele mesmo, havia tido ao observar, nessa massa de pacientes, as neuroses de guerra.

De uma forma muito pessoal, Ferenczi relata a seus colegas que a primeira impressão que teve ao entrar na ala do hospital repleta de soldados – ala pela qual ele seria o responsável – foi de espanto. Sua estratégia de explanação, que se mostra já nos primeiros parágrafos da conferência, é a de convocar a imaginação e a lembrança dos ouvintes. Ele parece nos colocar na ala que chefiava no Maria Valerie, apresentando-nos um grupo de pacientes, ou apontando especificamente para um ou outro combatente que lá estava internado. Por exemplo: "Aqui vocês veem cerca de cinquenta pacientes, quase todos dão a impressão de estarem seriamente doentes, senão de estarem aleijados. Muitos são incapazes de se mover; para muitos, a tentativa de andar causa tremores tão violentos nos joelhos e nos pés, que minha voz não pode ser ouvida acima do barulho de seus calçados sobre o chão."[15]

É como se os médicos, colegas do palestrante, caminhassem pela ala do hospital parando, aqui e ali, para observar em detalhe um sintoma específico ou algum paciente. "Na maioria dos casos, como eu disse", continua Ferenczi, "o tremor afeta somente os pés, mas há alguns nos quais – como veem – todo movimento pretendido é acompanhado pelo tremor de toda musculatura do corpo"[16]. Os pacientes, de fato, parecem estar ali a acompanhar o palestrante e seus ouvintes. O texto, tal qual foi publicado, baseia-se na palestra proferida em fevereiro de 1916; portanto, não é possível sabermos o que ficou a cargo da retórica da escrita e o que foi realmente demonstrado *in loco* entre as macas do Maria Valerie. Judit Mészáros, por exemplo, afirmou que Ferenczi nunca realizou uma conferência em que expunha

14   S. Ferenczi, Two Types of War Neuroses, *FC*, p. 124.
15   Ibidem, p. 125.
16   Ibidem.

30  O TERCEIRO TEMPO DO TRAUMA: PARTE I

os pacientes dessa maneira[17]. Porém, para que possamos seguir o texto em seus detalhes, devemos deixar a verdade histórica em estado de repouso: o que lemos no texto publicado implica uma caminhada pela ala. E, já que nosso propósito é compreender algumas das ideias expostas por Ferenczi, deixemo-nos levar e parar junto a um leito quando o autor julgar necessário.

Ele passa a elencar algumas das causas descritas pelos pacientes para seus sintomas. A maioria acredita que ficou doente após a explosão de um projétil próxima de onde estavam; uma minoria vê a causa de sua enfermidade como sendo um mergulho súbito em água gelada; e os outros creem que a doença é consequência ou de algum acidente ou da tensão extrema nas linhas de combate. A primeira possibilidade diagnóstica aventada, diz-nos o palestrante, era a de uma lesão orgânica; mas tal compreensão teve de ser abandonada. Os pacientes não apresentavam qualquer lesão, mesmo "molecular" ou "micro-orgânica"[18].

Após termos passado pelo grupo de cinquenta pacientes com tremores nos joelhos e nos pés, em que contavam alguns que, ao andarem, tinham o tremor espalhado por todo o corpo, Ferenczi diz que a impressão de estranheza e espanto que teve ao chegar diminuiu ao observar um pequeno grupo de pacientes que não apresentavam sintomatologia generalizada, mas a afetação de algumas partes do corpo. A tais casos, de tremor ou sintomatologia restrita a algumas partes, mas não ao todo, Ferenczi dá o nome de *monossintomáticos*[19].

Aponta-nos, ato contínuo, dois pacientes nos quais se nota um leve distúrbio na marcha, acompanhado por um tremor, uma espécie de oscilação, da cabeça. A esses dois, alguns leitos à frente – podemos imaginar – o palestrante acrescenta um terceiro. Chama nossa atenção ao fato de que o paciente "mantém seu *braço direito contraído num ângulo obtuso* na articulação do cotovelo; esse membro é aparentemente incapaz de movimento ativo, qualquer tentativa de movimento ativo ou passivo gera o mais violento tremor nos músculos do braço e, ao mesmo tempo, um aumento da frequência cardíaca"[20].

17  Comunicação pessoal, abril de 2010.
18  S. Ferenczi, Two Types of War Neuroses, *FC*, p. 126.
19  Ibidem.
20  Ibidem.

CHEZ MARIA VALERIE

A sensibilidade à dor estaria reduzida no braço contraído e, mesmo com muito esforço, qualquer movimento utilizando o membro acarretaria tremores. Outros pacientes são descritos, como que leito a leito, pelo conferencista. Não precisamos acompanhá-lo quando se aproxima de cada um dos soldados, mas dois deles merecem nossa observação. Um porque seu sintoma assemelha-se ao do terceiro paciente descrito, e outro porque a parte do corpo comprometida foi um dos pés. Este último estava sentado quieto, mas ao pedirem que se levantasse, era tomado por dores em seu pé esquerdo que impediam o movimento. Seu calcanhar esquerdo estava ininterruptamente contraído, o que lhe causava câimbras. O outro paciente, a exemplo do terceiro descrito, parecia manter seu braço direito "contraído em um ângulo agudo no cotovelo, e a outra parte de seu braço apontava espasticamente para o tórax"[21].

A anamnese dos casos mostrava, defendeu o palestrante, que os sintomas observados podiam ser reconhecidos como "funcionais", ou seja, como frutos de uma psiconeurose. Contra seus colegas que pudessem argumentar que tais casos deviam conter uma lesão física, Ferenczi ressaltou não só que as supostas lesões inexistiam como deu ênfase à forma dos sintomas, que desrespeitavam a anatomia e a fisiologia. Em 1918, em um simpósio dedicado às neuroses de guerra, que ocorreu durante o v Congresso Internacional de Psicanálise, suas críticas às especulações que relacionavam esse tipo de neurose a lesões no sistema nervoso foram muito mais duras[22]. Sua conclusão a partir da linha argumentativa desenvolvida no começo da conferência de 1916, de que as neuroses de guerra seriam uma condição que deveria ser observada sob as lentes da psicanálise, é expressa com as seguintes palavras: "O pressuposto de que estamos lidando com uma condição psicogênica, com a fixação traumática do acento psíquico em uma parte do corpo, isto é, com histeria, é muito mais plausível."[23]

Para embasar o argumento de que naqueles casos havia tal fixação do trauma psíquico expressa no corpo – de que a condição observada era a histeria –, Ferenczi trouxe a seus ouvintes

21  Ibidem, p. 126.
22  Cf. S. Ferenczi et al., *Psycho-Analysis and the War Neuroses.*
23  S. Ferenczi, Two Types of War Neuroses, *FC*, p. 127.

32 O TERCEIRO TEMPO DO TRAUMA: PARTE I

alguns dados das anamneses que fez. O terceiro paciente, por exemplo, que mantinha o braço direito contraído em um ângulo obtuso, "foi atingido por um projétil enquanto deslizava *seu rifle para a posição 'à vontade'*. Esta posição corresponde exatamente à imitada pela contratura"[24]. O outro, que também apresentava uma contratura do braço, mas em ângulo agudo, foi atingido por uma explosão enquanto estava deitado com o rifle apoiado no ombro, fazendo mira – e mantinha, já internado, a mesma posição nesse membro. Os dois primeiros pacientes para os quais o conferencista chamou nossa atenção, que exibiam um tremor na cabeça similar a uma oscilação, sofreram episódios seme-lhantes. Um deles bateu a cabeça contra a parede do abrigo num momento crítico; o outro tentou esconder a cabeça ao ouvir o assovio característico de uma bomba que se aproximava. Por fim, o que apresentava dores no pé esquerdo e uma contratura do calcanhar contou como "estava descendo cuidadosamente uma montanha na Sérvia e, enquanto *esticava o pé esquerdo baixan-do-o* para encontrar um suporte, foi atingido por uma explosão e rolou para baixo. Portanto, aqui também, existe uma 'petri-ficação' pelo choque, na atitude que acabara de ser adotada"[25].

O conferencista, que já classificara esses casos como histeria, será, na sequência, ainda mais específico: os casos monossinto-máticos corresponderiam a histerias de conversão. Neles, dirá, "estamos lidando com a fixação da inervação predominante no momento da concussão (do choque)"[26]; com a conversão do afeto em uma inervação motora que será mantida mesmo após a situação de perigo ter deixado de existir. O embasamento teórico que Ferenczi utilizou na palestra a seus colegas retoma postulações apresentadas nos *Estudos Sobre a Histeria*[27]. Vale citar como o palestrante resumiu a compreensão oferecida por Freud e Breuer sobre a histeria de conversão. Ele diz a seus ouvintes que sabemos, por meio desses dois autores, que

a essência das manifestações histéricas de excitação ou paralisia consis-tem na conversão do afeto em uma inervação corporal. A psicanálise

24 Ibidem.
25 Ibidem, p. 129.
26 Ibidem, p. 128.
27 Cf. S. Freud; J. Breuer, Studies on Hysteria, *SE*, v. II.

CHEZ MARIA VALERIE

pode rastrear cada caso de histeria de conversão de volta a uma ou mais experiências afetivas mantidas inconscientes ou esquecidas (ou, como dizemos hoje, recalcadas), mas sua energia é emprestada a certos processos corporais associados, em pensamento, com essas experiências[28].

Os pacientes que acabaram de ser exibidos e que tiveram a etiologia direta de seus sintomas encontrada em experiências traumáticas, de choque, durante a guerra, converteram o afeto desencadeado pelas experiências para partes de seus corpos. A analogia que permite a Ferenczi chamar os casos monossintomáticos de histerias de conversão é esta – a similaridade entre o caminho percorrido pelo afeto –, mas não podemos concordar que há total igualdade entre o processo presente nas pacientes descritas no fim do século XIX e nos soldados hospitalizados em 1916. O conferencista sabe da dificuldade, por exemplo, de discutir outros aspectos da vida de seus pacientes que deveriam estar presentes na etiologia de seus quadros, para que tal equivalência pudesse ser mantida sem grandes esforços. Em especial, como aponta o próprio Ferenczi, foi-lhe impossível, por meio das anamneses, encontrar nos soldados a constituição sexual que comporia o quadro nosológico da histeria de conversão. Isso não o impedirá de manter a equivalência, como podemos ouvir na continuação da palestra:

os casos de *neuroses de guerra* apresentados devem, a partir de suas anamneses, ser considerados como *histerias de conversão* no sentido de Breuer e Freud. O afeto súbito que não pôde ser psiquicamente controlado (o choque) causa o *trauma*; são as inervações dominantes no momento do trauma que se tornam retidas permanentemente como sintomas mórbidos e indicam que partes não descarregadas de impulsos afetivos estão ativas no inconsciente. Em outras palavras, o paciente ainda não se recuperou do choque mesmo que não pense mais nele conscientemente, às vezes, ele pode até estar alegre e bem-humorado, como se sua alma de modo algum estivesse atormentada por qualquer memória terrível[29].

Vemos uma espécie de condensação da forma como, no fim no século anterior, Breuer e Freud procuraram explicar a histeria. Para que se compreenda tal condensação – o que ela une, e

28  S. Ferenczi, Two Types of War Neuroses, *FC*, p. 128.
29  Ibidem, p. 129.

34 O TERCEIRO TEMPO DO TRAUMA: PARTE I

o que ela acrescenta a partir de teorizações posteriores – retomemos alguns pontos dos *Estudos Sobre a Histeria* em que, logo na "Comunicação Preliminar", escrita em 1893, defendeu-se que a hipnose fornecia importantes ensinamentos sobre as causas da histeria. O acompanhamento e a observação de vários pacientes sob hipnose revelaram que eventos externos determinavam a patologia numa extensão que não se imaginava. No caso de histerias "traumáticas", defenderam os autores, era claro que os sintomas eram provocados pelos acidentes, pelos traumas vividos pelos pacientes. E mesmo nos casos em que o trauma não envolvia um acidente, um evento mecânico, a sintomatologia da histeria estava ligada à vivência de um trauma psíquico – o que pedia uma ampliação do conceito de histeria traumática:

Nas neuroses traumáticas, a causa operativa da doença não é a insignificante lesão física, mas o afeto de medo [*fright*] – o trauma psíquico. De forma análoga, nossas investigações revelam, para muitos, senão para a maioria dos sintomas histéricos, causas precipitantes que só podem ser descritas como traumas psíquicos. Qualquer experiência que desperte afetos desagradáveis – como os de medo, vergonha ou dor física – pode operar como um trauma desse tipo; e se, de fato, assim o faz, depende naturalmente da suscetibilidade da pessoa afetada.[30]

A equivalência anterior, que Ferenczi utilizou na carta a Freud, datada de 15 de julho de 1915, entre as neuroses de guerra e as neuroses traumáticas, fica um pouco mais clara. As primeiras poderiam ser incluídas entre as últimas porque o conceito de trauma utilizado era suficientemente amplo para englobar "qualquer experiência que desperta afetos desagradáveis". Mas a relação entre a histeria de conversão e as neuroses de guerra classificadas como monossintomáticas ainda não parece suficientemente justificada. Vejamos.

Ferenczi fala de um afeto súbito (o choque) que não pôde ser psiquicamente controlado como a causa do trauma. Dito de outra forma, uma experiência traumática não poderia ser assim adjetivada se o afeto que ela despertou tivesse sido controlado. Em breve, debruçar-nos-emos com mais cuidado e vagar sobre o que pode estar envolvido no processo de controlar

---

30  S. Freud; J. Breuer, Studies on Hysteria, *SE*, v. II, p. 5-6.

psiquicamente o que carrega uma experiência. Ainda no Maria Valerie, e tendo Ferenczi feito referência à obra conjunta de Freud e Breuer, temos de observar outros pontos que foram considerados pelo palestrante na tentativa de enquadrar os casos monossintomáticos como histerias de conversão.

Um deles diz respeito à compreensão do próprio mecanismo da histeria e sua relação com a memória e o afeto. Uma vez que os traumas, em sentido amplo, encontrados na história de vários pacientes, haviam acontecido há muito tempo, Freud e Breuer precisaram oferecer uma explicação que contemplasse essa distância temporal. Nos *Estudos Sobre a Histeria*, a solução é apresentada em uma afirmação conhecida, que se manteve na teoria psicanalítica não obstante o abandono de outras que, em um primeiro momento, estavam relacionadas a ela. A afirmação em questão é a de que os histéricos sofrem de reminiscências. Na obra conjunta de Breuer e Freud, ela começa a ser apresentada quando os autores defendem que

a relação causal entre o trauma psíquico determinante e o fenômeno histérico não é de um tipo que implique o trauma agindo meramente como um *agente provocateur* na liberação do sintoma, que depois segue uma existência independente. Devemos presumir que o trauma psíquico – *ou mais precisamente a memória do trauma* – age como um corpo estranho[31] que muito após sua entrada continua sendo visto como um agente que ainda está trabalhando[32].

Não seria a experiência, mas sua lembrança, que geraria afetos desagradáveis. A prova apresentada em "Comunicação Preliminar" para embasar uma presunção como essa foi de natureza prática. Quando os pacientes tinham sucesso em relatar com a maior riqueza de detalhes a experiência que tivera efeito traumático, trazendo à tona a lembrança carregada dos afetos que a ela estavam ligados, os sintomas – escreveram – desapareciam imediata e permanentemente. Após a famosa afirmação de 1893 sobre do que sofrem os histéricos, e da prova heurística da rememoração e do relato como tendo um efeito

---

31 No final de sua obra, Ferenczi utilizará o termo "teratoma" para conceituar essa ação do trauma psíquico como um "corpo estranho" (cf. S. Ferenczi, The Principle of Relaxation and Neocatharsis, *Fin*).

32 S. Freud; J. Breuer, Studies on Hysteria, *SE*, v. II, p. 6, grifo nosso.

36 O TERCEIRO TEMPO DO TRAUMA: PARTE I

terapêutico, lemos uma tentativa de explicar teoricamente o que fora descoberto por meio da prática.

A questão passa a ser como o afeto ligado à lembrança pode deixar de ser desagradável – ou como torná-lo menos desagradável – a ponto de a experiência perder o atributo de traumática e, consequentemente, não desencadear o fenômeno histérico. A partir dos fatores responsáveis pelo esmaecimento de uma memória, ou pela perda de sua carga afetiva, os autores oferecem uma resposta. O mais importante entre esses fatores, escreveram,

é *se houve uma reação energética ao evento que provocou o afeto*. Por "reação", aqui entendemos toda a classe de reflexos voluntários e involuntários – de lágrimas a atos de vingança – nos quais, como a experiência nos mostra, os afetos são descarregados. Se essa reação acontece em uma quantidade suficiente, grande parte do afeto desaparece em consequência [...] Se a reação é suprimida, o afeto permanece ligado à memória [...] A reação da pessoa atingida ao trauma só exerce um efeito completamente "catártico" se for uma reação *adequada* – por exemplo, a vingança. Mas a linguagem serve como um substituto à ação; com sua ajuda, um afeto pode ser "ab-reagido" quase com a mesma eficácia[33].

A ideia traz a reboque uma compreensão econômica do funcionamento mental. A histeria mostra-se como uma condição na qual o afeto não foi devidamente descarregado, de forma que o problema passa a envolver as maneiras pelas quais este afeto, que sobrecarrega o psiquismo, pode ser escoado. A possibilidade aventada em "Comunicação Preliminar" é a de que uma reação do indivíduo à experiência poderia dar conta dessa tarefa. Uma humilhação, por exemplo, poderia ser respondida com um ato de vingança; o que permitiria a descarga do afeto ligado ao evento humilhante. Mesmo as lágrimas, pudemos ler, poderiam servir como escoamento do afeto desagradável. O efeito de tais reações, quando empreendidas em quantidade suficiente, é catártico: elas propiciam a liberação do afeto e esvaziam o evento traumático de sua carga. Outra forma pela qual o afeto poderia ser trabalhado não é contemporânea, ou mesmo próxima, à experiência traumática. Ela se daria posteriormente, quando ao paciente é permitido e ele é incentivado a falar sobre o episódio que agiu como um trauma psíquico.

33 Ibidem, p. 8, grifos nossos.

A linguagem serviria como um substituto à ação, proporcionando uma ab-reação do afeto despertado pela experiência. Ou, se nos concentrarmos nos casos de histeria descritos no fim do século XIX, a linguagem favoreceria o desinvestimento da carga afetiva da lembrança.

A ab-reação por meio da linguagem não seria, porém, a única forma disponível a alguém para lidar com uma experiência vivida como trauma psíquico. Quando o que está em jogo é uma experiência sobre a qual não caberiam mais reações diretas, que ficou no passado, mas permanece como uma lembrança desagradável, os autores levantam a possibilidade de que:

> Uma memória de tal trauma, mesmo que não tenha sido ab-reagida, entra no enorme complexo de associações, vem acompanhada de outras experiências, que podem contradizê-la, e está sujeita à retificação por outras ideias. Após um acidente, por exemplo, a memória do perigo e a (mitigada) repetição do medo são associadas à memória do que aconteceu depois – salvamento e a consciência da atual segurança [...] Desse modo, uma pessoa normal é capaz de levar a cabo o desaparecimento do afeto relacionado por meio do processo de associação.[34]

Temos de nos perguntar, agora com um pouco mais de elementos, e sabendo que uma resposta será parcial, se a organização das lembranças de Gavrilo não pode ser incluída nesse modo de compreensão das vicissitudes do afeto no psiquismo. Não tem ele uma memória associada ao evento traumático que representa o que lhe aconteceu depois, o salvamento? Sim, ele a tem. O que nos leva a outra pergunta: será essa memória que, por meio do processo de associação, retirou da narrativa de seu acidente a maior parte da carga afetiva que se ligava ao episódio? Se contássemos única e exclusivamente com a "Comunicação Preliminar" para embasar nossa compreensão, a resposta poderia ser afirmativa. Mas deixaríamos de lado o trabalho psíquico, muitas vezes silencioso, que Gavrilo empreendeu ao buscar elementos que acrescentassem extensão e complexidade à cadeia de associações ligadas à sua experiência traumática. Em outras palavras, ainda não pudemos contar com um arsenal teórico que explicasse seu esforço em busca de informações sobre o

---

34 Ibidem, p. 9.

acidente. Em breve, teremos mais dados para compreender o processo que ele enfrentou.

Ainda nos *Estudos Sobre a Histeria*, outro ponto ligado à memória de traumas psíquicos foi observado por Ferenczi para ancorar a equivalência entre os casos monossintomáticos e a histeria de conversão. Breuer e Freud observaram que as memórias que determinavam o fenômeno histérico permaneciam vívidas e carregadas de afeto por muito tempo. Mais tarde, porém – na ausência de uma reação adequada – essas memórias "ao contrário de outras memórias do passado, não estão à disposição do paciente. Pelo contrário, essas experiências estão completamente ausentes da memória dos pacientes quando eles estão em um estado psíquico normal, ou estão presentes de forma muito sumária"[35].

Tais memórias, às quais o paciente não tem acesso, seriam as que correspondem a traumas psíquicos que não encontraram reação ou ab-reação suficiente. Os autores descrevem dois grupos de casos em que a reação ou a ab-reação não aconteceu e, consequentemente, a lembrança foi relegada a um lugar cujo acesso não seria dos mais fáceis à rememoração consciente. O primeiro grupo de casos envolveria aqueles em que o trauma psíquico não pôde encontrar reação imediata (no qual o trauma excluía a possibilidade de reação), ou os episódios que o paciente quis esquecer, "e, portanto, intencionalmente reprimiu de seu pensamento consciente"[36]. O segundo grupo de casos, de acordo com os autores, compunha-se de pacientes que vivenciaram o episódio traumático em um estado psíquico de menor consciência. Não era, assim, o conteúdo da memória que impedia tanto a reação quanto a ab-reação, mas o estado no qual se encontravam esses pacientes quando experienciaram o trauma psíquico. Em alguma medida, parece-nos, esse poderia ser o caso de Gavrilo, que dormia quando sofreu o acidente. Aos ouvintes que se colocavam ao redor de Ferenczi no Maria Valerie, porém, foi sobre o primeiro grupo de casos que o palestrante pareceu referir-se quando iniciou sua explanação sobre a natureza da memória que os soldados hospitalizados tinham de suas experiências de choque.

35 Ibidem.
36 Ibidem, p. 10.

Retoricamente, ele põe na boca de seus colegas uma questão referente à impossibilidade de os soldados se lembrarem do momento crítico que viveram. Dito de outra forma, Ferenczi se pergunta se o que lhe contaram os pacientes não eram tentativas de explicar o que haviam passado, sem que, de fato, soubessem o que lhes acontecera. Sua resposta foi:

o soldado estava, com certeza, totalmente consciente imediatamente *antes* da concussão; ele até podia estar ciente do perigo iminente (isso é reconhecido por muitos que permaneceram bem, apesar da proximidade da explosão). Ele pode então ter perdido a consciência no momento da explosão, e depois ter desenvolvido uma amnésia retrógrada; o traço de memória da situação antes da concussão pode, uma vez feito, influenciar a formação do sintoma – a partir do inconsciente[37].

Observemos que há um esforço, nada sutil, em fazer valer um entendimento sobre o trauma que mantenha a possibilidade de que ele, de alguma forma, tenha deixado um lastro, mesmo que mínimo, na memória. Podemos chamar tal tentativa ferencziana, que procura defender nesses casos a inexistência de uma lembrança sobre o episódio traumático, mas a formação de um traço mnêmico atuante, de *verônica*[38] bem executada. Seus pacientes contaram-lhe o que aconteceu; há, portanto, alguma lembrança da experiência. Mas uma observação desse tipo afastaria a equivalência direta entre os casos monossintomáticos e a histeria de conversão. Ao trazer as neuroses de guerra para domínio das lentes psicanalíticas, temos de observá-las, junto com Ferenczi, utilizando o que prescrevia a teoria psicanalítica, até 1916. E, até então, os histéricos

---

37 Two Types of War Neuroses, *FC*, p. 130.

38 Termo da tauromaquia que significa: "Passe feito com a capa, assim denominado porque originalmente a capa era segura pelas duas mãos do modo como Verônica aparece nas gravuras religiosas, segurando o lenço com o qual enxugou o rosto de Cristo. [...] Quando o touro ataca, o toureiro aguarda até que os chifres baixem para atingir a capa e, nesse momento, move a capa antes do golpe do touro, com um movimento suave dos braços que são mantidos baixos, fazendo com que a cabeça e o corpo do touro passem por sua cintura." Essa definição de verônica pode ser encontrada no "glossário de termos de tauromaquia" acrescentado, na edição brasileira, ao romance *O Verão Perigoso*, de Ernest Hemingway (p. 238), escrito a pedido da revista *Life*, no qual o autor acompanha a temporada espanhola de touradas de 1959. A edição em livro, todavia, só aconteceu após a morte de Hemingway, que se suicidou em 1961.

40 O TERCEIRO TEMPO DO TRAUMA: PARTE I

sofriam de reminiscências que somente após um grande trabalho – maior e mais profundo que o de anamnese – podem ser recuperadas. Como poderiam os pacientes com contratura no braço, oscilações na cabeça, e tremores no pé se lembrar do episódio traumático que viveram? Se eles se lembram, bastaria incentivá-los a recontar suas experiências, com todo o afeto que elas despertaram, e os sintomas desapareceriam. Mas não é o caso. Daí a tentativa, feita por Ferenczi, de sequenciamento da experiência dos soldados. Eles não teriam uma completa lembrança do evento traumático; especialmente, não teriam a memória do momento exato do choque. O que conservam, diz-nos, é a lembrança do momento imediatamente anterior à explosão do projétil. O episódio crítico permaneceria anônimo: restaria dele um traço de memória inconsciente, capaz de agir e influenciar a formação do sintoma, mas que não poderia ser trazido à consciência. Mesmo que os episódios narrados pelos soldados tenham sido inventados, dirá Ferenczi, "essa 'invenção' deve ter sido determinada por traços de memória de circunstâncias reais que se tornaram inconscientes"[39]. Ou seja, o psiquismo não é capaz de lidar com a experiência traumática, a explosão do projétil, e o sintoma se monta com base nas lembranças imediatamente anteriores ao trauma. Devemos guardar nos bolsos do paletó dois elementos da hipótese defendida por Ferenczi: o que observa a incapacidade do psiquismo de lidar com a experiência traumática de forma plena já rondava o pensamento freudiano e ganhará sua máxima expressão em 1920; o que via a montagem do sintoma a partir de lembranças muito próximas, mas anteriores ao episódio traumático, será utilizado em 1927, quando Freud escreveu sobre o fetiche.

Antes de discutirmos a tentativa de sequenciamento da experiência traumática feita pelo conferencista e prosseguirmos entre os leitos do hospital, temos de observar com mais cuidado se a equivalência dos casos monossintomáticos com a histeria de conversão pode ser mantida. E, se o pode, até onde ela é realmente válida. Para justificá-la mais uma vez, o palestrante dirá ser bem possível que

---

39   Two Types of War Neuroses, *FC*, p. 130.

no momento da concussão, a inervação ativa e por si mesma forma o "fator de predisposição", uma "predisposição corporal", e leva à fixação da excitação afetiva (a qual, em decorrência de sua força, devemos considerar como incapaz de se tornar consciente) exatamente àquela parte do corpo que está sendo inervada. Tal "deslocamento de afeto" para uma indiferente, mas justo no momento crítico, acessível inervação corporal, nos é muito bem conhecida das análises da histeria de conversão[40].

Enquanto as histerias de conversão apresentam um quadro no qual os pacientes sofrem de reminiscências, os casos monossintomáticos, de neuroses de guerra – e neuroses traumáticas – mostram-nos o trauma psíquico agindo desde o momento em que o evento é vivenciado pelo paciente. Por conseguinte, os traumas dos soldados observados até esse momento parecem começar sua ação patogênica imediatamente após o choque e continuá-la mais tarde, a partir de traços mínimos de memória que permanecem inconscientes. Ao contrário da histeria de conversão, esses soldados com contraturas e tremores localizados sofrem duplamente: do evento em si e do traço mnêmico inconsciente que o evento deixou. O complexo de associações ao redor do episódio é, por esse motivo, mais restrito. Se, por um lado, o traço de memória pode ganhar elementos, ser enlaçado por outras associações e reconstruído para formar uma representação, uma lembrança consciente do episódio; por outro, o afeto despertado tem tal volume que impossibilita o acesso pleno do evento à consciência. Quando há lembrança, mesmo que reconstruída, ela não pode trazer consigo toda a força da excitação afetiva que o choque gerou. Uma quota desse volume, quando não seu todo, é dirigida à parte do corpo inervada no momento do trauma e lá se fixa, gerando os tremores e contraturas que formam a sintomatologia visível nos soldados. A defesa ferencziana é de que a predisposição histérica para conversão encontraria, nessa inervação corporal do soldado quando do choque, um correspondente. A predisposição à conversão equivaleria a essa "inervação corporal". Concordemos ou não com essa defesa, os soldados com quadros monossintomáticos do Maria Valerie exibem, de fato, um deslocamento do afeto gerado pelo choque às partes de seus corpos que, seja

40  Ibidem.

por estarem contraídas, seja porque se moveram, estavam acessíveis no momento do trauma psíquico.

Existe um último ponto na discussão dos casos monossintomáticos que levanta dúvidas justificadas. Ele diz respeito à verônica bem executada por Ferenczi quando se perguntou acerca da lembrança que os soldados tinham do momento exato da experiência traumática. Como dito há pouco, nesses casos, o trauma e o afeto a ele relacionado parecem agir desde o momento em que o episódio é vivido pelos pacientes. O ponto que incentiva a dúvida começa com a tentativa do palestrante de sequenciar a experiência traumática dos pacientes. Num primeiro momento, diz-nos, o soldado estava consciente "imediatamente *antes* da concussão"; poderia, inclusive, estar ciente do perigo que corria – na medida em que essa ciência fosse possível, ou seja, não se trataria de uma ciência integral, plena, porque, se o fosse, a atitude empreendida seria a fuga. A sequência que o palestrante estabelece é, ao mesmo tempo, óbvia e curiosa: "Ele pode então ter perdido a consciência no momento da explosão, e depois ter desenvolvido uma amnésia retrógrada."[41] O trauma, aqui, leva à perda da consciência ou, sendo nosso interesse o de especificar os elementos da experiência, o choque parece desativar o sistema consciente, que deixa de ser capaz de captar as impressões sucedâneas ao momento traumático. Quando, portanto, o trauma psíquico começa a agir? Como parecia ser, desde o momento do choque? Quando o soldado desperta, e o traço de memória passa a influenciar a formação do sintoma, a partir do inconsciente? Ou enquanto, desacordado, o soldado atravessa inconscientemente processos que tentam, a duras penas, lidar com a experiência que acabou de acontecer?

Na continuidade da palestra, Ferenczi introduzirá outros pacientes que talvez auxiliem na resposta a essas perguntas. A partir do que já foi discutido e dessas questões, no entanto, podemos fazer uma suposição: a de que a experiência vivida por esses soldados envolveu antes uma *formação do trauma* do que um momento anódino, sem reverberações. Sigamos sem demora o conferencista – já que o problema se avoluma –; ainda temos muitos leitos a visitar.

41 Ibidem.

# 3. Jennifer e o Vasto Olho

Ferenczi volta a apontar o grupo de cinquenta pacientes com os quais iniciou sua palestra e que o impressionava. Ele os classifica como os que apresentam *tremores generalizados* e *distúrbios de marcha*. Novamente, somos convidados a observar um ou outro caso em particular. Como antes, daremos atenção a alguns – em especial ao terceiro e ao quarto casos enumerados pelo conferencista: "Um terceiro tem uma marcha de base ampla, como um tabético, o quarto, ao lado, caminha como se fosse completamente atáxico – e em uma postura reclinada, porém, eles não mostram sinal de ataxia real, muito menos se pode demonstrar qualquer doença da medula espinhal."[1]

Ainda estando em 1916, cada sintoma discutido deve vir acompanhado da observação de que causas físicas não lhe foram determinantes. Sobre esses soldados, também ouvimos:

A marcha dos dois pacientes apresentados aqui só pode ser descrita como uma "marcha de confiança" [*thrusting gait*], eles erguem a perna sem flexionar o joelho e deixam-na cair com um barulho alto. Provavelmente, este homem aqui é o mais severamente afetado; em sua tentativa de andar, o tremor da intenção passa para um espasmo generalizado de

---

1    S. Ferenczi, Two Types of War Neuroses, *FC*, p. 131.

44       O TERCEIRO TEMPO DO TRAUMA: PARTE I

toda a musculatura corporal, no auge do qual a consciência do paciente é perturbada.[2]

O conferencista chama nossa atenção a esse último aspecto notado no quarto paciente: a perturbação da consciência que acompanha, em certo ponto crítico, o distúrbio de marcha. Como vimos antes, a questão da perda da consciência – ou de uma alteração desta – já estava presente na tentativa de sequenciar a experiência traumática dos pacientes classificados como monossintomáticos. Ferenczi discutirá esse ponto com mais cuidado, após descrever diferentes sintomas presentes nos pacientes do segundo grupo e os resultados das anamneses que realizou, adicionando informações para uma compreensão mais ampla do fenômeno. Primeiro, explicita aos ouvintes o que se percebe quando esses soldados iniciam o movimento de marcha ou tentam andar sem suporte: todos têm o ritmo cardíaco acelerado, suam e exibem outros sinais de ansiedade. Analisados com cuidado, os pacientes desse grupo, os com distúrbios de marcha ou tremor generalizado, exibem outros sintomas permanentes que não são desencadeados pelas tentativas de caminhar:

Há hiperestesia de quase todos os sentidos; a audição está especialmente afetada na maioria dos casos, mas os olhos também estão hipersensíveis. Como resultado dessa hiperacusia e fotofobia, eles são muito tímidos; a maioria reclama de um sono muito leve que é perturbado por sonhos angustiantes e aterrorizantes. Os sonhos, na maior parte, repetem situações de perigo experimentadas no campo de batalha. Quase todos também reclamam de suas bem inibidas, ou muito reduzidas, libido e potência sexuais.[3]

Observemos os dados colhidos das anamneses. A maioria dos pacientes, diz-nos o conferencista, foi vítima de uma explosão, alguns quase foram enterrados, e a sequência da experiência traumática, agora, não é mais uma tentativa de organizar os eventos; Ferenczi a descreve da seguinte forma: "Eles perderam a consciência imediatamente e só recobraram novamente os sentidos em um hospital. *O tremor apareceu nas primeiras tentativas de andar* [...] Em alguns casos, o soldado continuou

2    Ibidem.
3    Ibidem, p. 132.

seus deveres após a explosão do projétil e adoeceu mais tarde em consequência de um bastante negligenciável – puramente psíquico – choque."[4]

No entanto, pareceu-lhe ainda mais peculiar o fato de diversos pacientes não se incluírem entre os que perderam os sentidos após uma explosão nem entre os que tiveram uma espécie de choque retardado. Tratam-se daqueles casos, muito frequentes, em cuja anamnese "a causa da doença é encontrada no geral, não na explosão de projétil, mas em experiências terríveis de outros tipos, na privação e no esforço sobre-humanos e na constante ansiedade tensional da guerra"[5].

As anamneses realizadas com o segundo grupo de pacientes indicavam três etiologias imediatas ou, de uma forma mais clara, três possibilidades de *formação traumática*: 1. quando o paciente era vítima de uma única explosão que o deixava inconsciente; 2. quando era atingido por uma explosão de projétil, seguia seus afazeres, e adoecia pouco depois, após um evento menor, mas que lhe causou um pequeno susto; e 3. quando era assoberbado pelo que a guerra lhe apresentava e lhe exigia. Acredito ser interessante a inclusão, nesse momento, de material clínico mais detalhado. Assim poderemos observar como se desenvolveram algumas neuroses de guerra e questionar se, de fato, as possibilidades colhidas por Ferenczi nas anamneses condizem com os casos nos quais experiências durante a guerra fazem parte da etiologia da neurose. Jennifer, a paciente que apresentarei, participou de outra guerra, mas sua formação traumática a aproxima dos quadros que observamos no Maria Valerie[6].

"Antes de ser designada para o Iraque, Jennifer era uma mulher de 45 anos sem histórico psiquiátrico significante." Era casada há 21 anos e morava com o marido e dois filhos em uma comunidade rural. Criada em uma família de militares,

4   Ibidem.
5   Ibidem.
6   O caso de Jennifer e os demais, colhidos de outros autores, serão apresentados aqui sem a referência constante às páginas citadas, mesmo quando utilizadas as aspas, mostrando que o trecho em questão foi retirado de determinado texto. Ao fim do caso, o leitor encontrará a indicação dos autores que o descreveram e discutiram, e as demais informações necessárias. Adotei essa forma de apresentação porque, embora não corresponda ao determinado pela formalização utilizada aqui, a leitura fica mais corrente e pode-se acompanhar o caso como um todo, sem perda de atenção aos seus detalhes.

46 O TERCEIRO TEMPO DO TRAUMA: PARTE I

ela também seguira carreira militar, como enfermeira. Servira durante treze anos ativamente e durante outros onze como reservista. Em seu currículo, contavam sete meses de serviço ativo durante a guerra do Golfo. "Jennifer tinha uma história prévia de trauma. Aos vinte anos, um desconhecido a agrediu sexualmente em um ataque aleatório à luz do dia em uma rua movimentada de uma comunidade rural." Pouco tempo depois, mudou-se e foi morar com os pais para "começar uma nova vida". Seu pai estava constantemente viajando a trabalho, "sua mãe não podia sequer reconhecer a agressão, e Jennifer nunca conversou com ninguém sobre o incidente". Antes de ser designada à OIF (Operation Iraqui Freedom), ela "se via como corajosa, confiante e resiliente. Acreditava estar bem equipada para lidar com qualquer tipo de estresse".

Sua função na OIF era prover cuidados de enfermagem a soldados americanos, soldados internacionais, civis iraquianos, detentos e militantes extremistas; e durou dezenove meses, no Kuwait e no Iraque, com quatro meses na prisão de Abu Ghraib. A duração de sua missão, inicialmente de um ano, foi prorrogada diversas vezes. Na última, ela e outros colegas estavam prontos para voltar aos Estados Unidos quando receberam um acréscimo ao tempo de suas missões, e a equipe com a qual ela vinha trabalhando nos últimos onze meses foi dividida e espalhada por diferentes hospitais de suporte ao combate. "A nova designação para uma unidade diferente, configurando a perda de seu sistema de suporte mais próximo, foi devastadora." Seu novo local de trabalho era a prisão de Abu Ghraib

algumas semanas depois da exposição na mídia de maus-tratos aos prisioneiros[7] [...] Ela estava com medo na chegada. Perto do hospital e de sua área de moradia, havia locais de enforcamento, câmaras de gás e paredes de execução [...] A prisão fora recentemente atingida por um grande ataque de morteiros, e o hospital recebera mais de 120 feridos, a maioria formada por prisioneiros iraquianos. Imediatamente

---

7   A prisão de Abu Ghraib tornou-se mundialmente conhecida em 2004 não em função ao que nela acontecia durante o regime opressor de Saddam Hussein, mas ao vazamento de fotos em que militares americanos torturavam presos iraquianos. Mais detalhes sobre o "escândalo" que o vazamento de tais fotos causou na época pode ser encontrado facilmente nos *websites* de qualquer jornal de grande circulação. (Cf. J. Risen, The Struggle for Iraq; GI's Are Accused of Abusing Iraqi Captives, *The New York Times*, 29 abr. 2004.)

ela foi trabalhar em turnos que se estendiam de doze a quatorze horas de duração. A prisão continuou a receber regularmente ataques de morteiros, que atingiam prédios ou áreas de detentos, resultando em mortes em massa.

Jennifer disse, sobre esse cotidiano, que "nunca havia nenhum aviso antes do primeiro morteiro atingir; você podia ser aquele no qual ele cairia. Você simplesmente tentava não pensar nisso.[...] Apesar do caos, a vida na prisão apresentou o mais extremo isolamento que Jennifer jamais experimentara". Em decorrência do escândalo dos maus-tratos e das torturas aos prisioneiros, seu trabalho era observado de perto pelos superiores e por organizações de mídia. "Como muitos soldados, ela eventualmente adquiriu a habilidade de dissociar-se disso tudo. No entanto, alguns eventos traumáticos jogavam-na de volta à realidade de sua situação, especialmente a morte ou os ferimentos graves de soldados durante seu turno. Suas lembranças mais perturbadoras focavam no fluxo ininterrupto, dia e noite, de 'corpos, jovens e despedaçados'." Conta Jennifer que, uma noite,

Nosso hospital recebeu três feridos e um soldado morto. [...] Eu estava parada aos pés do soldado morto, que estava deitado na maca. O cheiro de carne queimada era forte. Eu olhava o corpo e pensava e imaginava o que havia de diferente nele. Eventualmente, me dei conta de que era porque estava faltando toda a parte superior de seu tronco e cabeça. Uma hora depois, recebemos sua cabeça.

Jennifer relata que estava bem até o décimo quarto mês de trabalho, quando sentiu que "sua capacidade de lidar com o estresse não dava conta. Ela perdeu seu interesse pela música e pela leitura, começou a se afastar de seus colegas, e sentia-se amortecida. Ela também se desligou da família". Durante sua missão, a filha foi fazer faculdade, o filho casou-se e entrou nas Forças Aéreas e a comunicação com o marido diminuiu consideravelmente. Quando voltou, disse que estava em um "ninho vazio"; sua família "movia-se a um passo normal, enquanto ela própria sentia que tinha parado no tempo". Ela não conseguia tolerar multidões, achava a vida chata e vazia.

Se uma pessoa de confiança não a acompanhava em público, tinha ataques de pânico [...] imagens da guerra emergiam como memórias intrusivas durante o dia, e sonhos ruins aconteciam durante a noite. Ela demorava mais de duas horas para pegar no sono, mantinha em média só quatro ou cinco horas de sono agitado, e acordava algumas vezes por noite em função dos sonhos sobre os eventos que achara mais traumáticos – soldados feridos, ou morrendo com múltiplas amputações. O som de um helicóptero, que significara a chegada de feridos, causava ansiedade. A visão de sangue ou o cheiro de carne cozinhando trazia memórias intrusivas e virava-lhe o estômago; ela não podia mais comer carne.

Jennifer também se sentia alienada, afastada de sua família e do convívio social e começou a ter "intermitentes ideações suicidas: 'Eu simplesmente achava que estava ficando louca'", e que não merecia ajuda porque era um "ser humano quebrado e sem valor". Mesmo depois do tratamento psiquiátrico e de algumas sessões de psicoterapia grupal, Jennifer disse: "Eu não sou a mesma pessoa que fui, e isso me deixa triste."[8]

A leitura do caso de Jennifer traz à tona imediatamente o seguinte problema, que pode ser colocado também nos casos observados no Maria Valerie: o que é decorrente dos traumas de guerra e o que é decorrente da história de vida do paciente? Ferenczi formulou o mesmo problema a Freud numa carta escrita em 24 de janeiro de 1916: "Eu analisei (permiti que associasse livremente) por uma hora um sofredor de trauma de guerra. Infelizmente, apareceu que, no ano anterior ao choque da guerra, ele perdera o pai, dois irmãos (pela guerra) e a esposa por infidelidade. Quando tal homem tem que ficar deitado por vinte e quatro horas sob um corpo, é difícil dizer quanto de sua neurose é decorrente do trauma de guerra."[9]

A dúvida é análoga àquela que se pode levantar entre o que é constitucional e o que é acidental na etiologia de uma neurose; mas "constitucional" aqui passa a ser a história de vida pregressa, e "acidental" o fator etiológico relacionado às experiências na

---

8    D. Feczer; P. Bjorklund, Forever Changed, *Perspectives in Psychiatric Care*, p. 278-291. Em 2009, apresentei e discuti esse caso pela primeira vez em *Discussões Sobre o Trauma Entre Freud e Ferenczi*, mas com objetivos diferentes dos abordados aqui e focando outros aspectos do material clínico. Naquele texto, a proposta foi, ao expor o caso, demonstrar como a teoria psicanalítica, entre os anos de 1914 e 1919, sobre neuroses traumáticas e neuroses de guerra em especial, precisou ser trabalhada e ganhar complexidade para explicar essas patologias.

9    E. Brabant; E. Falzeder, *The Correspondence...v. II*, p. 107-108.

guerra. Na terceira parte das *Conferências Introdutórias*, Freud afirma: "o termo 'traumático' não tem outro sentido que o econômico. Nós o aplicamos a uma experiência que, dentro de um curto período de tempo, causa à mente um aumento de estímulo muito forte para ser lidado ou trabalhado de maneira normal, e isso deve resultar em distúrbios permanentes na forma pela qual a energia opera"[10].

O trauma oferece uma explicação para as neuroses causadas em um único momento, ou por momentos contemporâneos aos que viveu, recentemente, o paciente. A discussão que Freud estabelece é antes clínica que teórica. A fórmula econômica que toma o trauma como evento desencadeador da neurose parece-lhe aplicável a um grande número de casos, mas a outros não – sua utilização esclarece alguns elementos dos processos mentais, mas não todos. A pergunta que vai, aos poucos, sendo respondida é a mesma enunciada na carta de Ferenczi anteriormente citada: quanto da neurose é decorrente do trauma de guerra? A linha de observação do traumático como um evento ligado à economia mental não precisa ser abandonada, dirá Freud a seus ouvintes, em 1916, em uma das conferências em Viena, mas se fará retoricamente a mesma pergunta:

As neuroses são doenças *exógenas* ou *endógenas*? Elas são o resultado inevitável de uma constituição particular ou são o produto de certas experiências danosas (traumáticas) na vida? [...] Ambos os determinantes são igualmente importantes, vocês com justiça responderão. [...] Em uma ponta das séries estão os casos extremos dos quais vocês podem dizer com convicção: essas pessoas, em consequência do desenvolvimento singular de suas libidos, cairiam doentes de todo jeito, quaisquer que fossem suas experiências e as maneiras pelas quais suas vidas tivessem sido protegidas. Na outra ponta, estão os casos nos quais, ao contrário, vocês teriam de concordar que eles certamente escapariam da doença se suas vidas não os tivessem levado a esta ou àquela situação. [...] Suas constituições sexuais não os levariam à neurose se eles não tivessem tido essas experiências, e essas experiências não teriam tido um efeito traumático sobre eles se suas libidos fossem dispostas de outra maneira.[11]

10   S. Freud, Introductory Lectures on Psycho-Analysis (Part III), *SE*, v. XVI, p. 274-275.

11   Ibidem, p. 374.

Freud chamará de *séries complementares* essa equação etiológica entre o endógeno e o exógeno. E parece-nos claro que, no caso de Jennifer, encontramos ambos os fatores na causação de sua neurose: sua história de vida contém elementos que propiciariam o surgimento de uma neurose, e suas experiências durante a operação no Iraque também contribuíram para seu estado. A formação traumática que encontramos em seu caso enquadra-se no terceiro tipo apontado por Ferenczi; quando "a causa da doença é encontrada no geral, não na explosão de projétil, mas em experiências terríveis de outros tipos, na privação e nos esforços sobre-humanos e na constante ansiedade tensional da guerra"[12].

Façamos um breve exercício de imaginação. Se Jennifer fosse húngara e suas experiências tivessem ocorrido nos idos de 1914-1916, ela poderia ter sido encaminhada ao Maria Valerie e ficaria sob os cuidados do doutor Sándor Ferenczi. Ele provavelmente a incluiria no segundo grupo de pacientes que observou na ala para doenças nervosas do hospital – não sem hesitação – o de neuroses de guerra com sintomas mais gerais. Não sem hesitação porque lhe faltam dois sintomas que ele prontamente observou como presentes nesse "muito maior grupo de pacientes, esses com *tremor generalizado* e *distúrbios de marcha*"[13]. Embora nossa paciente não tivesse tremor generalizado, ela tinha ataques de pânico quando caminhava sozinha na rua, reclamava de um sono leve perturbado por sonhos que reproduziam suas experiências mais angustiantes e tinha os órgãos dos sentidos sensíveis a cheiros e sons que lhe remetiam às situações que viveu no Iraque. Logo, sua classificação no segundo grupo dar-se-ia pela exibição dos sintomas que Ferenczi chamou de permanentes. Contudo, seu caso traz-nos ainda outros problemas.

*Primo*, as séries complementares, como Freud as apresentou, dão ênfase a fatores exógenos ocorridos durante o início da vida, na infância; menos, ou de forma não expressa, a eventos que aconteceram na idade adulta. *Secondo*, os eventos traumáticos pelos quais Jennifer passou não parecem ter, em um primeiro correr de olhos, natureza sexual; ou seja, relação com a libido "sexual". O primeiro problema foi o que Ferenczi

---

12 Two Types of War Neuroses, *FC*, p. 132.
13 Ibidem, p. 131.

levantou a Freud; tentaremos respondê-lo em breve. O segundo dissolve-se após o primeiro correr de olhos, se prosseguirmos ouvindo Ferenczi no Maria Valerie.

Como identificara a histeria de conversão nos casos monossintomáticos, nos de sintomas mais generalizados, a equivalência encontrada é com outra figura da nosografia psicanalítica – a histeria de angústia. Esta se caracterizava, em muitos casos, pela aguda ansiedade despertada quando os pacientes tentavam se mover, o que os levava a evitar os movimentos a ponto de alterarem toda sua vida de acordo com tais impedimentos. O ponto final desse processo, escreve Ferenczi, seria o desenvolvimento de uma fobia. No caso de Jennifer, o que observamos é pânico de ficar sozinha, desacompanhada, em lugares públicos. Sem a presença de alguém confiável, ela fica impedida de sair de casa. A psicanálise teria sido, de acordo com o clínico de Budapeste, a primeira a oferecer alguma luz sobre essa condição de maneira não superficial ou puramente descritiva. Disse:

Parecia que esses pacientes haviam recalcado para o inconsciente as reações afetivas a certos *traumas psíquicos*, em sua maioria, experiências que estavam voltadas a diminuir sua *autoconfiança*, e que elas continuavam, do inconsciente, a influenciar suas atividades, e cada ameaça de repetição da experiência patogênica conduzia a um desenvolvimento de ansiedade. O paciente aprende, assim, a escapar desses estados de ansiedade evitando cada atividade que poderia, de alguma maneira, conduzir à repetição da situação patogênica.[14]

A passagem é importante aos nossos propósitos porque apresenta elementos novos sobre o que poderia estar envolvido na formação traumática. Lemos que os traumas psíquicos seriam, em sua maioria, experiências que causaram diminuição da autoconfiança dos pacientes. Existe aqui uma conceituação que não poderia ter sido feita antes de 1914 e que insere, implicitamente, um conceito importante.

Em fevereiro de 1914, Freud começou a redigir a versão final de *À Guisa de Introdução ao Narcisismo*, terminada um mês depois. Antes da eclosão da Primeira Guerra Mundial, portanto. Um dos caminhos que utiliza para aproximar-se do

14 Ibidem, p. 134.

52     O TERCEIRO TEMPO DO TRAUMA: PARTE I

conceito de narcisismo e das implicações que ele traz à teoria é a observação da doença orgânica. No que tange a ela, escreve:

seguirei a sugestão verbal de S. Ferenczi de que devemos levar em conta a influência da enfermidade orgânica sobre a distribuição da libido. Todos sabemos e consideramos natural que o sujeito atormentado por uma dor orgânica e por incômodos diversos deixe de se interessar pelas coisas do mundo exterior que não digam respeito ao seu sofrimento[15].

Chamo a atenção do leitor à doença orgânica e também ao que Freud chamou de "incômodos diversos" – Jennifer e os pacientes do Maria Valerie com sintomas mais gerais não reclamam da primeira, mas dos últimos. O texto, de 1914, continua:

Uma observação mais acurada nos mostra que ele também recolhe seu interesse libidinal dos objetos de amor e que, enquanto estiver sofrendo, deixará de amar. Apesar da banalidade desse fato, não devemos deixar de traduzi-lo para os termos próprios da teoria da libido. Diríamos então: o doente recolhe seus investimentos libidinais para o Eu e torna a enviá-los depois da cura. "A alma inteira se encontra recolhida na estreita cavidade molar", diz W. Busch sobre o poeta que sofre de dor de dente. Nesse caso, tanto a libido quanto o interesse do Eu têm o mesmo destino e são [...] indiferenciáveis entre si.[16]

A oposição pulsional que Freud estabelece nesse texto é diferente – menos marcada e intensa – da que havia defendido anteriormente em *Três Ensaios Sobre a Teoria da Sexualidade*, de 1905[17], e cinco anos depois, no artigo "A Visão Psicanalítica do Distúrbio Psicogênico da Visão"[18]. Em 1914, frente às discordâncias com Jung e Adler, e tendo em vista fenômenos como a esquizofrenia, a hipocondria, a vida amorosa e as já citadas

---

15   *EPI*, v. I, p. 103.
16   Ibidem, p. 103.
17   Cf. S. Freud, Three Essays on the Theory of Sexuality, *SE*, v. VII.
18   Cf. S. Freud, The Psycho-Analytic View of Psychogenic Disturbance of Vision, *SE*, v. XI. Como bem ressaltaram J. Laplanche; J-B Pontalis, *Vocabulário de Psicanálise*, p. 405: "Embora a expressão "pulsão de autoconservação" só apareça em Freud em 1910, a ideia de contrapor às pulsões sexuais outro tipo de pulsões é anterior. Está efetivamente implícita naquilo que Freud afirma desde os *Três Ensaios Sobre a Teoria da Sexualidade* (*Drei Abhandlungen zur Sexualtheorie*) sobre o apoio da sexualidade em outras funções somáticas. [...] Em 1910, Freud enuncia a oposição que permanecerá essencial na sua primeira teoria das pulsões."

JENNIFER E O VASTO OLHO

doenças orgânicas, uma nova oposição delineia-se: entre libido do Eu[19] e libido objetal, derivada da divisão entre as pulsões sexuais e as pulsões do Eu. O que leva Freud a tal mudança na maneira de compreender a economia libidinal justifica-se, em seu texto, por um ponto comum entre os fenômenos para os quais dirige sua lente; as idas e vindas percebidas no investimento da libido. Ele percebe que uma parte dela é retirada do mundo exterior e redirecionada ao Eu, originando o comportamento que chama de narcisismo[20].

Nos neuróticos, o vínculo erótico com as pessoas e as coisas não é suspenso. Estas são mantidas na fantasia e lá investidas, internamente. A libido que antes se dirigia para fora, na direção dos objetos externos, agora se volta também para os imaginários. Não há um abandono completo do investimento libidinal nos objetos externos, mas uma mescla entre o direcionamento de uma parte da libido para fora e a volta de uma parte do investimento para os objetos existentes nas lembranças. O neurótico teria desistido de encaminhar ações motoras que pudessem satisfazer suas metas em relação aos objetos. Freud chamou de introversão esse processo de retorno do investimento libidinal para o Eu. Na esquizofrenia, por outro lado, a libido retirada dos objetos externos não é reinvestida em objetos internos, ela enche o Eu. Nas palavras de Freud, esses movimentos libidinais implicam a concepção de que

originalmente o Eu é investido de libido e de que uma parte dessa libido é depois repassada aos objetos; contudo, essencialmente, a libido permanece retida no Eu. Poderíamos dizer que ela se relaciona com os investimentos realizados nos objetos de modo análogo àquele com que o corpo de um protozoário se relaciona com os pseudópodes que projeta em direção aos objetos"[21].

Para Freud, haveria um tipo de oposição entre libido do Eu e libido objetal; quanto mais existir de uma, menos haverá da outra. Nosso primeiro correr de olhos sobre o caso de Jennifer já

19  Adotamos aqui a grafia "Eu", com a primeira letra em maiúscula, para o Ich de Freud. Nas citações traduzidas do inglês, mantivemos a palavra "ego", uma escolha de tradução de J. Strachey que também foi utilizada em português. Não me parece haver prejuízo na presença simultânea das duas formas, desde que o leitor faça mentalmente a substituição de acordo com sua preferência.
20  Narcisismo secundário.
21  À Guisa de Introdução ao Narcisismo, *EPI*, v. I, p. 99.

54      O TERCEIRO TEMPO DO TRAUMA: PARTE I

não é suficiente. Após o artigo sobre o narcisismo, os efeitos da formação do trauma de Jennifer passam a envolver uma alteração de seus investimentos libidinais; leia-se, há uma diminuição de seu vínculo erótico com as pessoas e com as coisas. Tal processo fica claro quando observamos que ela "perdeu o interesse pela música e pela leitura, começou a afastar-se de seus colegas [...] se desligou da família". As vivências da paciente, podemos dizer, tiveram como efeito um recolhimento dos pseudópodes que antes estavam projetados em direção aos objetos.

Em muitos dos casos que observou no Maria Valerie, Ferenczi também percebeu um "distúrbio da libido sexual e potência"[22] junto com os demais sintomas mais chamativos a olho nu. Defendeu que esses distúrbios deveriam ser considerados neuróticos, mas não no sentido de pretensões sexuais frustradas que tiveram de ser recalcadas. Colocou em cena, para sua argumentação, as derivações que foram trazidas pelo texto de Freud sobre o narcisismo. Antoni Talarn, em um livro que só posso qualificar como essencial à compreensão da totalidade da obra ferencziana, dedica poucas páginas às ideias sobre as neuroses de guerra daquele que chamou de "el mejor discípulo de Freud". Escreve que Ferenczi, como médico militar, dedicou dois textos ao assunto. Um deles é a conferência com a qual você, leitor, já se familiarizou; o outro, a apresentação, depois publicada em livro, de sua fala no V Congresso Internacional de Psicanálise. Para Talarn, a conferência que tanto tempo nos têm exigido é de menor interesse; nela, "Ferenczi distinguia dois tipos de neurose de guerra: as *monossintomáticas*, cuja sintomatologia relembra a da histeria e as *generalizadas* [de tremor generalizado e distúrbios de marcha], que seguem um padrão de tipo fóbico"[23]. Ressaltemos que o padrão de tipo fóbico ao qual se refere Talarn é o estágio final da equivalência feita entre os casos do segundo grupo e a histeria de angústia. Para esse autor, mais importante que a caminhada no Maria Valerie seriam as ideias expressadas por Ferenczi, em 1918, porque lá encontraríamos uma explicação das neuroses de guerra – um subtipo das neuroses traumáticas – que forneceria, para parte da sintomatologia desses casos, uma explicação baseada no conceito

22    Two Types of War Neuroses, *FC*, p. 135.
23    A. Talarn, *Sándor Ferenczi: El Mejor Discípulo de Freud*, p. 200.

de narcisismo. Talarn está correto em sua avaliação, mas não totalmente. A conferência de 1916 faz mais do que descrever e dividir os pacientes; ela apresenta uma sintomatologia característica com riqueza de detalhes e busca explicar os processos mentais dos soldados internados em Budapeste. E, ao contrário do que ele diz, o conceito de narcisismo já é utilizado em 1916, na medida em que poderia ser feito àquela altura. O sintoma que permitiu sua introdução foi justamente o distúrbio da libido sexual e potência relatado por alguns pacientes.

Ferenczi dirá a seus ouvintes que a teoria freudiana das neuroses foi rejeitada por muitos, nesses casos, porque um trauma ordinário, que não causaria distúrbios sexuais, poderia gerar uma neurose. Mas, em 1916, após a escrita do texto sobre o narcisismo, ele sabia poder contar com algumas ideias que ajudariam a esclarecer essa incompatibilidade. Diz aos ouvintes que a teoria freudiana das neuroses põe em cena alterações da energia libidinal, e não problemas de dosagem de energia no sentido comum. E escreve – clara e explicitamente sob a influência do texto de 1914:

Vemos agora que um choque que, em si mesmo, não pode ser chamado de sexual – a explosão de uma bomba – em muitos casos resulta na *perda da libido sexual e na impotência sexual*. Logo, não é impossível que choques comuns também possam levar à neurose por meio de um *distúrbio sexual*. O sintoma das neuroses traumáticas, aparentemente menos importante, a impotência, também pode, em um exame mais próximo da patologia dessa condição, ser considerado como de maior importância. Para nós, psicanalistas, a suposição serve como uma explanação preliminar de que nesses traumas estamos lidando com uma *lesão ao Eu, uma lesão ao amor-próprio, ao narcisismo*, cujo resultado natural é a retração do alcance da "catexia libidinal do objeto", ou seja, da interrupção da capacidade de amar qualquer um que não a si mesmo.[24]

O que Ferenczi faz ao se expressar nesses termos não implica somente subscrever a utilização do conceito de narcisismo apresentado publicamente por Freud dois anos antes. Há uma ampliação dos alcances do conceito na direção de áreas e condições diferentes das observadas quando da introdução do narcisismo. Se Freud tomava a hipocondria, a doença orgânica, a

24 Two Types of War Neuroses, *FC*, p. 141.

esquizofrenia e a vida amorosa como espaços nos quais se poderia notar um represamento da libido no Eu, Ferenczi primeiro acrescenta o choque de grande monta – o trauma de guerra – a esse rol de espaços. Em seguida, contando integralmente com a natureza sexual da libido dirigida ao Eu, sutilmente propõe que há a possibilidade de que mesmo choques "comuns" – de menor intensidade – poderiam alterar "as emanações dessa libido, os investimentos objetais que podem ser lançados aos objetos e recolhidos de novo"[25]. Baseando-se em Freud, mas dando sua versão dos fatos, Ferenczi coloca em planos similares a doença orgânica, os incômodos e o choque, e, ao fazê-lo, vê o trauma como uma lesão ao Eu, uma lesão narcísica. Nessa economia, a lesão gera um recolhimento da libido ao Eu, um esvaziamento do investimento objetal, a causa da "perda da libido sexual" e da impotência. O traumatizado de guerra, e também aquele que passa por choques mais comuns – é o que estamos a ler – sofreu uma lesão narcísica. Em outras palavras, o trauma (histriônico ou quotidiano) lesa o Eu e altera a economia libidinal[26], assim como uma ferida, tal qual Freud observou na doença orgânica. Às vezes, "a alma inteira encontra-se recolhida na estreita cavidade molar" – no caso do trauma, a alma inteira recolhe-se na nem sempre estreita lesão ao Eu.

Um dos pacientes incluídos por Ferenczi no segundo grupo, de sintomatologia generalizada, aproxima-se, em alguns aspectos, de Jennifer. Trata-se de

Um camponês húngaro, que se tornou órfão de pai muito jovem, e logo cedo teve que se haver com o trabalho "dos adultos" na fazenda. Por razões que analiticamente não se podia mais examinar, tornou-se muito ambicioso, queria fazer tudo tão bem quanto os adultos, e ficava bastante suscetível se alguma falha era encontrada em seu trabalho, ou – como era mais frequente – alguém fazia piada dele. Mais tarde, teve que dar conta de brigas com seus vizinhos e com a *gendarmerie* local; por fim, "não tinha medo de ninguém", como se descrevia. Ele teve uma concussão por projétil e caiu de uma grande altura no campo de batalha; desde então tem uma marcha trêmula (e um sintoma de conversão também, uma câimbra na panturrilha), é emotivo, chora facilmente,

25  S. Freud, À Guisa de Introdução ao Narcisismo, *EPI*, v. I, p. 99.

26  Mais à frente, poderemos ver como esse movimento, que aponta processos semelhantes em experiências de intensidades muito diferentes, foi mantido por Ferenczi até o fim de sua obra de formas mais ou menos declaradas.

mas tem explosões ocasionais de raiva – por exemplo, quando soube que deveria ficar sob tratamento por mais algum tempo.[27]

Podemos perceber, junto com Ferenczi, no caso do jovem camponês, que não se tratava de um paciente acovardado pela guerra, ao contrário, o jovem mostrava-se determinado e *acreditava* não ter medo. Da mesma forma, Jennifer está longe de ser uma paciente intimidada pela guerra e pelas experiências que esta trazia, ela "se via como corajosa, confiante e resiliente". Ambos os pacientes tinham histórias de vida que os apoiavam na crença de que poderiam lidar bem com experiências traumáticas, e ambos tiveram sua *autoconfiança* abalada em dado momento. No caso de Jennifer, não contamos com maiores detalhes sobre sua infância, mas somos remetidos às suas experiências anteriores à guerra. A violência sexual contribuiu para o aparecimento de sua neurose? A resposta, mesmo contando somente com os dados de que dispomos, deve ser afirmativa. Prova disso pode ser encontrada no fato de que aquela situação influiu na distribuição de sua libido: ela, por causa também dessa experiência, via-se de maneira positiva e acreditava ser capaz de lidar "com qualquer tipo de estresse". Da mesma forma, o camponês húngaro, não fosse por sua "ausência de medo" – efeito de suas experiências durante a infância – provavelmente não se encontraria internado no Maria Valerie. Em seu caso, o evento que completa a formação traumática é claro – a explosão do projétil e a queda –; no de Jennifer, a formação traumática parece mais diluída em todo o tempo de sua permanência em serviço, tendo ganhado força quando se somaram elementos que aumentavam a carga tensional que a enfermeira enfrentava – as cobranças por causa do escândalo de maus-tratos e o afastamento de seu círculo de amizades, por exemplo. Utilizando as palavras do psicanalista húngaro:

Ambos pacientes levaram sua estima, talvez sua superestima, bem longe. O encontro com uma força incontrolável, a explosão de ar do projétil, que os jogou ao chão sem se darem conta, pode muito bem ter abalado seus *amores-próprios* nas fundações.[28]

27  Two Types of War Neuroses, *FC*, p. 135-136.
28  Ibidem, p. 136.

O TERCEIRO TEMPO DO TRAUMA: PARTE I

A articulação com o conceito de narcisismo é direta:

O amor por si mesmo que já foi desfrutado pelo Eu verdadeiro na infância dirige-se agora a esse Eu-ideal. O narcisismo surge deslocado nesse novo Eu que é ideal e que, como o Eu infantil, se encontra agora de posse de toda a valiosa perfeição e completude. Como sempre no campo da libido, o ser humano mostra-se aqui incapaz de renunciar à satisfação já uma vez desfrutada. Ele não quer privar-se da perfeição e da completude narcísicas de sua infância. Entretanto, não poderá manter-se sempre nesse estado, pois as admoestações próprias da educação, bem como o despertar de sua capacidade interna de ajuizar, irão perturbar tal intenção. Ele procurará recuperá-lo então na nova forma de um ideal de Eu. Assim, o que o ser humano projeta diante de si como seu ideal é o substituto do narcisismo perdido de sua infância, durante a qual ele mesmo era seu próprio ideal.[29]

"Admoestações próprias da educação", podemos dizer, ou admoestações em geral contra o Eu-ideal. Há aqui um prenúncio do tipo de conflito que será elaborado na segunda tópica, mas há também, de uma maneira mais simples, uma constatação sobre a natureza do trauma após o conceito de narcisismo: *a formação do trauma pode acontecer quando o Eu é confrontado com uma força – com uma carga de estímulos – que contraria o que o indivíduo acreditava sobre si mesmo*. A alteração no caso do jovem húngaro é clara: de não ter medo de ninguém, a ter medo e tornar-se emocionalmente frágil. No caso de Jennifer, de não poder corresponder ao Eu-ideal após suas experiências na guerra e sentir que "não merecia ajuda porque era um 'ser humano quebrado e sem valor'". O conceito de narcisismo e seus desdobramentos acrescentam um aspecto ao trauma que não o torna mais estreito, acrescenta-lhe, na verdade, complicações[30]. Passamos a ter a força do evento como geradora da necessidade de controlar o estímulo dentro do aparelho psíquico, e observamos as contradições que o Eu passa a ter de enfrentar entre o investimento em si mesmo e o que a realidade pressiona sobre esse Eu e seu autoconceito. Parece-nos que essa complicação

---

29  S. Freud, À Guisa de Introdução ao Narcisismo, *EPI*, v. I, p. 112.

30  Mais tarde, por exemplo, os psicanalistas leriam Freud escrever, em Civilization and Its Discontents, *SE*, v. XXI, p. 118, que "O conceito de narcisismo tornou possível obter uma compreensão psicanalítica das neuroses traumáticas e de muitas outras afecções próximas às psicoses; assim como destas últimas."

aponta a existência de dois conflitos: em primeiro lugar, do Eu contra o mundo externo; e em segundo, do Eu consigo mesmo.

Sobre o último, Freud escreve em *Luto e Melancolia* que podemos ver que no paciente "uma parte de seu Eu põe-se contra a outra, julga-a criticamente e, assim, toma-a como seu objeto"[31]. Mas a agência, nesses anos de seu trabalho sobre os quais nos debruçamos, é a "comumente chamada de 'consciência'"[32]. Podemos perceber já aqui que Freud se dedica mais a essa forma de conflito; Ferenczi olhará com bastante atenção à primeira, entre o Eu e o mundo externo. Isso nos é permitido dizer, porque, ao retomarmos a conferência de 1916-1917, em Budapeste, ouvimos o palestrante discorrer sobre outro sintoma permanente nas neuroses de guerra do segundo tipo: a "hiperestesia de todos os sentidos". Ele diz:

Devemos adotar a seguinte suposição de Freud na explicação desse sintoma. Se alguém está preparado para o choque, para a aproximação do perigo, então as excitações da atenção mobilizadas pela expectativa são capazes de localizar o estímulo do choque e prevenir o desenvolvimento desses efeitos remotos que vemos nas *neuroses traumáticas*. Outro jeito de localizar os efeitos do choque é – de acordo com Freud – uma severa, real, lesão física proporcional ao choque psíquico que ocorre com o incidente traumático.[33]

E continua:

Nos casos aqui mostrados de *histeria de ansiedade* traumática, nenhuma dessas condições é preenchida; estamos lidando com um repentino, inesperado choque sem lesão física séria. Mas mesmo nos casos em que a aproximação do perigo foi notada, a excitação da expectativa pode não ter sido proporcional à força do estímulo real do choque e, portanto, foi incapaz de prevenir a descarga da excitação por caminhos anormais. É provável que a consciência geralmente desligue-se automaticamente primeiro a partir de tais estímulos muito poderosos.[34]

O estímulo, para Ferenczi, é responsável por um desligamento da consciência; o conflito, portanto, não está dentro do Eu, ele, na verdade, movimenta o Eu em direção a uma espécie de

---

31  Mourning and Melancholia, *SE*, v. XIV, p. 247.
32  Ibidem, p. 247.
33  Two Types of War Neuroses, *FC*, p. 138-139.
34  Ibidem, p. 139.

"lesão física". O palestrante, fortemente influenciado pelas ideias de Freud acerca do narcisismo, dirá que o sintoma da hiperestesia é esse movimento. Podemos ser mais específicos a fim de compreendermos. Provavelmente o aspecto que Freud discute acerca do narcisismo que chama a atenção de Ferenczi nesses casos é:

Poderíamos então designar como *erogeneidade* a atividade que emana de uma parte do corpo e envia estímulos sexualmente excitantes em direção à vida psíquica [...] podemos considerar que a erogeneidade é uma faculdade geral de todos os órgãos e, portanto, nos referir a um aumento ou redução da erogeneidade em determinada parte do corpo. Em paralelo a cada uma dessas alterações da erogeneidade nos órgãos, poderia estar ocorrendo uma alteração do investimento da libido no Eu. Creio que seriam esses os fatores que deveríamos levar em conta para explicar os processos que imaginamos subjacentes à hipocondria, e penso que tais fatores podem estar produzindo o mesmo efeito sobre a distribuição da libido que seria produzido pelo adoecimento material dos órgãos.[35]

Os órgãos dos sentidos tornam-se erogenizados de maneira análoga à presente na hipocondria e na lesão orgânica. Eles se tornam, podemos dizer, mais sensíveis – hiperestesiados – em decorrência de um estímulo externo poderoso demais para ser dominado, ou por causa de uma constante e intensa estimulação. Como resultado, temos o sintoma, motivado pelo movimento do Eu em direção à recuperação, que leva a consciência a perceber a "fonte da dor"; o que

é então atingido por uma atitude "traumatofílica" – a hiperestesia que, em pequenas doses, gradualmente permite que chegue à consciência tal quantidade de ansiosa expectativa e choque que foi poupada à época do choque. Nos constantes e repetidos pequenos traumas, em cada expectativa de contato, em cada pequeno som e luz, devemos – segundo a suposição de Freud – ver uma tendência à recuperação, uma tendência à equalização de um distúrbio na distribuição de tensão pelo organismo[36].

Vemos a entrada em cena de uma ideia rica em desdobramentos e que acompanhará Ferenczi até o fim de sua obra: a existência de uma atitude traumatofílica que só podemos colocar sob os auspícios do inconsciente. Quando observamos Jennifer atentos à tendência apontada pelo conferencista, encontramos

---

35  À Guisa de Introdução ao Narcisismo, *EPI*, v. I, p. 104-105.
36  Two Types of War Neuroses, *FC*, p. 139.

uma explicação razoável para alguns de seus sintomas. Sabemos que, durante a guerra, ela, a exemplo de muitos soldados, "adquiriu a habilidade de dissociar-se" das experiências imediatas que enfrentava. E sabemos que, após sua dispensa, alguns estímulos sensoriais causavam-lhe ansiedade, o som de um helicóptero e o cheiro de carne cozinhando, por exemplo. Suas reações, quando volta para casa, parecem uma forma de elaboração a permitir que lhe cheguem à consciência pequenas doses de estimulação, amostras do que, quando da formação do trauma, não pôde ser colhido integralmente. O mesmo é percebido no jovem camponês que, internado, exibe o medo que não sentia quando estava no *front*. Guardemos essa economia compensatória: o Eu movimenta-se por meio do sintoma em direção àquilo que, à época da experiência traumática, faltou-lhe, em uma tentativa de recuperação pelo domínio, a conta-gotas, do distúrbio de tensão que se instalou no organismo.

Devemos notar, porém, que esse movimento envolve uma repetição crua frente ao estímulo disruptivo: o sujeito comporta-se como se a situação traumática estivesse presente, mas, agora, com os sentidos muito mais investidos – sensíveis – aos estímulos que poderiam gerar um novo trauma. O paciente fica preso à formação traumática, reagindo a ela como não pôde fazê-lo no momento oportuno.

O último caso que Ferenczi apresenta em sua palestra é ilustrativo. Trata-se de um homem que foi atingido pela explosão de um projétil e permanece em "constante estado de agitação muscular sem ser capaz de executar nenhum movimento desejado".

Seus olhos estão de tal forma hipersensíveis que, para evitar a luz do dia, estão constantemente rolados para cima. [...] Sua hiperestesia de audição é – se possível – ainda maior. [...] Ele simplesmente não pode existir durante o dia na ala geral por causa do barulho, e tivemos que deixá-lo dormir sozinho na sala de atendimento. Foi digno de nota que o paciente logo pediu autorização para dormir durante a noite na ala geral. Perguntado sobre a razão de seu pedido, ele imediatamente respondeu: *Eu não consigo de maneira nenhuma pegar no sono no silêncio absoluto, porque eu sempre tenho que escutar com muito cuidado para ouvir se realmente não há nenhum som para ser ouvido.*[37]

37  Ibidem, p. 140.

O estado de alerta do paciente serve a um propósito, assim como as reações de Jennifer ao som do helicóptero ou ao cheiro de carne: eles exibem a fixação do psiquismo nas experiências traumáticas e a necessidade de reagir ao que não foi propriamente dominado[38]. Nas *Conferências Introdutórias*, Freud expressou ideia similar nos seguintes termos:

A neurose traumática dá uma clara indicação de que uma fixação ao acidente traumático está em sua raiz. Esses pacientes regularmente repetem a situação traumática em seus sonhos; onde ocorrem ataques histéricos que admitem uma análise, descobrimos que o ataque corresponde a um completo transporte do paciente para a situação traumática. É como se esses pacientes não tivessem dado um fim à situação traumática, como se ainda estivessem em face dela como de uma tarefa imediata que não foi lidada; e tomamos essa compreensão muito a sério.[39]

Ressaltemos que a repetição crua da situação traumática não é perceptível somente em decorrência da prontidão constante pela hiperestesia; ela também pode ser observada nos sonhos e nos atos dos pacientes. A traumatofilia inconsciente é comparada por Ferenczi a um comportamento que Karl Abraham[40] observou em pessoas que foram vítimas de abuso sexual. Em 1916, Ferenczi resumiu da seguinte maneira o que escrevera seu colega: "Mais tarde, elas [as vítimas de abuso sexual] têm a compulsão de se exporem outra vez a experiências similares

---

38   A romena Herta Müller, no romance *Sempre a Mesma Neve e Sempre o Mesmo Tio*, p. 116-117, descreveu da seguinte maneira o estado de tensão e medo que viveu sob a ditadura de Nicolae Ceausescu e que nos lembra alguns dos pacientes aqui descritos: "Ameaças de morte, não poderia ser diferente, resultam em medo de morte. A exigência exacerbada dos nervos se transformou em nossa segunda natureza. Pois nos acostumamos a isso. E, quando algo volta a ser ameaçador, sentimos – quanto mais estamos acostumados – apenas o algodão. A intensidade constante nos perturba. Vigilância exausta, delírio, estofado de algodão. Aprendemos que o algodão não é imóvel, mas apenas implacável. O estado de espírito entre resmungar e aceitar se aproxima. O uso da lógica perde o sentido. A classificação das coisas se torna obsoleta. Tiramos algo da cabeça, trata-se de algodão. E no espaço tornado livre entra algodão novo. [...] Isso soa estranho, existimos duplamente pelo pânico interno e pela tranquilidade exterior. [...] Perdemo-nos duplamente. Eis o ponto: o vento numa acácia, o chiado do elevador, o toque num interruptor de luz se torna o ruído de uma ameaça. Mas também a falta de som, com a qual a poça brilha no caminho, e a sopa, no prato sobre a mesa."

39   Introductory Lectures on Psycho-Analysis (Part III), *SE*, v, XVI, p. 274-275.

40   Cf. K. Abraham, Les Traumatismes sexuels comme forme d'activité sexuelle infantile, *Oeuvres complètes de Karl Abraham/I*.

como se estivessem tentando controlar a experiência originalmente inconsciente e não compreendida por uma subsequente,
que é consciente."[41]

Podemos dizer que há uma enorme diferença entre o que
Abraham percebeu no comportamento de alguns adultos vítimas
de abuso sexual na infância e os efeitos de formações traumáticas como as observadas em Jennifer e nos soldados internados
no Maria Valerie. A diferença de fato existe. Em nenhum dos
casos apresentados por Ferenczi, o paciente voltou ao *front*, des-
protegido, após o trauma, tentando reencená-lo para fazer da
experiência inconsciente, e não compreendida, uma consciente.
Enquanto ainda não discutimos em detalhe um caso no qual
o paciente tenha vivido uma situação como a que Abraham se
refere, só podemos supor que uma experiência como o abuso
sexual também cause fixação. Jennifer e os demais neuróticos de
guerra mostram, pelos seus sintomas, estarem fixados, presos,
ao trauma. O que permite a comparação de Ferenczi, percebendo tanto em uma experiência quanto na outra a traumatofilia inconsciente, é o movimento psíquico similar causado por
ambas. No caso de Jennifer, ele é observado de uma forma mais
interna, na existência de "sonhos sobre os eventos que ela achara
mais traumáticos" e na prontidão dos sentidos quando expostos
a determinados sons e cheiros. Se algo permanece inconsciente,
incompreendido, não temos como apontar. Os pacientes apresentados, Jennifer entre eles, lembram dos eventos traumáticos.
"Nesses casos não houve verdadeira amnésia, nenhuma memória faltando; mas quebrou-se uma conexão que teria levado à
reprodução ou reemergência da memória."[42] Como nos obsessivos, diria Freud. Mas também não é de todo o caso porque,
nos pacientes trazidos pela guerra, a memória volta à revelia,
em sonhos e em pensamentos, o sintoma permanece, e tem-
-se consciência da ligação entre os dois. A verônica que afasta
o problema do esquecimento continua tendo pouco efeito, e
continuamos em dúvida sobre quando o trauma começa a agir.

Se cabe bisbilhotarmos escada acima, tentando ver o que nos
aguarda, ou deitarmos o olhar sobre o horizonte onde se desenha, sinuoso, nosso percurso, surpreender-nos-emos ao constatar

41  Two Types of War Neuroses, *FC*, p. 140.
42  S. Freud, Introductory Lectures on Psycho-Analysis (Part III), *SE*, v. XVI, p. 283.

algo novo recoberto de poeira. Daqui não podemos soprá-la e ver claramente o próximo degrau. Ao olharmos para trás, uma de nossas associações traz à lembrança o poema de Tennessee Williams no romance *Moise and the World of Reason* (Moise e o Mundo da Razão), "I have a vast traumatic eye", onde se lê:

| | |
|---|---|
| I have a vast traumatic eye<br>set in my forehead center<br>that tortures to its own design<br>all images that enter | Tenho um vasto olho traumático<br>bem no centro da minha testa,<br>que distorce a seu alvitre<br>toda imagem que o penetra. |
| Conceiving menace in the green<br>beneficence of warmth and light<br>it cries alarm into the heart<br>and moves the hand to strike. | Vendo ameaça no calor<br>do suave Sol a reluzir,<br>brada alarma ao coração<br>e ergue a mão para ferir. |
| By fall of night all who were near<br>are put to flight or slain:<br>the eye, dilated still with fear,<br>commands an empty plain. | Ao cair da noite enxota ou mata<br>todos aqueles que estão perto,<br>e, dilatado ainda de medo,<br>o olho comanda um deserto. |
| Then slowly as the golden horns<br>sounds further in dispersion,<br>inward does the Cyclops eye<br>revolve on dull aversion, | Ao ouvir cada vez mais longe<br>as trompas da dispersão<br>para dentro o olho ciclópico<br>se volve com surda aversão. |
| Inward where the heart stripped bare<br>of enemy and lover<br>returns a burning, foxlike stare<br>till darkness films it over. | E no fundo o coração vazio,<br>sem odiar e sem amar,<br>lhe devolve a mirada ardente<br>até que a treva a vem toldar.[43] |

O "vasto olho traumático" altera as imagens que lhe chegam, e o faz com base em experiências que ficaram no passado; faz retornarem angústias datadas, e amedronta quando o medo não é mais necessário. Ele é um olho que fita o passado, ainda, e também o presente, confunde-os porque está voltado para fora e para dentro. Um órgão dos sentidos alterado, tendencioso, que revela a fragilidade e a fixação de seu dono. Já sobre as associações que talvez surjam ao leitor ao vislumbrar

---

43 O texto em inglês foi colhido de T. Williams, *The Collected Poems of Tennessee Williams*, p. 173. A versão em português, de *Moise e o Mundo da Razão*, p. 153.

os próximos degraus, fica o aviso: chegamos em 1920, quando sonhos como os de Jennifer não respeitam princípios estabelecidos, um bebê joga seu carretel, estatuetas são organizadas, um homem repete com outros o que fizeram com ele, e Gavrilo, de sua cadeira de rodas, volta a recompor seu despertar. Ainda estamos às voltas com o murmúrio do momento que nasce, anônimo. Apressemo-nos, lentamente.

# 4. "Estar Preparado É Tudo"

Ferenczi acabara de se casar com Gizella após um relaciona-mento longo e emocionalmente desgastante[1], quando recebeu a notícia de que Freud trabalhava em um texto com o "misterioso título de 'Além do Princípio do Prazer'"[2]. Era 17 de março de 1919. O recém-casado, ocupado com a organização de sua vida e com os problemas econômicos do pós-guerra, não prestou atenção ao anúncio de Freud. Onze dias depois, no dia 28, outra missiva comunica a escrita do mesmo texto ao discípulo: "Estou me divertindo muito com um trabalho, 'Além do Princípio do Prazer', que terei então feito uma cópia para ouvir sua opinião a respeito."[3] No último dia de março, Freud faz uma nova refe-

---

1 Até então sua amante, Gizella Pálos casa-se com Ferenczi após o que Freud chama de "teatro interno da guerra" do psicanalista húngaro. Ferenczi oscila entre o desejo de se casar com Gizella ou com a filha dela, Elma. Um daqueles casos nos quais a psicanálise é rica – de forma documentada, ao menos, em seus primórdios – em que as transferências de paciente e analista tornam-se eróticas e são resolvidas de maneiras irrisórias. Cabe dizer sobre esse casamento, em especial, que ele teve grande influência de Freud, análises supervisionadas e discutidas em carta das possíveis noivas e elementos trágicos (cf. A. Hoffer, Introduction, em E. Brabant; E. Falzeder, *The Correspondence... v. II*; H. Kahttuni; G.P. Sanches, *Dicionário do Pensamento de Sándor* Ferenczi, p. 162-165).

2 E. Brabant; E. Falzeder, *The Correspondence...v. II*, p. 335.

3 Ibidem, p. 340.

# O TERCEIRO TEMPO DO TRAUMA: PARTE I

rência ao texto, e em 12 de maio, escreve a Ferenczi dizendo que terminou o esboço. Os papéis sob o título misterioso vão com Freud a Gastein, de onde ele escreve a Anna:

O tempo que sobra dos passeios eu dedico ao manuscrito que trouxe comigo, "Além do Princípio do Prazer", que está evoluindo bem. Contém muita coisa sobre a morte, mas infelizmente não se pode dizer nada de decisivo sem literatura e experiência prática.[4]

O texto demoraria mais de um ano para ser publicado – Abraham o recebeu em dezembro de 1920[5]. Mesmo tendo experiência com pacientes que chegavam do *front* e que estavam fixados a situações de desprazer, repetindo-as em sonhos, pensamentos e sintomas, para Ferenczi a soberania do princípio do prazer não estava em questão. Para ele, como para quase a totalidade dos psicanalistas, "partimos do pressuposto de que os processos psíquicos são regulados automaticamente pelo princípio do prazer"[6]. O pressuposto, "tão verdadeiro que nem o questionamos", terá sua cidadania examinada: sabemos ser ele, ou sua primazia, que o prosseguimento do texto, como o título revela, ameaça, mas é a partir dele que Freud inicia a explanação. A escrita assemelha-se ao trabalho de um agente alfandegário: "sabemos quem é o senhor e sua importância, mas *vejamos*".

Como nosso objetivo é acompanhar o que o texto acrescenta à compreensão do trauma, não o seguiremos por seus meandros, a não ser em alguns pontos. Um deles que logo nos interessa, diz respeito a uma gota d'água. Não sem atentarmos ao significado do termo, como fez questão de ressaltar o escritor polonês que já nos auxiliou no começo deste texto: "É preciso compreender o significado da expressão 'a gota d'água'. Quando demais é demasiado. Existe uma dose de realidade cujo excesso ultrapassa os limites do suportável."[7]

Embora não tenhamos exaurido a discussão sobre os pacientes já apresentados, ganharemos ao ouvir um novo. Escutemos o que Réal nos tem a dizer:

---

4   I. Meyer-Palmedo, *Correspondência 1904-1938/Sigmund Freud, Anna Freud*, p. 159.
5   E. Falzeder, *The Complete Correspondence of Sigmund Freud and Karl Abraham, 1907-1925*, p. 434.
6   Além do Princípio do Prazer, *EPI*, v. II, p. 135.
7   W. Gombrowicz, *Cosmos*, p. 73.

"ESTAR PREPARADO É TUDO"

[Eu, Réal] Tenho 34 anos. Em menos de dez anos, abusei sexualmente de cinco crianças, sendo dois garotinhos e três garotinhas com idades de cinco a treze anos. Esclareço que não sou homossexual, apesar de ter sido eu mesmo abusado sexualmente por jovens homens quando era uma criança.[...] Nasci em uma família completamente normal, de classe média, na qual recebi uma boa educação e uma sólida instrução. De minha infância, guardo algumas lembranças problemáticas: quando, aos quatro ou cinco anos, para me punir a professora baixou minhas calças na frente das outras crianças da classe e me deu tapas nas nádegas. Completamente sem defesa frente a um adulto que abusava de sua força e de sua autoridade, vivi uma grande humilhação. Não falei com minha mãe, convencido de que ela não acreditaria em mim e que teria argumentado em favor da professora. Quando minha mãe, afinal, ficou sabendo, ela me censurou por não lhe ter dito, o que não foi muito consolador. Outra lembrança dolorosa me habita: os amigos de minhas irmãs se divertiam sexualmente comigo. Mais uma vez, sentia-me sempre impotente frente a esses maiores que me dominavam e me humilhavam ao me imporem seus caprichos e vontades.[8]

Durante a adolescência, conta-nos Réal, ele teve uma vida sexual ativa com parceiros de ambos os sexos, estudou pouco, mas teve um bom desempenho, e envolveu-se pesadamente com drogas, como usuário e vendedor.

Aos vinte anos, caí de amores por uma moça que veio a ser minha mulher. Aos treze anos, ela foi iniciada sexualmente por seu cunhado enquanto cuidava dos filhos dele e de sua irmã que estava hospitalizada. Com o tempo, ela tornou-se a amante desse homem, com quem experimentou uma ligação sexual e emotiva muito forte [...] De minha parte, nutri muita raiva e revolta interior contra ele, que traía a esposa e manipulava a cunhada. Depois de nove meses de convivência, decidimos nos casar para nos assegurar uma vida mais estável e mais normal. Pouco tempo após nosso casamento, minha esposa quis retomar a guarda do filho de sua irmã cuja saúde estava frágil. Eu me opus para evitar que ela retomasse a ligação com seu cunhado e também para nos garantir um tempo de intimidade no início de nosso casamento.

A esposa de Réal, porém, tomou a guarda do sobrinho de 5 anos, o que lhe trouxe sentimentos de frustração e de ser dominado por ela. A vida sexual entre os dois não era satisfatória, ele diz por quê:

---

8   O caso encontra-se no livro de Gilles David, *J'Ai commis l'incest,* no qual foram recolhidos e organizados testemunhos de abusadores sexuais e de profissionais que trabalham com eles e com suas vítimas.

Nossas fantasias eróticas estavam longe de ser compatíveis. O que a excitava, visto a iniciação pelo cunhado, eram cenários de estupro, de rudeza, de palavras vulgares. Ao contrário, eu tinha prazer em cenários românticos, em palavras ternas, em beijos inflamados, em longas e lentas preliminares [...] Antes dos 22 anos, eu nunca tive fantasias sexuais que colocavam em cena crianças. Um dia, o homenzinho de cinco anos cuja guarda minha mulher me impôs perguntou-me porque a ponta de seu pênis não era como a minha. Como tomávamos banho juntos, ele tinha observado a diferença que faz a circuncisão. Eu lhe dei uma resposta em palavras e em demonstrações manuais, e tive prazer. Descobri que há possibilidades de satisfação sexual e as explorei muito mais facilmente agora que tinha a autoridade.[...] Após um período de calmaria de dez meses, porque o garoto voltou a viver com seu pai, fui subitamente seduzido, uma noite, pela babá [de seus filhos] de treze anos. Minha imaginação entusiasmou-se e não resisti a colocar em obra minhas fantasias.

A babá contou aos pais o que aconteceu e Réal foi obrigado a fazer tratamento psiquiátrico durante quatro meses. "No ano seguinte", escreve,

estávamos festejando meu aniversário de nascimento e, estando muito bêbado, senti-me pesado e fui me deitar. O meio-irmão do garoto de quem tínhamos cuidado já estava deitado na minha cama. Logo, fiquei excitado e fui incapaz de dormir. Arrisquei algumas carícias e me pareceu que ele respondeu bem. Já tendo sido iniciado sexualmente por um adulto, ele não se mostrou refratário. Por mais de um ano, esse garoto será o alvo de minha má conduta. Com o tempo, ele se tornará menos interessado, mais reticente, menos solícito, o que tem por efeito o resfriamento de minha excitação. Pouco tempo depois, eu jogo charme com a menina de nove anos colocada em nossa casa a título de família de acolhimento. É verão. Elogio-a pela escolha de seu maiô segurando-a pelos ombros e faço com que dê uma voltinha[9]. Já minha visão se modifica, minha respiração muda. Um combate tem lugar em mim, mas a pulsão sexual prevalece. A criança percebe, exprime seu desconforto, mas se submete de qualquer maneira, provavelmente por medo, como eu mesmo quando era criança.

Os abusos continuam e Réal é denunciado pela menina após quase um ano.

---

9    A frase é a seguinte: "Je la compliment sur le choix de son maillot de bain tout en la prenant par les épaules et je la fais tourner sur elle-même." Utilizei na tradução a expressão "faço com que dê uma voltinha" porque ele, ao contrário de "fiz que desse uma volta sobre si mesma", carrega o tom, presente no texto, de uma malícia voyeurística.

"ESTAR PREPARADO É TUDO" 71

Aproximadamente três anos depois, ele está em liberdade condicional e faz uma terapia especializada. A esposa divorciou-se dele e tomou a guarda dos filhos, que está sendo negociada para que ele possa vê-los às vezes. Em uma dessas vezes,

eu me encontro a noite sozinho com minha filha, meu menino saiu com uma namorada. Inocentemente, ela me pede para tomar seu banho comigo. Eu penso rapidamente: "Tudo está sob controle, não há perigo, eu aceito!" Logo, observo que me causa estranhamento que ela me olhe[10]. Ensaboamo-nos mutuamente. Uma ereção se manifesta. Ela está surpresa e eu, pouco à vontade. Digo-lhe: "Não se preocupe! Isso se ensaboa tão bem quanto o restante!" E minha filha o executa com candura.

Esses "jogos sexuais" com a filha aconteceram sete vezes em um período de três meses, até que a menina contou o que o pai fazia e ele foi preso novamente.

Réal, a certa altura de seu "testemunho", escreve:

Hoje, com tempo para refletir e examinar minha vida interior[11], tomo consciência de que, ao iniciar sexualmente esse menino [o primeiro, de cinco anos] e manter com ele uma relação condenável, eu visava três objetivos: primeiro, deixei de ser o menino abusado, passando o contrato a outro; em seguida, eu ajustei as contas com meu cunhado, que havia abusado sexualmente de minha esposa durante anos; enfim, eu me vinguei de minha mulher que não me tinha absolutamente em consideração, do meu ponto de vista.[12]

Estabeleçamos o que é o princípio do prazer, regulador automático dos eventos mentais até 1920, antes de discutirmos o que disse Réal.

A premissa, escreve Freud, é "a de que cada vez que uma tensão desprazerosa se acumula, ela desencadeia processos

10  No texto, "Bientôt, j'observe que ça me fait tout drôle qu'elle me regarde."
11  A frase no original é: "Aujourd'hui, à force de réflechir et de fouiller ma vie intérieure." A expressão *à force* equivale no português a "com o tempo"; e a expressão *à force de* equivale a "graças a muita". A tradução, parece-me, está mais condizente com o sentido da frase, já que Réal está preso.
12  G. David, op. cit., p. 131-140. Em *Discussões Sobre o Trauma Entre Freud e Ferenczi*, discuti o caso de Réal e partes de outros "testemunhos" colhidos por Gilles David dando atenção a aspectos do caso que pediam conceituações que, antes de 1920, a psicanálise ainda não oferecera. Algumas das reflexões feitas naquele texto serão retomadas aqui, mas sob outro ângulo e destacando aspectos do caso que não cabiam naquele trabalho.

psíquicos que tomam, então, determinado curso. Esse curso termina em uma diminuição da tensão, evitando o desprazer ou produzindo prazer"[13].

Tal ponto de vista, Freud lembra o leitor, é econômico. Prazer e desprazer estão relacionados com a quantidade de excitação não ligada presente na vida mental, de forma que o último corresponde a um aumento na quantidade de excitação e o primeiro à sua diminuição. A hipótese que decorre dessa premissa é que uma das funções do aparelho psíquico é manter a quantidade de excitação não ligada o mais baixa possível para que o desprazer seja evitado. O princípio do prazer, comenta Luis Claudio Figueiredo,

na verdade se chama de "princípio de prazer-desprazer" ou, mais propriamente ainda, "desprazer-prazer". Só pode haver prazer – diminuição de energia livre – se tiver havido desprazer – acúmulo dessa energia. Nessa medida, a existência do desprazer deveria ser sempre considerada como parte integrante do funcionamento mental sob a dominância do princípio do prazer[14].

No capítulo 7, Parte E de *A Interpretação dos Sonhos*[15], Freud utilizou o termo "princípio do desprazer" referindo-se a mesma premissa. O que o primeiro capítulo do texto de 1920 começa a expor, veladamente, é uma anterioridade e uma organização dos princípios do funcionamento mental que era velha conhecida de Freud. Ou, como apontou Figueiredo, o princípio do prazer ganha uma temporalidade e uma genealogia[16].

Os mesmos fatos observados no trabalho psicanalítico que levaram à adoção do *Lustprinzip* também conduzem à suposição "de que o aparelho psíquico teria uma tendência a manter a quantidade de excitação nele presente tão baixa quanto possível, ou pelo menos, constante"[17]. Cinco anos antes, em "Pulsões e Destinos de Pulsão", a mesma ideia foi expressa como uma premissa biológica para auxiliar a compreensão da vida pulsional:

13 Além do Princípio do Prazer, *EPI*, v. II, p. 135.
14 *Palavras Cruzadas Entre Freud e Ferenczi*, p. 58.
15 The Interpretation of Dreams, *SE*, v. IV-V, p. 600.
16 Op. cit., p. 58-59.
17 Além do Princípio do Prazer, *EPI*, v. II, p. 136.

"ESTAR PREPARADO É TUDO"

o sistema nervoso é um aparelho ao qual foi conferida a função de livrar-se dos estímulos que lhe chegam, de reduzi-los a um nível tão baixo quanto possível ou, se fosse possível, de manter-se absolutamente livre de estímulos. Não nos choquemos, por ora, com a generalidade e indeterminação dessa ideia e prossigamos. Podemos atribuir ao sistema nervoso a tarefa – em termos gerais – de *lidar [bewältigen1]*[18] *com os estímulos*[19].

O princípio do prazer implica outros: o de livrar-se da excitação, reduzi-la a zero, e o de mantê-la sem alterações, constante. Somos remetidos um quarto de século em direção ao passado, ao "Projeto Para uma Psicologia Científica", de 1895. Como o agente alfandegário que toma forma no texto, sejamos pacientes e observemos com cuidado os documentos do passageiro à nossa frente.

A paternidade do princípio é indicada na "antecedência reassegurada de Fechner, um cientista acima de qualquer suspeita"[20]. Em um ensaio de 1873, ele defendera, nas palavras de Freud, "uma concepção de prazer e desprazer que coincide essencialmente com aquela que impôs o trabalho psicanalítico"[21]. A postulação de Fechner, que encontramos citada em 1920, relaciona prazer com estabilidade e desprazer com instabilidade: todo movimento psicofísico, acima de certo nível, seria dotado de prazer, na medida em que se aproxima da estabilidade completa; já o movimento que ultrapassa determinado nível, ao desviar-se da estabilidade, seria desprazeroso. A passagem de Fechner utilizada por Freud conta ainda com a informação de que entre esses limites, chamados de "limiares qualitativos de prazer e desprazer", subsistiria uma "zona de indiferenciação estética".

Jean Laplanche chama nossa atenção para o fato de que o uso de Fechner por Freud não se restringe a considerações sobre estabilidade ou instabilidade e suas relações com prazer e desprazer, respectivamente[22]. Também é dele a expressão "princípio do prazer", no título de um ensaio datado de 1848, *Über*

---

18  O termo também pode ser traduzido por "dominar".
19  Pulsões e Destinos de Pulsão, *EPI*, v. I, p. 147.
20  L.C. Figueiredo, op. cit., p. 54.
21  Além do Princípio do Prazer, *EPI*, v. II, p. 136.
22  J. Laplanche, *La Révolution copernicienne inachevée*, p. 91.

*das Lustprinzip des Handels*. Como que implícito no princípio do prazer, existiria outro, mais elementar que ele: o princípio de constância, cujo objetivo seria manter estável a tensão no aparelho psíquico. Em 1920, Freud o considera, em uma primeira formulação, não ser outra coisa que uma diferente enunciação do princípio do prazer, "pois, se o trabalho do aparelho psíquico visa a manter a quantidade de excitação em nível baixo, então tudo aquilo que for suscetível de aumentá-la será necessariamente sentido como adverso ao funcionamento do aparelho, isto é, como desprazeroso"[23].

Sob os ditames do princípio de constância, cuja tendência é manter a estabilidade, não só o aumento da quantidade de excitação causaria desprazer, mas também sua diminuição. O que nos conduz a regredir na genealogia do princípio até então aceito e inquestionado pela imensa maioria dos psicanalistas. Se 1. deve existir desprazer para que o prazer seja buscado e produzido, e 2. o desprazer ocorre quando há aumento da tensão ou desequilíbrios na estabilidade energética dentro do aparelho, quando há inconstância, parece faltar uma função mais elementar do funcionamento mental que ainda não foi discutida a contento. Ou, caso tenha sido, o foi de uma forma muito genérica. O "Projeto", de 1895, como o coro de uma peça grega, precisa ser ouvido para que compreendamos que há, em 1920, uma contradição[24] e não somente uma "infelicidade na forma de expressão"[25].

Mesmo que indiferente, por motivos pessoais, ao anúncio da escrita de um texto sobre certo "Além do Princípio do Prazer", se Ferenczi conhecesse o texto de 1895, não publicado por Freud em vida, é possível que imaginasse a que se referia seu amigo e analista: algumas das ideias ali contidas, especialmente aquelas sobre as quais estamos debruçados, eram caras ao pensamento freudiano, mas estavam latentes ou encontravam-se nas entrelinhas de alguns de seus textos, como pudemos observar na passagem de "Pulsões e Destinos de Pulsão"[26], citada anteriormente. Foi a observação clínica da histeria e das "obsessões"

---

23  Além do Princípio do Prazer, *EPI*, v. ii, p. 136.
24  J. Laplanche, op. cit., p. 98.
25  L.C. Figueiredo, op. cit., p. 55.
26  Pulsões e Destinos de Pulsão, *EPI*, v. i, p. 147.

"ESTAR PREPARADO É TUDO"    75

que permitiu a Freud uma primeira e ampla teorização sobre o funcionamento mental no fim do século XIX, no texto que foi nomeado posteriormente *Entwurf einer Psychologie*, e ao qual nos referimos como "Projeto"[27]. Em seu início, no esquema geral, são oferecidos dois teoremas principais: um diz respeito à concepção quantitativa que estaria envolvida nos processos mentais, e outro à utilização do neurônio como modelo para todo o sistema nervoso. A discussão do primeiro teorema explicita algumas das diferenças entre os princípios apresentados 25 anos depois. No modelo freudiano que toma o neurônio como unidade representativa do todo neurológico, $Q$ indica "quantidade", uma ordem de magnitude externa não determinada com exatidão, e $Q'n$ a quantidade dessa ordem de magnitude em nível intercelular, nas unidades materiais da estrutura nervosa – os neurônios. Rapidamente, após lermos que a observação clínica sugeriu a concepção da excitação neuronal como sendo a quantidade em estado de fluidez, Freud explicita a "função primária" presente em todo o funcionamento do aparelho nervoso:

Um sistema nervoso primário faz uso dessa $Q'n$ que então foi adquirida [pela irritação dos estímulos externos], livrando-se dela através de uma via de conexão com os mecanismos musculares, e dessa maneira mantém-se livre de estímulos. *A descarga representa a função primária do sistema nervoso*. Aqui há lugar para o desenvolvimento de uma função secundária. Porque entre as vias de descarga são preferidas e mantidas aquelas que envolvem a cessação do estímulo: fuga do estímulo. Aqui, em geral, há uma proporção entre a Q de excitação e o esforço necessário para fuga do estímulo, de forma que o *princípio da inércia* não é incomodado por isso.[28]

Esse princípio, que Freud chamará mais à frente de "tendência à inércia", tem por objetivo reduzir a Q'n dentro do aparelho a zero. De acordo com Luiz Roberto Monzani,

Desde sua formulação inicial Freud não deixa a menor dúvida quanto ao significado dessa tendência à descarga da quantidade. O princípio é formulado com uma precisão absoluta e afirma que o sistema tem por alvo "atingir um nível de tensão = 0". Trata-se, portanto, para cada

27   Cf. Project for a Scientific Psychology, *SE*, v. I.
28   Ibidem, p. 296, grifos nossos.

76     O TERCEIRO TEMPO DO TRAUMA: PARTE I

neurônio e para o sistema inteiro deles, de se esvaziar, de uma evacuação completa e total.[29]

O problema, teoriza Freud, é que as exigências da vida impõem movimento ao aparelho (ações específicas), de forma que a quantidade de excitação nos neurônios necessariamente variará.

No entanto, a maneira pela qual ele [o sistema] faz isso mostra-nos que a tendência permanece, modificada em uma tentativa de ao menos manter Q'n tão baixa quanto possível [o mesmo que lemos em 1915] e de proteger contra qualquer aumento dela – isto é, mantê-la constante. Todas as funções do sistema nervoso podem ser compreendidas ou sob o aspecto da função primária ou da secundária, imposta pelas exigências da vida.[30]

Somos apresentados imediatamente a duas funções do "sistema neuronal", como Freud o descreve no fim do século XIX: uma primária, a da tendência à *inércia*, que procura reduzir a quantidade de excitação no sistema a zero, descarregando-a; e uma secundária, da *constância*, que tenta manter a quantidade, já que o nível zero impossibilitaria a vida e traria desprazer – não reagir à estimulação quase incessante causa desprazer –, a mais baixa e uniforme possível. Se, em 1920, lemos sobre um princípio de constância cujo objetivo é manter a quantidade sem variações, Freud está retomando, reformulada, a antiga hipótese de uma função secundária, agora na vida mental, de manter a quantidade de excitação constante. Mas também está implicitamente trazendo o que chamou de uma função primária do aparelho, que seria reduzir a quantidade de excitação a zero – o mais baixa possível. O princípio do prazer é, Freud terá o atrevimento de escrever – enquanto descansa em Gastein –, na verdade, "uma forte tendência ao princípio do prazer"[31], derivada da *tendência à estabilidade* fechneriana, do princípio de constância.

Podemos organizar o que Figueiredo chamou de uma temporalidade e uma genealogia do princípio do prazer[32] da seguinte, e

---

29   L.R. Monzani, *Freud: O Movimento de um Pensamento*, p. 201-202.
30   Project for a Scientific Psychology, *SE*, v. I, p. 297.
31   Além do Princípio do Prazer, *EPI*, v. II, p. 137.
32   Cf. L.C. Figueiredo, *Palavras Cruzadas Entre Freud e Ferenczi*.

"ESTAR PREPARADO É TUDO" 77

breve, maneira: 1. o aparelho funciona sob a égide da manutenção da excitação o mais próxima possível de zero, logo, buscando descarregá-la; 2. quando a ausência de excitação é impossível, o funcionamento mental procura mantê-la constante; 3. qualquer diminuição da tensão excitatória é sentida como prazerosa, portanto há uma tendência ao prazer, mas essa sensação é temporária, exatamente porque, se fosse constante, ininterrupta, não haveria possibilidade de diferenciação e não seria necessária a diminuição. Observemos que o objetivo primeiro é manter a excitação a mais baixa possível – se possível, zero –, o que corresponde a evitar que ela aumente, cuja consequência seria o desprazer. Há um ponto importante nessa organização que traz uma lógica própria ao funcionamento mental: o princípio do desprazer-prazer, que até então tinha sua soberania declarada na teoria psicanalítica, revela-se como o derivativo de outros dois princípios, o da inércia e o da constância. Sendo assim, torna-se interessante a leitura, por exemplo, de uma passagem como a de 1915, citada a pouco, e de outra, encontrada em "Introdução ao Narcisismo":

ao nosso aparelho psíquico cabe sobretudo lidar com as excitações que, de outra forma, seriam sentidas como dolorosas ou provocariam efeitos patogênicos. Esse trabalho psíquico que o aparelho realiza presta um inestimável serviço ao escoamento interno de excitações que não podem sofrer remoção imediata para o exterior, ou cuja remoção imediata seria indesejável naquele momento[33].

É bastante claro que Freud refere-se ao funcionamento do princípio do desprazer-prazer: lidar com as excitações significa descarregá-las, fazer com que baixem, evitando, assim, algo doloroso. Mas também, observado sob a ótica de 1895-1920, "lidar com as excitações" passa a ser mantê-las em níveis baixos e, preferencialmente, *sem variações*, as quais, se ocorrerem, tenham por objetivo sua diminuição, o que, então, seria sentido como prazeroso.

Em *Além do Princípio do Prazer*, Freud deu uma nova alcunha ao princípio de inércia e, como fez ao longo de todo o texto, manteve a ambiguidade ao considerá-lo equivalente ao princípio

33    À Guisa de Introdução ao Narcisismo, *EPI*, v. I, p. 106.

de constância[34]. Tomando uma expressão proposta pela psicanalista Barbara Low, enunciou-os, a ambos, o princípio da constância e da inércia, como princípio de Nirvana, e apresentou este último como um "dos motivos mais fortes para acreditarmos na existência das pulsões de morte". O motivo, como o lemos em 1920, é a concepção de que "a tendência dominante na vida psíquica, ou talvez da vida nervosa em geral, seja, tal como expressa no princípio do prazer, o anseio [*Streben*] por reduzir, manter constante e suspender a tensão interna provocada por estímulos"[35].

Conforme o princípio de Nirvana é cada vez mais enfaticamente relacionado à tendência da pulsão de morte, como se sublinha em "O Problema Econômico do Masoquismo"[36], mais explícito fica ao leitor de Freud que antes de "reduzir" ou "manter constante" a tensão, como vemos em 1920, a tendência radical – nas palavras de Laplanche e Pontalis[37] – é a de levar a excitação ao nível zero; mesma tendência enunciada como princípio de inércia.

Caso o leitor esteja – com justiça – a perguntar-se o que acrescenta à compreensão do trauma essa explanação sobre os princípios do funcionamento mental, devo relembrá-lo do que ouvimos de Freud nas *Conferências Introdutórias*. O termo "traumático" tem um sentido econômico que deve ser aplicado a experiências que causaram à mente um aumento de estímulo muito forte para ser trabalhado de maneira normal, leia-se: sob a regência do princípio do prazer. E mais, o efeito de uma experiência desse tipo resultaria em distúrbios permanentes "na forma pela qual a energia opera". Posso adiantar que o trauma e os distúrbios energéticos por ele gerados não são os mais obedientes ao princípio que, até 1920, era soberano na teoria psicanalítica. Então, ao discutirmos a temporalidade e a genealogia do *Lustprizip*, como o fizemos, o objetivo é apontar o que além ou aquém dele o trauma põe em funcionamento. Não podemos nos furtar, assim, de tocar nesses problemas e

---

34   Cf. J. Laplanche; J.-B. Pontalis, op. cit.
35   Além do Princípio do Prazer, *EPI*, v. II, p. 176.
36   Cf. The Economic Problem of Masochism, *SE*, v. XIX.
37   Op. cit., p. 364.

"ESTAR PREPARADO É TUDO" 79

em outros; *hoc opus, hic labor*[38], esta é a obra, este é o trabalho – necessário à compreensão do que *Além do Princípio do Prazer* acrescenta à compreensão do trauma. Acompanhemos, portanto, a escrita do texto.

O interesse de Freud dirige-se, após a exposição dos princípios, à observação de que a legenda implicada no princípio do prazer não é tão dominante como se supunha. A grande maioria dos processos psíquicos não gera prazer, mas causa desprazer. Ele lista alguns dos gêneros, ou causas, de inibição do princípio do prazer. O primeiro diz respeito a um quarto passo na breve genealogia que tentamos estabelecer anteriormente; se há um item "4", ele cabe ao princípio de realidade. Nas palavras de Freud:

ao longo do desenvolvimento, as pulsões de autoconservação do Eu acabam por conseguir que o princípio de prazer seja substituído pelo *princípio de realidade*. Entretanto, o princípio de realidade não abandona o propósito de obtenção final de prazer, mas exige e consegue impor ao prazer um longo desvio que implica a postergação de uma satisfação imediata, bem como a renúncia às diversas possibilidades de consegui-la, e a tolerância provisória ao desprazer[39].

Essa substituição, entretanto, responderia por poucas situações de desprazer. Freud aponta uma segunda causa: o conflito entre a pulsão e o desenvolvimento do Eu, que levaria ao recalque. A pulsão e/ou suas partes, em um momento do desenvolvimento, tornam-se incompatíveis com o estado psíquico do indivíduo e as pulsões atualmente preponderantes. A princípio,

essas pulsões [recalcadas] ficam privadas da possibilidade de uma satisfação. Entretanto, caso consigam – o que acontece facilmente com pulsões sexuais recalcadas – pelejar até chegarem por desvios diversos a obter uma satisfação direta ou ao menos uma satisfação substitutiva, esse resultado, que normalmente teria sido uma possibilidade de sentir prazer, será sentido pelo Eu como desprazer[40].

O desprazer causado pela satisfação de uma pulsão recalcada e em desacordo com o Eu e com as pulsões que nele chefiam a

38  Virgílio, *Eneida* (VI, 129).
39  Além do Princípio do Prazer, EPI, v. II, p. 137.
40  Ibidem, p. 138.

80 O TERCEIRO TEMPO DO TRAUMA: PARTE I

vida psicossexual também só seria responsável por uma parte restrita do desprazer sentido pelo sujeito durante a vida. A maioria das situações de desprazer seria de ordem perceptiva. Nelas, o desprazer seria decorrência da percepção de uma pulsão não satisfeita, de percepções desagradáveis em si mesmas ou de percepções que desencadeiam expectativas não prazerosas porque são reconhecidas como perigo. Embora em sua opinião – carregada de uma retórica peculiar – nenhuma dessas possibilidades de desprazer perceptivo apresente sérios problemas ao funcionamento do princípio do prazer, uma investigação acerca da reação psíquica ao "perigo exterior", o último tipo elencado, poderia trazer novas questões e novo material para a discussão.

As reações ao perigo exterior são aquelas que discutimos no capítulo anterior, tendo Jennifer, o camponês húngaro e os soldados do Maria Valerie sob nossa lente. No prosseguimento do texto, Freud dirá algo que não é novo, mas que começa a recolocar no meio psicanalítico um problema ainda não muito digerido, o das neuroses traumáticas e seu correlato mais direto nos últimos anos, as neuroses de guerra:

O quadro clínico desse estado de neurose traumática aproxima-se do da histeria pela sua riqueza em sintomas motores semelhantes [o que Ferenczi nos dissera em sua palestra], mas supera-a, em geral, pelos fortes indícios de sofrimento subjetivo que apresenta – tão intenso como ocorre nos casos de hipocondria ou melancolia –; além disso, apresenta evidências de que afeta de modo muito mais amplo e geral o desempenho psíquico do que ocorre nos casos de histeria.[41]

Observamos esse comprometimento psíquico amplo e geral em Jennifer e nos casos que Ferenczi classificou de acordo com uma sintomatologia mais geral. Em 18 de fevereiro de 1919, o próprio Freud fez um comentário no mesmo sentido em carta escrita a Jones, na qual adiantou também algo que aparecerá no texto de 1920:

Deixe-me propor a você a seguinte fórmula: primeiro considere o caso das neuroses traumáticas de paz. São uma afecção narcísica como a dem[ência] pr[ecoce] etc. Mecanismo pode ser adivinhado. Angústia é proteção contra o choque (Schreck). A condição para a N[eurose]

41 Ibidem, p. 139.

"ESTAR PREPARADO É TUDO"

tr[aumática] parece ser que a alma não teve tempo de recorrer a essa proteção e é [transbordada][42] tomada pelo trauma [...] A lib[ido] nar[-císica] é liberada na forma de sinais de *"Angst"*.[43]

O sofrimento psíquico nas neuroses traumáticas envolve uma alteração da economia libidinal que, em 1919, Freud associou à demência precoce, e em 1920, à hipocondria e à melancolia. Como vimos, o retorno da libido ao Eu e alguns dos sintomas encontrados nos soldados adoecidos indicam afecções narcísicas ou, melhor seria dizer, revelam que o traumático deprecia o investimento libidinal em objetos de tal forma que seu prejuízo assemelha-se ao encontrado nas neuroses que Freud chamou de narcísicas.

O mecanismo que na carta é revelado de maneira sumária reaparece em *Além do Princípio do Prazer*. Aí, Freud cita as neuroses de guerra em que não houve uma força mecânica que compusesse a etiologia, nos casos em que a formação traumática envolveu um acúmulo tensional, dizendo que ainda não havia elementos suficientes para uma compreensão satisfatória, por mais chamativos que fossem os casos. Seu interesse está em tentar explicar o tipo de neurose que teve em sua formação traumática um evento mecânico (a explosão de um projétil, o acidente etc.), como nas neuroses traumáticas de tempos de paz. Ele aponta duas características: "primeiro, que o peso principal da causação parece recair sobre o fator surpresa, o susto, e segundo, que um ferimento ou ferida concomitante *geralmente* impede o aparecimento da neurose"[44].

Tomemos com a devida atenção essas duas características. Já as ouvimos antes por Ferenczi, que apresentou Freud como fonte delas. Embora elas se relacionem intimamente, comecemos pela segunda: um ferimento concomitante pode impedir o surgimento da neurose. Destaquei, na passagem, a palavra *geralmente*, que Freud utiliza com sincero rigor científico. Das informações que pôde colher com seus seguidores que atenderam soldados

---

42  No manuscrito da carta, a palavra está rasurada (cf. R.A. Paskauskas, *The Complete Correspondence of Sigmund Freud and Ernest Jones, 1908-1939*, p. 335n3).

43  Freud abreviou vários termos nessa carta; a fim de uma melhor compreensão, coloquei entre colchetes o que faltava às palavras nas abreviações (R.A. Paskauskas, op. cit., p. 334).

44  Além do Princípio do Prazer, *EPI*, v. II, p. 139, grifo nosso.

82  O TERCEIRO TEMPO DO TRAUMA: PARTE I

adoecidos e da própria experiência com neuroses traumáticas de tempos de paz, ele sabe que, em um grande número de casos, a lesão física parece evitar os distúrbios energéticos causados pelo trauma. Mas não em todos. Universalizar essa segunda característica seria um erro: a lesão física não impede *sempre* o aparecimento da neurose. Para tanto, bastaria lembrarmos o que Ferenczi disse em sua conferência: "mesmo nos casos em que a aproximação do perigo foi notada, a excitação da expectativa pode não ter sido proporcional à força do estímulo real do choque e, portanto, incapaz de prevenir a descarga por caminhos anormais"[45]. A equação "lesão física impede lesão egoica" não parece se sustentar sempre porque o fator choque pode ser de uma intensidade que demande mais trabalho e processamento do que a lesão física concomitante. Chamo a atenção do leitor para esse ponto porque é nele, entre outros, que Laplanche apoia uma belíssima discussão, na primeira de suas *Problématiques*, acerca da tópica encontrada em *Além do Princípio do Prazer*, notadamente daquilo que o texto acrescenta à compreensão das relações entre corpo e Eu. Escreve ele:

Ocorre, com efeito, este fenômeno extraordinário: o ferimento do corpo, quando há um evento dito traumatizante, quando há um cataclismo, impedirá precisamente a efração do ego. [...] poder-se-ia dizer que o ferimento físico é uma profilaxia do traumatismo psíquico, assim como a dor somática é também o que nos cura bruscamente do amor [como Freud apontara em "Introdução ao Narcisismo"].[46]

A equação não é universal, por isso, o *geralmente* que Freud não hesita em escrever. Concordemos que há uma relação estreita entre o Eu e o corpo que o trauma teima em revelar: o trauma pode, por exemplo, gerar uma lesão egoica que se traduz em uma alteração física ligada à expectativa de angústia, como a hiperestesia dos sentidos. Mas existe igualmente, como veremos, um limiar de efração – que varia de sujeito a sujeito –, acima do qual a experiência ganha o sentido que tem a expressão "gota d'água", quando "demais é demasiado", mesmo que o corpo apresente em si a ferida que *poderia* servir de profilaxia ao

45  Two Types of War Neuroses, *FC*, p. 139.
46  *Problemáticas I*, p. 213.

"ESTAR PREPARADO É TUDO" 83

traumatismo psíquico. Já que a segunda característica indicada por Freud nas neuroses traumáticas reaparecerá em seguida, concentremo-nos agora na primeira, a ela relacionada.

Que o peso maior na causa da neurose traumática recai sobre o susto, ou o choque, Ferenczi já nos dissera. Freud, porém, acrescenta uma diferenciação incomum em seus textos[47]. Ele distingue *Schreck* (susto, sobressalto, choque), *Furcht* (medo, temor, receio) e *Angst* (angústia, ou também medo, temor). Na distinção, *Angst* é um estado de expectativa e preparação para o perigo, mesmo que este seja desconhecido; *Furcht*, aquilo que se sente quando o medo tem um objeto; e *Schreck*, o estado em que se fica quando da proximidade de um perigo para o qual se está despreparado (o acento está no fator surpresa, no choque). A diferenciação tem um fundamento expresso, quase idêntico ao que Jones leu na carta de fevereiro de 1919: a angústia não poderia causar uma neurose traumática; ela, na verdade, protegeria contra o susto que causa um transbordamento energético. Lembremos que os casos de neuroses de guerra causados por algo que não uma força mecânica estão fora da mesa de estudos de Freud nesse momento. É inevitável dizer sobre eles que, se forem ajuntados ao material que se acumula e leva Freud a escrever em Viena e em Gastein, não caberia essa diferenciação semântica com consequências psíquicas. Mas continuemos.

O olhar de Freud dirige-se, e também o nosso, aos sonhos ocorridos nessas neuroses geradas pelo trauma. Ele escreve: "a vida onírica da neurose traumática apresenta a característica de sempre reconduzir o doente de volta à situação de seu acidente, da qual ele desperta com um novo susto.[...] O doente estaria, por assim dizer, psiquicamente fixado ao trauma"[48].

Freud está falando de alguns casos do Maria Valerie, mas pouco que nos ajude a compreender Jennifer, e nada que pareça ajudar-nos a entender Réal. Caminhemos alguns passos além dos capítulos "heterogêneos"[49] e das idas e vindas labirínticas[50] do formato que Freud imprime ao texto. Elas servem como

47  Cf. os comentários do editor brasileiro em Além do Princípio do Prazer, *EPI*, v. II, p. 126-134.
48  Além do Princípio do Prazer, *EPI*, v. II, p. 140.
49  L.C. Figueiredo, op. cit., p. 51.
50  L.R. Monzani, *Freud: O Movimento de um Pensamento*, p. 144.

84 O TERCEIRO TEMPO DO TRAUMA: PARTE I

uma preparação do leitor, mostram fatos observados na vida cotidiana, na transferência, na brincadeira das crianças, sobrepondo informações que sozinhas revelam fragmentos de um fenômeno. Voltaremos a elas em breve. Como iniciamos a discussão do texto com uma metáfora, da gota d'água, temos que seguir Freud quando ele utiliza uma metáfora tirada da biologia, a da vesícula, para explicitar e aprofundar a compreensão psicanalítica do trauma. É importante observar os trechos mais interessantes como um todo, então, nas próximas páginas, o leitor encontrará ao menos duas grandes passagens famosas de *Além do Princípio do Prazer*. Se as tem decoradas e armazenadas naquela gaveta da memória com o título de "já sabido", que considere as palavras de William Faulkner: "A memória acredita antes que o conhecer recorde. Acredita mais tempo do que recorda, mais do que o conhecer pode imaginar."[51] Recordemos, portanto, e imaginemos com Freud

o organismo vivo em sua versão mais simplificada, por exemplo, como sendo uma vesícula indiferenciada de substância excitável, poderíamos pensar que a superfície voltada para o mundo exterior, em decorrência de sua própria localização, estaria diferenciada das outras partes, tendo também a função de órgão receptor de estímulos. [...] Portanto, a partir daí, seria fácil supor que o impacto incessante dos estímulos externos sobre a superfície da vesícula modificaria sua substância de maneira permanente e irreversível até determinada profundidade, de maneira que o processo excitatório passaria a se processar de modo diverso daquele que ocorre nas camadas mais profundas. Nessa superfície, ter-se-ia formado uma crosta, que estaria por fim tão abrasada pela ação dos estímulos que se tornaria uma camada ideal de recepção e transmissão destes estímulos, e estaria alterada de modo tão definitivo que não mais poderia sofrer qualquer modificação posterior. Aplicada ao sistema *Cs* [Consciente], essa hipótese significaria que a passagem da excitação pelos elementos desse sistema não mais produziria nenhuma modificação duradoura, porque eles já teriam incorporado em definitivo as modificações dessa ação de passagem da excitação. Esses elementos agora estariam capacitados a fazer a consciência surgir[52].

A conversão da camada mais externa, cuja função é, até aqui, a recepção e a transmissão dos estímulos, em uma substância

---

51 W. Faulkner, Light in August, *Novels 1930-1935*, p. 487.
52 Além do Princípio do Prazer, *EPI*, v. II, p. 150-151.

"ESTAR PREPARADO É TUDO"

irreversivelmente alterada chama a atenção. Compreenda-se: o sistema Cs, com o qual Freud identifica essa camada, não teria mais seus elementos modificados por novas excitações. A ideia, antiga, é que a memória não tem lugar no sistema Consciente. Os estímulos passam por ele, mas não deixam vestígios permanentes, traços de memória de nenhum tipo. Estes têm lugar no sistema Inconsciente. Trata-se de uma reafirmação da visão tópica, a memória não tem lugar na consciência; nas palavras e na ênfase que Freud dá ao assunto, *"a consciência surge no lugar do traço de memória"*[53]. A consciência ou, como Freud argumenta, o sistema Pcp-Cs [Percepção-Consciência], estaria localizado "na fronteira entre o exterior e o interior e estaria voltado para o mundo exterior. Além disso, imaginamos que ele forme uma camada que recobre os outros sistemas psíquicos"[54], notadamente os sistemas Pré-consciente e Inconsciente. Enquanto a reverberação do processo excitatório deixa marcas nestes, altera seus elementos, no Cs isso não aconteceria. O problema que se interpõe à discussão é se a hiperestesia dos sentidos não é exatamente uma alteração nos elementos da percepção decorrente de um distúrbio energético de grande escala que tem lugar no Inconsciente. Dito de outra forma: será, talvez, possível que, da mesma forma que o "Ics é atingido pelas vivências originadas na percepção externa"[55], a percepção e o sistema Consciente sejam alterados pelo que acontece nas camadas mais profundas do psiquismo? A resposta, observada a sensibilidade acentuada dos sentidos como efeito de traumas, parece ser positiva. Outros pontos devem ser observados antes de uma resposta mais clara. Porém, continuemos nossa leitura do que Freud tem a dizer sobre a vesícula:

Esse fragmento de substância viva flutua em meio a um mundo exterior que está carregado de energias de grande intensidade e, se não possuísse um *escudo protetor contra estímulos* [*Reizschutz*], não tardaria a ser aniquilado pela ação destes estímulos. O escudo protetor se forma quando a substância mais externa da vesícula perde a estrutura característica de matéria viva, isto é, quando, até certo ponto, ela se torna inorgânica e passa a funcionar como um envoltório especial ou como uma membrana

53   Ibidem, p. 150.
54   Ibidem, p. 149.
55   O Inconsciente, *EPI*, v. II, p. 43.

destinada a amortecer os estímulos. Em outras palavras, o escudo faz com que as energias do mundo exterior só possam transmitir às próximas camadas situadas logo abaixo – e que continuaram vivas – apenas uma pequena parcela de sua intensidade. Assim, essas camadas protegidas pelo escudo podem agora se dedicar à recepção das quantidades de estímulo que o escudo deixou passar. Mas foi a camada externa que, com sua morte, salvou todas as camadas mais profundas do mesmo destino, pelo menos até o momento em que eventualmente cheguem *estímulos tão intensos que rompam o escudo protetor*. Para o organismo vivo, *a função do escudo protetor* é quase mais importante do que a própria *recepção* do estímulo. O organismo possui uma reserva energética própria e, acima de tudo, precisa esforçar-se para manter as formas específicas de transformação de energia que nele operam livres das influências capazes de igualar e rebaixar as diferenças, portanto, protegido do efeito destrutivo das energias superintensas que operam no mundo exterior.[56]

E a metáfora continua:

A principal função da recepção de estímulos é saber sobre a direção e a natureza dos estímulos externos, e para isso é suficiente extrair pequenas amostras do mundo exterior e prová-las em pequenas quantidades [ao entrar no organismo $Q$ torna-se $Q'n$]. Nos organismos mais desenvolvidos, a camada receptora cortical da antiga vesícula recolheu-se, há muito tempo, para as profundezas do corpo, mas algumas partes receptoras permaneceram na superfície logo abaixo do escudo protetor geral. São os órgãos dos sentidos [...] Sua característica é apenas processar quantidades mínimas de estímulo, isto é, só coletar amostras do mundo externo.[57]

Muito já pode ser discutido, mas acompanhemos o texto um pouco mais, pois encontraremos como, em 1920, o traumático ganha uma definição que toma por base a metáfora:

Chamemos de *traumáticas* as excitações que possuírem força o suficiente para romper o escudo protetor. Acredito que não poderemos compreender o conceito de trauma sem vinculá-lo a uma ruptura na camada contra estímulos, a qual sabemos sob circunstâncias normais operar de modo eficaz.[58]

Não hesitemos em atentar ao que Freud acabou de escrever; mesmo que o tenha feito por meio de uma estranha metáfora

---

56  Além do Princípio do Prazer, *EPI*, v. II, p. 151-152, grifos nossos.
57  Ibidem, p. 152.
58  Ibidem, p. 153-154.

"ESTAR PREPARADO É TUDO"

biológica. O trauma, nesse texto de 1920, é causado por excitações fortes o suficiente para atravessar o escudo – a camada protetora do organismo ou do psiquismo –, impedindo-o de colher apenas pequenas amostras do exterior. É como se estivéssemos viajando calmamente em um automóvel. Tão confortável é nosso estado, que caímos no sono. Se sonhamos ou não, pouco importa, agora. Há o barulho do motor, talvez uma conversa no banco da frente, o balançar do veículo na estrada. Subitamente, um estrondo, o corpo relaxado encontra uma força que o suspende. Ele é arremessado para frente e seguro, na região do abdômen, pelo cinto. O carro gira, para, e abrimos os olhos. Tudo tinha a mesma importância, tudo fazia parte daquele momento, como uma espécie de consonância ou zumbido de um enxame. Voltamos a dormir. Nos idos de 1920, e frente à realidade clínica das neuroses traumáticas, Freud constatou: a formação traumática pode ocorrer quando uma experiência supera a capacidade de proteção do escudo e o rompe. Não se trata exatamente de um regresso a modelos mais antigos sobre a economia do traumático. Freud nos leva – e aqui há um estranho retorno, como aponta Figueiredo – "para onde nunca estivemos como sujeitos constituídos da experiência, ao ser vivo na sua substância mais elementar"[59]. Ou ao estado em que o funcionamento mental volta, o mais rudimentar, quando uma experiência nos toma num grau que não pode ser processado com os recursos que dispomos. A vesícula permite que imaginemos, de uma maneira bem crua, a forma como os estímulos do mundo externo incidem sobre o organismo, sobre o psiquismo, e sobre o Eu – porque a metáfora abarca todas essas possibilidades. Também ajuda-nos a observar os pacientes com quadros monossintomáticos do Maria Valerie como seres nos quais foi rompida a barreira contra estímulos, literalmente: em vez de em pequenas doses, os estímulos externos romperam o escudo com tal força que desequilibraram a economia psíquica e fixaram o paciente ao momento e à situação em que houve o rompimento. Mas isso não valeria, de alguma forma, para Gavrilo e Jennifer também? E para Réal? As consequências do rompimento tomam o interesse de Freud:

59   L.C. Figueiredo, op. cit., p. 69.

O TERCEIRO TEMPO DO TRAUMA: PARTE I

Não há dúvida de que um acontecimento como o trauma exterior provoca uma grave perturbação na economia energética do organismo, além de acionar todos os mecanismos de defesa, e o princípio do prazer é, logo de início, posto fora de ação. Já que não é possível impedir que grandes quantidades de estímulos inundem o aparelho psíquico, só resta ao organismo tentar lidar com esse excesso de estímulos capturando-o e enlaçando-o [binden] psiquicamente para poder então processá-lo.[60]

O que está sob a lente aqui é o momento traumático, o que, a princípio, deixa fora de cena qualquer questão referente às reminiscências ou ao esquecimento. Se as histéricas sofrem de lembranças, os que experimentaram traumas, como Freud os definiu em 1920, sofrem – embora exista, como foi apontado, similaridade sintomática – do rompimento de seus escudos protetores e da invasão de estímulos. Mais à frente neste texto, quando tomarmos outra temporalidade cara à teorização sobre o trauma, a *Nachträglichkeit*, veremos o problema sob outro ângulo. Mas continuemos, por ora, sob o que a lente nos mostra. *O modelo de 1920 revela o trauma ocorrendo em um momento, ou um primeiro tempo do trauma*: há rompimento do *Reizschutz*, uma perturbação de grande escala é gerada na economia psíquica, toda defesa possível é acionada e o princípio do prazer é desligado[61]. Algo importante que as neuroses traumáticas (de guerra e de paz) revelam é que, nas séries complementares, o afluxo de estímulos, primeiro momento do trauma, pode acontecer em um período posterior à infância precoce. Não há dúvida, como pudemos observar, que o rompimento do escudo protetor nesses casos dá-se em um solo já arado (como no jovem húngaro ou em Jennifer); os estímulos inundam um aparelho psíquico com suas marcas particulares. O que não exclui, evidentemente, que experiências sob essa definição de trauma aconteçam também em fases anteriores da vida, quando o despreparo é ainda maior e a capacidade de processamento de estímulos é incipiente. Em *Além do Princípio do Prazer*, a

---

60  Além do Princípio do Prazer, *EPI*, v. II, p. 154.

61  Por exemplo, C. Janin, em *Figures et destins du traumatisme*, p. 114, fala em "o trauma psíquico na segunda tópica (por transbordamento quantitativo)", em que o real – em letra minúscula – inscreve-se ainda mais massivamente que no trauma psíquico como compreendido na primeira tópica, envolvendo a noção de *après-coup*, como veremos na segunda parte deste trabalho.

"ESTAR PREPARADO É TUDO" 89

sujeição do psiquismo às excitações externas é constante e 1. demanda a criação de uma linha de proteção, o *Reizschutz*; 2. envolve a possibilidade de que essa linha de defesa seja rompida, o que caracterizaria o trauma e desencadearia seus efeitos; e 3. os abalos mecânicos envolvidos no trauma "figuram entre as possíveis fontes de excitação sexual [...] a força [*Gewalt*] mecânica do trauma liberaria o *quantum* de excitação sexual que, em razão da falta de preparação para o medo, produziria um efeito traumático"[62].

Sobre esse último item, em *O Problema Econômico do Masoquismo* encontramos a mesma afirmação sob o nome de *coexcitação*; "o que significa que não pode haver abalo físico sem que haja, concomitantemente, abalo sexual"[63]. O afluxo de estímulos externos que inunda o psiquismo ganha, assim, um caráter sexual. Leia-se: o trauma externo, mesmo que não implique em si algo de natureza estritamente sexual, põe em circulação a libido que, como sabemos, ao menos desde 1914, é capaz de investir tanto o Eu quanto os objetos. Dito de outra forma: "Qualquer evento real, seja qual for, é causa de uma excitação psíquica que, em função da coexcitação, é vivido de forma libidinal, desde que ele perturbe de maneira suficientemente importante a homeostase do aparelho psíquico."[64]

Os eventos reais que perturbam a homeostase do aparelho psíquico são, exatamente, os que estimulam consideravelmente o sistema perceptivo. Notamos aqui, mais uma vez, como as observações de Ferenczi, em 1916-1917, sobre as alterações libidinais nos soldados traumatizados estavam de acordo com alguns aspectos da compreensão freudiana do trauma.

Assim como a dor já propusera questões em 1914, em 1920, Freud a toma como modelo de reação ao rompimento do escudo em uma área limitada e discute o movimento que a experiência gera no funcionamento mental: "As excitações provenientes dessa região periférica afluiriam então continuamente para o aparelho psíquico central como ocorre com as excitações vindas

---

62 Além do Princípio do Prazer, *EPI*, VII, p. 157. Freud remete o leitor aos *Três Ensaios Sobre a Teoria da Sexualidade*, em que faz observações sobre os efeitos de excitação sexual causados pelo balanço e as viagens de trem.

63 J. Laplanche, *Problemáticas III*, p. 198.

64 C. Janin, op. cit., p. 38.

do interior do aparelho. Então, que tipo de reação da psique devemos esperar diante dessa irrupção?"[65]

A resposta é gêmea da que encontramos no texto sobre o narcisismo. Energia de investimento seria invocada de todos os lados e investida na área afetada, de forma que esta receba uma carga análoga à da invasão. Empobrecendo e paralisando todos os outros sistemas psíquicos, ou reduzindo outras funções psíquicas, é produzido um *contrainvestimento* equivalente à carga de energia invasora. Em outras palavras, o que Freud nos diz é que, quando há um rompimento no escudo protetor contra estímulos, mesmo que limitado e localizado, como no caso da dor, todo o psiquismo se volta na direção do ponto em que houve o rompimento, em uma tentativa, para utilizarmos os termos que Ferenczi escolheu em sua palestra, de recuperação: todo o organismo segue uma "tendência à equalização de um distúrbio na distribuição da tensão". Figueiredo, comentando essa passagem, utiliza a imagem da criação de "uma espécie de *bandagem* que estanque essa espécie de hemorragia"[66]. Para continuarmos a entender a sequência do raciocínio de Freud – que toma o modelo da dor como fenômeno em menor escala do trauma –, temos que discutir a hipótese que *Além do Princípio do Prazer* reapresenta: a de que existiriam dois tipos de carga de energia e, consequentemente,

duas formas distintas de preenchimento de energia nos sistemas psíquicos (ou nos seus elementos): cargas de investimento que fluem livremente e que pressionam para descarga [*Abfuhr*] e cargas de investimento em repouso. Talvez possamos supor que o que chamamos de "enlaçamento" ou "captura" [*Bindung*] da energia que flui para o aparelho psíquico consiste em uma passagem do estado de fluxo livre para o estado de repouso[67].

Freud indica Breuer como formulador da hipótese, embora saibamos por Laplanche e Pontalis que a relação entre energia livre e ligada tem significação diferente para ambos[68]. No

---

65 Além do Princípio do Prazer, *EPI*, v. II, p. 154.
66 L.C. Figueiredo, op. cit., p. 73.
67 Além do Princípio do Prazer, *EPI*, v. II, p. 155.
68 Op. cit., p. 146-149.

"Projeto", Freud já tocara no assunto; em *A Interpretação dos Sonhos*, já escrevera:

Eu postulo, portanto que, pelo bem da eficiência, o segundo sistema tem sucesso em reter a maior parte de seus investimentos de energia em um estado de imobilidade[69] e empregar somente uma pequena parte em deslocamento. [...] Tudo que insisto é na ideia de que a atividade do *primeiro sistema-Ψ* é dirigida no sentido de garantir a *livre descarga* das quantidades de excitação, enquanto o segundo sistema, por meio do investimento emanado dele, tem sucesso em *inibir* essa descarga e em transformar o investimento em quiescente, sem dúvida com um aumento de seu nível.[70]

Aqui, interessa-nos a contraposição de dois estados nos quais pode estar a excitação dentro do aparelho psíquico. Ou essa energia excitatória está livre – circula sem grandes dificuldades pelo sistema e por suas representações –, como seria o caso quando da invasão de um estímulo poderoso que rompe o escudo protetor, ou ela está quiescente, imobilizada, ligada de uma forma mais ou menos estanque a um sistema, como uma reserva. Nas palavras de Figueiredo:

Ou seja, além da crosta mineralizada que defende o indivíduo contra energias externas muito intensas – a *morte* exterior defendendo a vida interior – o organismo deve conservar uma reserva de energia quiescente – amortecida, silenciosa – para contrapor-se às invasões de energia livre e ligá-las."[71]

Essa energia quiescente seria responsável pela ligação – ou tentativa de ligação – da energia livre, por realizar a "bandagem" ou o movimento imediato, como palestrou Ferenczi, de recuperação. Isso justifica a importância, defende Freud, do susto. O jovem camponês húngaro, por exemplo, ou mesmo alguns de seus companheiros de ala, que Ferenczi chamou de monossintomáticos, não estavam preparados para o impacto da explosão do projétil. A expectativa não foi proporcional ao choque. Para Freud, em 1920, a preparação e o hiperinvestimento do sistema responsável pela percepção constituem a última linha

---

69 Em inglês, *quiescence*.
70 The Interpretation of Dreams, *se*, v. IV-V, p. 599.
71 Op. cit., p. 73-74.

92 O TERCEIRO TEMPO DO TRAUMA: PARTE I

de defesa do escudo protetor contra estímulos. *The readiness is all*, "estar preparado é tudo"[72], poderíamos repetir tentando condensar a ideia. No entanto, "é preciso compreender o significado da expressão 'gota d'água'": "é claro que, a partir de certa intensidade do trauma, essa diferença tanto faz"[73]. Talvez não houvesse prontidão, investimento possível do sistema para lidar com a força do estímulo; o escudo se romperia *inaudita altera pars*, sem ouvir a outra parte.

Com a ideia do trauma como *rompimento do escudo protetor*, podemos compreender diversos casos de neurose de guerra. Mas, até agora, de uma forma mais teórica; pouco é esclarecido sobre Jennifer, e nada sobre Réal. *Além do Princípio do Prazer*, no entanto, não nos mostrou todo seu *além*. Jennifer, por exemplo, quando voltou para casa, sonhava com "soldados feridos ou morrendo com múltiplas amputações", e afirmava peremptoriamente que esses sonhos não lhe causavam nenhum prazer nem realizavam nenhum desejo. Se seu analista fosse o Freud de 1920, ele contra-argumentaria que tais sonhos, sempre a remeterem a paciente às situações traumáticas, a acidentes, não estão

a serviço da realização de desejo. [...] Cabe então supor que esse tipo de sonho talvez se preste a outra tarefa que deve anteceder o início da soberania do princípio de prazer. De fato, *acreditamos que esses sonhos buscam resgatar a capacidade do aparelho de processar os estímulos que afluem quando do desencadeamento do medo [Angstentwicklung] – processamento cuja ausência no passado foi causa da neurose traumática*[74].

E talvez ele acrescentasse que esses tipos de sonho, com "soldados morrendo com múltiplas amputações", repetição de cenas que Jennifer experimentou,

nos mostram uma função do aparelho psíquico que, sem estar em contradição com o princípio do prazer, ocorre de modo independente deste e provavelmente é anterior ao propósito de obter prazer e evitar o desprazer. [...] Portanto, diremos que a função original do sonho não é afastar as causas que poderiam interromper o sono, ou seja, não é que sonhemos com a realização de desejos derivados de moções pulsionais muito perturbadoras. O sonho só poderia assumir essa função

72  W. Shakespeare, *Hamlet*, Ato V, cena 2.
73  Além do Princípio do Prazer, EPI, v. II, p. 156.
74  Ibidem. Grifo nosso.

"ESTAR PREPARADO É TUDO" 93

depois que o conjunto da vida psíquica tivesse incorporado o domínio do princípio de prazer. Mas, se existir um "além do princípio de prazer", deduz-se que logicamente também devemos supor que exista um período anterior a essa tendência de realização de desejos[75].

Aqui, a traumatofilia inconsciente de que nos falou Ferenczi encontra-se bem estabelecida. Seus pacientes, e Jennifer, parecem lutar na tentativa de dominar os estímulos que, à época de suas experiências traumáticas, eles não foram capazes de dominar. E com esse propósito desenvolvem posteriormente a angústia que lhes faltou – porque o sistema perceptivo não estava suficientemente investido ou porque o estímulo se sobrepôs à quantidade de contrainvestimento que poderia ser deslocada para o sistema –, tentando, agora que não está mais sob a ameaça do afluxo de excitações, dominá-lo retrospectivamente. Deixamos vários pontos em aberto. Se temos uma definição freudiana do trauma, pouco falamos sobre como o paciente reage a tais eventos. Sabemos que eles pedem um domínio retrospectivo, mas não discutimos o suficiente sobre como isso acontece. Vimos repetições em sonhos, sintomas e atos que indicavam uma fixação ao trauma e tentavam processar os estímulos que romperam o escudo protetor, mas não nos aprofundamos na natureza desse processamento. A questão que aos poucos se colocou é no que consiste o trabalho de captura e ligação. Além disso, deixamos Réal e Gavrilo em papéis coadjuvantes nas últimas páginas. Pontos abertos e pacientes não podem ser deixados assim, atrás das cortinas, depois de terem pisado no palco. Temos de prosseguir ainda por algumas das informações que Freud nos apresenta, na década de 1920. E ao nos dirigirmos a elas, o façamos com a expectativa que uma personagem de Beckett, certa vez, prescreveu para evitar aborrecimentos: "Raciocinemos sem receio, o nevoeiro resistirá."[76]

75 Ibidem.
76 S. Beckett, O Expulso, *Novelas*, p. 12.

# 5. O Menino no Quarto e o Pequeno Historiador

O trauma de Jennifer não foi, como observamos, um único grande afluxo de estímulos, uma força mecânica. Seria o caso do domínio de experiências traumáticas, em que não houve um súbito rompimento do escudo protetor? Outro ponto que deixamos sem discussão, associado a este, diz respeito a Réal: suas experiências traumáticas foram de dois grupos – ou eventos que envolviam o afluxo de excitações (a violência, por exemplo), ou eventos de humilhação e sensação de abandono, quando não um amálgama de ambos. Com um complicador evidente no caso de Réal: ele repetiu, ao longo da vida, suas experiências traumáticas, com algumas variações. Digamos que ele agiu como as crianças que, nas brincadeiras, repetem "tudo aquilo que lhes causou forte impressão em sua vida, que assim ab-reagem à intensidade da impressão que sofrem e tornam-se, por assim dizer, senhoras da situação"[1].

Esse movimento também poderia valer, de uma forma diferente, para Jennifer – ab-reação às situações que causaram grande impressão, mas não exatamente por meio do ato, e sim da compulsão à repetição das lembranças e atitudes quando das

---

1 Além do Princípio do Prazer, *EPI*, v. II, p. 143.

96     O TERCEIRO TEMPO DO TRAUMA: PARTE I

experiências traumáticas. Existe uma clara diferença na maneira como ambos reagiram à sobrecarga mental que conduziu as respectivas repetições: Jennifer o faz passivamente, como em seus sonhos, ela revive e revê o que lhe causou impressão; Réal também as revive passivamente, com sua esposa, por exemplo, mas por vezes as replica, aqui e ali, com as crianças de quem se aproxima.

Caso Réal batesse à porta do número 19 da Berggasse, nos idos de 1920 – quando o consultório de Freud se restabelecia após a guerra –, e fosse aceito para análise, podemos imaginar que uma das primeiras associações que atravessaria a mente de seu analista ao ouvi-lo seria a lembrança da "primeira brincadeira de um garotinho de um ano e meio criada por ele mesmo"[2]. O menino, seu neto, era "um modelo de normalidade: nem muito nem muito pouco em tudo"[3]. Embora fosse bastante ligado à mãe, nunca chorava quando ela o abandonava por algumas horas. "Essa boa criança", escreve Freud,

passou a apresentar agora o hábito, às vezes incômodo, de atirar todos os objetos pequenos que conseguisse pegar para bem longe de si, para um canto do cômodo, para debaixo de uma cama etc., de modo que juntar seus brinquedos não era sempre uma tarefa fácil. Ao mesmo tempo, com uma expressão de interesse e satisfação, emitia um sonoro e prolongado "o-o-o-o"[4].

Freud e a mãe do menino perceberam que o som emitido significava *fort*, para longe, ausente, "lá se foi". Tudo o que o neto fazia com seus brinquedos, diz-nos o avô, era brincar de "lá se foi". Um dia, a observação foi confirmada:

A criança estava segurando um carretel de madeira enrolado com um cordão. Nunca lhe ocorria, por exemplo, que poderia arrastá-lo no chão atrás de si para brincar de carrinho com ele, mas, ao contrário, atirava o carretel amarrado no cordão com grande destreza para o alto, de modo que caísse por cima da beirada de seu berço cortinado, onde o objeto desaparecia de sua visão, ao mesmo tempo em que pronunciava seu "o-o-o-o" significativo.[5]

2     Ibidem, p. 141.
3     L.C. Figueiredo, *Palavras Cruzadas Entre Freud e Ferenczi*, p. 61.
4     Além do Princípio do Prazer, *EPI*, v. II, p. 141.
5     Ibidem.

Mas a brincadeira não se encerrava assim. O pequeno Ernst Wolfgang puxava o cordão, e junto dele o carretel, de novo para fora do berço e, ao revê-lo comemorava seu reaparecimento dizendo "da" [lá, ali]. De acordo com seu avô, esse último movimento completava a brincadeira, de desaparecimento e retorno.

A primeira interpretação da brincadeira que Freud nos apresenta é a de que seu neto adquirira a maior conquista cultural que uma criança pode ter, a renúncia pulsional que, em si, não é prazerosa. O menino, na sequência dessa interpretação, compensava-se pela renúncia (deixar a mãe ir embora) por meio do jogo em que era encenado o desaparecimento e o retorno. No entanto, mesmo que essa compensação seja uma interpretação correta, a ausência da mãe era obviamente sentida como algo não agradável, angustiava-o. Mesmo a encenação, portanto, não seria prazerosa. A brincadeira do retorno, aparentemente, trazia deslocado algum prazer, mas a primeira parte da brincadeira, Freud nos lembra, era um jogo em si mesmo, que acontecia com mais frequência do que a sequência completa. A pergunta inevitável era o porquê da brincadeira do *Fort-da*, se ela envolvia a repetição deslocada de uma situação de desprazer? A pergunta, se voltarmos a Réal, pode ser apresentada da seguinte maneira: por que a repetição dos abusos que sofreu com outras crianças, se eles traziam à tona a lembrança ou a reexperimentação de seus próprios traumas? Antes de uma tentativa de resposta, estabeleçamos com mais cuidado a analogia. Parece evidente que Réal sente prazer nas atividades sexuais que realiza com crianças; e que o pequeno Ernst parecia também sentir prazer com o desfecho de seu jogo. O ponto ligado ao desprazer não parece ser esse, mas, novamente, algo que o subjaz, que lhe é anterior e, portanto, que só mais tarde entra sob o jugo do princípio do prazer. Já pudemos constatar que o trauma causa fixação, assim como a necessidade de ligar o afluxo de excitação que penetrou no psiquismo. Uma resposta a nossas perguntas poderia iniciar da seguinte maneira:

> Ela [a criança] estava passiva, foi atingida pela vivência, e eis que se engaja em um papel ativo, repetindo-a como brincadeira, apesar de ter sido desprazerosa. Esse engajamento poderia ser atribuído a uma

pulsão de apoderamento [*Bemächtigungstrieb*] que se autonomizou, e independe de a recordação em si ter sido prazerosa ou não.[6]

Observemos nessa passagem o movimento descrito por Freud. O sujeito experimenta passivamente determinada vivência que lhe causa desprazer e, depois, reproduz ativamente a situação para apoderar-se dela pela primeira vez. Podemos dizer: tentando ligá-la psiquicamente. O afluxo de estímulos encontra, assim, um primeiro enlaçamento, ganha uma primeira forma. Lembremos que o princípio do prazer é posto fora de ação e que o distúrbio energético no aparelho psíquico é o problema a ser resolvido. Réal contou-nos que os amigos de suas irmãs divertiam-se sexualmente com ele e que fora abusado por "jovens homens quando era uma criança", o que o fazia sentir-se impotente frente aos adultos que o dominavam e o humilhavam ao imporem seus caprichos e vontades. Entre as várias experiências sexuais que estabeleceu com crianças, lembremo-nos da relação que teve com o meio-irmão do garoto de que ele e a esposa haviam cuidado, e que teve início na noite de seu aniversário. "Por mais de um ano esse garoto será alvo de minha má conduta. Com o tempo, ele se tornará menos interessado, mais reticente, menos solícito, o que tem por efeito um resfriamento de minha excitação."[7] É possível que em todos os abusos cometidos por Réal possamos estabelecer uma relação semelhante a que faremos, mas esse, em particular, mostra-nos um ato de compulsão à repetição, no qual a encenação é abandonada pela alteração sutil em um de seus elementos. Dito de outra forma, *o carretel prendia-se no cortinado do berço*. Os abusos que Réal experimentara passivamente, e seus sentimentos à época – impotência, humilhação e uma angústia que impedia reação – pareciam estar presentes no menino com quem ele se relacionava. Quando este deixa de exibir sensações similares às que Réal teve quando era abusado, acontece o resfriamento da excitação. A repetição não é mais a mesma, e a pulsão de apoderamento sente o afastamento de seu objeto: um princípio de *atividade* no garoto tem como efeito um enfraquecimento da posição *ativa* em Réal. O carretel não

6   Ibidem, p. 142.
7   G. David, *J'Ai commis l'incest*, p. 136.

O MENINO NO QUARTO E O PEQUENO HISTORIADOR

pode ser sempre um ser vivo, porque o ser vivo permite uma menor amplitude de atividade sobre ele. O objeto do jogo, da brincadeira que permite uma nova encenação deslocada da passividade à atividade, deve, preferencialmente, ser um objeto controlável[8]. Ao que tudo indica, a angústia gerada pela impotência característica da posição passiva só pode ser amenizada no jogo se ele envolver uma atividade sobre objetos controláveis.

Temos que reconhecer que nossa analogia une duas vivências de tipos muito diferentes. O abandono da mãe e o abuso sexual parecem distantes. Todavia, o funcionamento psíquico não conta com um rol infindável de processos e mecanismos. A brincadeira de Ernst é, por isso, paradigmática: ela nos mostra uma das formas pelas quais o desprazer de uma experiência e a angústia então gerada são mitigados por meio de uma atividade aparentemente banal, mas carregada de significado.

Se o neto de Freud não tinha poder sobre a permanência de sua mãe no quarto, quando eclodiu a Primeira Guerra Mundial o avô de Ernst não tinha absolutamente nenhum controle sobre o que acontecia ao seu redor. "Tempos difíceis" eram aqueles. Freud não conseguia, de maneira nenhuma, trabalhar. As impressões que tivera ao sair de Karlsbad eram tais, que não podiam ser postas no papel. "Tarefas mentais que eram muito difíceis precisaram ser cuidadas, e tão logo alguém conseguiu adaptar-se a elas, chega uma nova demanda que afasta o equilíbrio adquirido", escrevera em 23 de agosto de 1914. Freud, àquela altura, não tinha informações sequer sobre a segurança de seus filhos – Anna tentava voltar a Viena, um de seus filhos era convocado e pouca informação chegava sobre os outros. O equilíbrio, a homeostase psíquica estava comprometida. E Freud nada podia fazer a não ser angustiar-se em função das incertezas e da impotência que lhe forçava, naqueles dias, a permanecer passivo. "Tédio" foi a palavra que usou. Rank, que também estava em Viena, pensou em uma atividade banal: catalogar a biblioteca de *Herr Professor*. E Freud – não resisto em dizer – como uma criança, propôs-se "um joguinho similar": "pego minhas antiguidades e estudo e descrevo cada peça"[9]. Se

8  Cabe notar que o objeto transicional, conceituado por Winnicott, também não pode ser dotado de vontade própria.
9  E. Brabant; E. Falzeder, *The Correspondence...v. II*, p. 12-13.

100 O TERCEIRO TEMPO DO TRAUMA: PARTE I

nos dermos a liberdade, poderíamos imaginá-lo a pensar: "Já que não tenho controle sobre nada que me importa fora desta sala, posso ao menos apoderar-me desses objetos, estudá-los, descrevê-los, organizá-los. Que em Hamburgo Ernst jogue seu carretel, aqui tenho minhas antiguidades."

Como enlaço, por um fio de história, teoria e clínica – tal qual em um estranho sonho – Réal, Freud e seu neto, devo esclarecer que o faço lembrando 1931, quando Ferenczi escreveu um pequeno texto, três anos depois publicado sob o título de "Trauma na Psicanálise". No texto, ao falar sobre o processo onírico, atribuiu-lhe uma função traumatofílica e fez uma equivalência entre os traumas mais agressivos e os "resíduos do dia e da vida", que deveriam ser considerados como "impressões mentais, passíveis de serem repetidas, não descarregadas e não controladas"[10]. Como defendeu no Maria Valerie, o trauma de grande monta e o trauma cotidiano lesam o Eu e alteram a economia libidinal – cada qual, é claro, na extensão e na intensidade que lhe cabe. Retornarei a esse pequeno texto de Ferenczi a seguir; ele nos será útil para compreender o processo atravessado por Gavrilo.

Ernst continua a jogar seu carretel, e Freud apresenta um acréscimo à interpretação da brincadeira do neto. Arremessar o objeto satisfaria também um impulso do menino, suprimido de sua consciência, de vingar-se da mãe por deixá-lo. Algo como um "eu não preciso de você e mando-a embora eu mesmo". Lemos, mais à frente:

Ao passar da passividade vivida naquela experiência para atividade da brincadeira, a criança inflige a um companheiro de brincadeira todo o evento desagradável que aconteceu com ela mesma, e assim se vinga da pessoa que está fazendo o papel desse substituto.[11]

Relembremos os três objetivos a que se refere Réal para *explicar* sua relação com a primeira criança de quem abusa, de cinco anos, meio-irmão do menino que relacionamos ao jogo do *Fort-da*: "primeiro, deixei de ser o menino abusado, passando o contrato a outro; em seguida, eu ajustei as contas com

---

10   On the Revision of the Interpretation of Dreams, *Fin*, p. 239.
11   Além do Princípio do Prazer, *EPI*, v. II, p.143.

O MENINO NO QUARTO E O PEQUENO HISTORIADOR 101

meu cunhado, que havia abusado sexualmente de minha esposa durante anos; enfim, eu me vinguei de minha mulher que não me tinha absolutamente em consideração, no meu ponto de vista"[12]. Observamos prontamente a vingança – expressa – contra duas figuras: o cunhado e a esposa. E percebemos também a passagem da experiência desagradável, do contrato, a outro. A repetição, na brincadeira de Ernst, nos atos de Réal e, Freud acrescentará, na transferência, obedece à compulsão à repetição. Na primeira edição do livro, em 1920, lia-se: "poderíamos supor que isso tudo produziria hoje um desprazer menor se emergisse como recordação, em vez de se configurar como uma experiência nova. Mas a compulsão força à última"[13].

Avancemos alguns anos. Em 1925, Freud escreverá um pequeno livro sobre sentimentos como os que Réal experimentou quando foi abusado. Publicado em fevereiro do ano seguinte, ganhou o título de *Inibições, Sintomas e Angústia*, e nele a angústia não é mais definida unicamente como fruto do recalque. Ela se torna, como bem resumiu Lucianne S. Menezes, uma "reação a um modelo específico de situações de perigo, ou seja, é concebida como necessária para colocar o processo de recalque em ação"[14]. Um sinal de angústia poderia ser emitido pelo Eu quando existe a ameaça da montagem ou do surgimento de uma situação de perigo.

O intuito não será discutir todo o ensaio de 1926, nem todas suas implicações no pensamento freudiano ou ferencziano a partir dali, mas podemos dele retirar elementos importantes para a discussão acerca de *um primeiro tempo da formação traumática, ou do trauma ocorrendo em um momento*. O primeiro desses elementos diz respeito ao fato de que, nesse texto, lemos que a mesma linha de defesa adotada contra um estímulo externo será utilizada contra um processo interno penoso.

Freud escreve que, contra estímulos externos, o primeiro movimento realizado pelo Eu é a retirada do investimento feito na percepção do objeto perigoso. Um plano com mais chances de sucesso, descobre-se logo, seria a execução de movimentos musculares que tornem impossível a percepção do objeto perigoso

12  G. David, op. cit., p. 133.
13  Além do Princípio do Prazer, *EPI*, v. II, p. 189n45.
14  *Desamparo*, p. 59-60.

"mesmo na ausência de qualquer recusa de percebê-lo – que é um plano melhor, assim, remover-se da esfera do perigo"[15].

O recalque seguiria um modelo similar: o investimento pré-consciente é retirado do representante pulsional e a energia desinvestida no recalque do representante liberaria angústia. Mas, sendo o "Eu a real morada da angústia", como lemos no texto publicado em fevereiro de 1926, ela teria de partir do Eu e não ser causada pela economia de investimentos e contrainvestimentos nos representantes pulsionais. Freud defenderá, então, que a

> Angústia não é criada de modo novo no recalque; ela é reproduzida como um estado afetivo de acordo com uma imagem mnêmica já existente. [...] Estados afetivos foram incorporados na mente como precipitações de experiências traumáticas primitivas, e quando ocorre uma situação similar, elas são revividas como símbolos mnêmicos."[16]

Conversando à fundo com Otto Rank, Freud escreve que o nascimento serviria de modelo – em suas palavras, como um "protótipo"[17] – às experiências de angústia; teria lhes dado certas características por ter sido a primeira, mas não necessariamente a maior, experiência do tipo. À frente, veremos Ferenczi minimizar ainda mais que Freud a qualidade traumática e geradora de angústia do nascimento. No momento, acompanhando o último, somos apresentados à ideia da existência de uma necessidade biológica de que as situações de perigo, geradoras de angústia, deixem símbolos afetivos que sejam reconhecidos quando algo indicar que tais situações possam voltar a ocorrer.

Observando seus próprios casos – notadamente o pequeno Hanns e o Homem dos Lobos – Freud identifica o medo da castração como "um medo realístico, o medo de um perigo que era de fato iminente ou era julgado ser um medo real"[18]. E defende a força da angústia de castração, observável "na base da experiência diária das fezes sendo separadas do corpo ou na base da perda do seio da mãe na amamentação"[19]. Nas situa-

---

15 Inhibitions, Symptoms and Anxiety, SE, v. xx, p. 92.
16 Ibidem, p. 93.
17 Cf. O. Rank, The Trauma of Birth.
18 Inhibitions, Symptoms and Anxiety, SE, v. xx, p. 108.
19 Ibidem, p. 130.

ções em que um perigo é reavivado na memória, aconteceria a liberação da angústia como um sinal – de que se aproxima, ou existe, uma situação de perigo. A angústia poderia emergir de duas maneiras: atrasada, de "uma maneira que não vale a pena", quando já ocorreu uma situação de perigo, ou como sinal, de forma útil, prevenindo o sujeito da ocorrência da situação.

Jennifer e seus sintomas voltam mais uma vez à nossa lupa. Ela reclama do cheiro de carne que a deixa nauseada e do som de helicópteros, que a assusta. Podemos dizer que sua angústia nestas situações é um sinal, uma vez que o perigo e a iminência de uma impressão desconcertante não estão mais presentes. Sintomaticamente, ela recebe um aviso de que algo poderia lhe trazer desprazer. Trata-se de uma leitura equivocada do ambiente, mas serve a um propósito: "Pode-se dizer que os sintomas são criados para evitar a geração de angústia."[20] Temos de nos perguntar quais seriam as situações que causam angústia. Sabemos que são situações de perigo, que remetem também à força da castração. Já vimos que o nascimento lhes serve de protótipo, mas quais são seus componentes essenciais, os elementos que as definem? A resposta de Freud traz um importante acréscimo à compreensão do trauma, e ele a dá, pensando nas situações que causam angústia nas crianças.

Se a angústia do nascimento fosse a maior, ou a mais intensa, em termos quantitativos, poder-lhe-íamos atribuir o devido lugar e concordar com Otto Rank, centralizando o trauma do nascimento como o momento etiológico inicial, causador de uma "angústia primitiva". Mas não é isso, de acordo com Freud, que revela a observação das crianças, por dois motivos. O primeiro é simples: se o nascimento fosse a maior experiência de angústia, veríamos, em um gráfico cujos eixos indicassem o tempo e a quantidade de *Angst*, que durante o nascimento o sentimento de angústia estaria localizado no ponto mais alto da curva, decrescendo paulatinamente até algum momento do desenvolvimento a partir do qual, podemos conjecturar, o sentimento manter-se-ia mais ou menos constante. Não é o caso. O segundo motivo, também depreendido da observação das crianças, é a constatação de que as manifestações de angústia

20  Ibidem, p. 129.

costumam ocorrer "por exemplo, quando a criança está sozinha, ou no escuro, ou quando se encontra com uma pessoa desconhecida em vez de com uma com quem está acostumada – com sua mãe"[21]. Essas três situações são reduzidas por Freud a uma única: sentir falta de alguém amado e desejado.

Quando sente falta, a criança investe a representação da pessoa amada. O investimento é tão grande, que a representação é alucinada. Mas um hiperinvestimento desse tipo não tem efeito no ambiente, a pessoa amada não retorna e a expectativa transforma-se em angústia. "Aqui, a angústia aparece como reação à perda do objeto"[22] – ideia que introduz elementos importantes para a compreensão de quais situações causam angústia. A castração também corresponde à separação de um objeto hiperinvestido; e o nascimento, à separação da mãe. Feitos esses apontamentos acerca de situações geradoras de angústia, o raciocínio pode avançar para uma definição do que é temido, do "perigo":

A razão pela qual o bebê nos braços quer perceber a presença de sua mãe é somente porque ele já conhece, por experiência, que ela satisfaz todas suas necessidades sem atraso. Assim, a situação que é percebida como "perigo" e contra a qual ele quer estar seguro é a da não satisfação, de uma *crescente tensão decorrente da necessidade*, contra a qual ele está desamparado.[23]

Na experiência de não satisfação, quando da ausência do objeto, existe o medo de que uma necessidade premente não seja satisfeita. Nessa situação, "quantidades de estimulação aumentam a uma altura desprazerosa"[24], e o bebê não tem a capacidade de controlar psiquicamente esse aumento – de ligá-lo –, de descarregar a quantidade de excitação, ou de alterar o meio externo de maneira eficiente a fim de diminuir a tensão. O que ele sabe por experiência, como escreve Freud, é que na presença da mãe a necessidade de satisfação e o acúmulo de tensão não atingem os mesmos níveis que em sua ausência. Em *Inibições, Sintomas e Angústia*, a situação de perigo *é esse distúrbio econômico*

21 Ibidem, p. 136.
22 Ibidem, p. 137.
23 Ibidem.
24 Ibidem.

*causado pela própria natureza do bebê, por seu desamparo* frente aos aumentos de excitação por motivos internos (a fome ou as demandas pulsionais) e por motivos externos (a dor, ou qualquer estímulo cuja intensidade cause desprazer).

Dessa forma, a ausência da mãe torna-se o "perigo" e, "tão logo o perigo chega, o bebê dá um sinal de angústia antes que a temida situação econômica se estabeleça"[25]. Existiria aqui o primeiro grande passo em direção à autopreservação e uma concomitante transição do surgimento involuntário e automático da angústia para sua reprodução em pequena escala, baseada na experiência, como um sinal do perigo. Nas duas situações, argumenta Freud, seja como sensação automática gerada por uma situação econômica de aumento de excitação, seja como sinal, a *"angústia parece ser o produto do desamparo mental* do bebê, que é *a contrapartida natural de seu desamparo biológico"*[26].

Uma distinção importante ainda é feita. Ela diz respeito ao desamparo objetivo e a um desamparo não tão objetivo, posterior. No adendo a *Inibições, Sintomas e Angústia*, lemos que a situação de desamparo realmente experimentada pode ser chamada de *traumática*. A angústia gerada por uma experiência automática (e econômica) desse tipo estaria relacionada a uma *situação traumática*, enquanto a angústia-sinal se ligaria a situações de perigo. Devemos lembrar – como fez Freud, em 1926 – que em

experiências que levaram a uma neurose traumática o escudo protetor contra estímulos externos é quebrado pelas quantidades excessivas de excitação impingidas sobre o aparato mental – que angústia não está só sendo sinalizada como um afeto, mas também está sendo criada pelas condições econômicas da situação[27].

Portanto, como enfatizou Ruth Leys, Freud caracteriza a angústia "simultaneamente como a guardiã do Eu contra choques futuros *e* como o que o afunda em desordem por causa de uma brecha do escudo protetor: a angústia é igualmente *cura* e *causa* do trauma psíquico"[28]. Caso possa prever e preparar-se

25   Ibidem, p. 138.
26   Ibidem, grifo nosso.
27   Ibidem, p. 130.
28   *Trauma: A Genealogy*, p. 28.

para uma situação traumática de desamparo, em vez de esperar passivamente que ela aconteça, o sujeito terá – como o bebê – feito um avanço no sentido de sua autopreservação, mesmo que esse avanço envolva exageros ou equívocos sintomáticos, como no caso de Jennifer. "A angústia é, portanto, de um lado, a expectativa de um trauma, e de outro lado, sua repetição de forma mitigada."[29] Para Leys, isso significaria que a oposição entre uma teoria da angústia sinal e uma teoria da angústia automática ou econômica não poderia ser mantida. A situação de ameaça de perda, traumática, é definida como uma situação de desamparo, ou como a "não ligação" em decorrência de um excesso de estimulação que rompe a barreira divisória entre interno e externo e destrói a identidade do Eu. Trata-se de um dos problemas da diferenciação semântica entre *Schreck* e *Angst*, feita em 1920, utilizada como caracterizadora do traumático: ao lermos outros textos de Freud, como o que agora acompanhamos, encontramos um complicador que *Herr Professor* não esclarece completamente; cabe a quem estuda o tema unir, se possível, a relação entre os conceitos. Em minha opinião, podemos manter a importância da diferenciação e complementá-la com o que é teorizado em 1926. Ruth Leys parece fazer uma pequena confusão. Explico-me. O choque, como vimos, é condição para o trauma na medida em que corresponde à falta de preparo, de contrainvestimento: o sistema perceptivo não está investido e os estímulos externos não encontram energia quiescente que lhes faça frente, contendo-os. Entre os efeitos da ruptura no escudo protetor vemos, como Freud escreve em *Inibições, Sintomas e Angústia*, o surgimento de angústia. Ruth Leys aponta a angústia também como *causa* do trauma, o que não é necessariamente o caso. O que "afunda em desordem" o Eu é o choque e seus efeitos, dentre os quais o surgimento de angústia é um dos mais importantes.

A teorização acerca de uma situação de desamparo considerada traumática, que envolve um aumento da tensão, pode, se quisermos, servir de protótipo às possibilidades de traumatização que *Além do Princípio do Prazer* não contemplou, em especial as de acúmulo tensional, como no caso de Jennifer.

29 Inhibitions, Symptoms and Anxiety, *SE*, v. xx, p. 166.

O MENINO NO QUARTO E O PEQUENO HISTORIADOR

Quanto mais desamparada e despreparada ela esteve – mais sozinha e pressionada pelo ambiente –, mais profundos foram os efeitos de suas experiências. Leia-se: sua neurose teve uma etiologia menos concentrada temporalmente, mas se montou à medida que seus recursos para ligar e descarregar a excitação foram minguando – conforme aumentava seu desamparo[30].

Temos um sequenciamento que Freud, em 1926, exprime como "angústia-perigo-desamparo (trauma)". Mas podemos decompô-lo com o que foi discutido, invertendo sua cronologia em uma sequência que poderia ser expressa como: situação traumática de desamparo → angústia → situação de perigo → angústia sinal → desamparo. Nela caberiam as definições de situação de perigo como "uma reconhecida, lembrada, esperada situação de desamparo"[31], e de angústia como "reação original ao desamparo no trauma e produzida mais tarde na situação de perigo como um sinal por ajuda"[32]. Coloca-se o desamparo nas duas pontas do sequenciamento por motivos simples: a angústia é uma resposta a ele, seja como situação traumática, seja como lembrança dele e tentativa de não o repetir novamente como trauma. Sutilmente se estabelecem outra vez os papéis passivo e ativo no funcionamento psíquico: "O Eu, que experimentou o trauma passivamente, agora o repete ativamente em uma versão enfraquecida, na esperança de ser ele mesmo capaz de dirigir seu curso."[33]

O desamparo de Réal quando dos abusos que sofreu não é repetido ativamente, tendo ele o controle, com cada nova criança a quem, em suas palavras, "passa o contrato"? A situação de desamparo de Jennifer quando dos bombardeios e de seu isolamento não se repete – com ela no controle – em cada reação ao cheiro de carne ou ao som de helicópteros? Podemos nos perguntar, como Ferenczi o fez na virada da década de 1920 para a de 1930, se além de um deslocamento da angústia

---

30  Embora discorde de Ruth Leys nesse ponto, não é meu objetivo aqui discutir outras posições da autora com as quais, em grande parte, concordo. Só posso recomendar a leitura de seu livro *Trauma: A Genealogy*, em que as relações entre trauma e imitação, sugestão hipnótica e representação são muito bem discutidas.

31  Inhibitions, Symptoms and Anxiety, *SE*, v. xx, p. 168.

32  Ibidem, p. 168-169.

33  Ibidem, p. 167.

da situação traumática para a situação de expectativa de perigo não há, nesses casos, uma espécie de ab-reação. E se essas repetições não proporcionariam, na clínica, algum desdobramento.

Após 25 anos, os objetivos da técnica psicanalítica teriam mudado, escreve Freud em *Além do Princípio do Prazer*, retomando uma história da técnica, como o fizera em "Repetir, Recordar e Elaborar". As repetições na transferência são relidas sob a égide das ideias expostas em 1920 – ela é uma compulsão, repetida sem que o paciente o perceba e *no lugar* do lembrar consciente. A novidade, todavia, está no fato de que aquilo que se repete não é unicamente o recalcado, moções pulsionais que foram, em outro momento, prazerosas. O fato novo e discutido em *Além do Princípio do Prazer*

é que a compulsão à repetição também faz retornar certas experiências do passado que não incluem nenhuma possibilidade de prazer e que, de fato, em nenhum momento teriam proporcionado satisfações prazerosas, nem mesmo para moções pulsionais recalcadas[34].

Algumas repetições transferenciais não envolveriam situações que foram prazerosas. O mesmo poderia ser dito a respeito de outras repetições, algumas brincadeiras, ou parte delas, e modelos de relações e comportamentos como o de Tancredo, em *Jerusalém Libertada*. "Ao levarmos em conta essas observações a respeito da transferência e a fatalidade presente no destino de tantos seres humanos", escreve Freud, "vemo-nos encorajados a assumir a hipótese de que realmente existe na vida psíquica uma compulsão à repetição [*Wiederholungszwang*] que ultrapassa o princípio do prazer."[35]

E que remete a um funcionamento mais arcaico e elementar do que o envolvido no princípio do prazer: enquanto o domínio irrestrito deste não se estabelece, a tarefa do aparelho psíquico é, como vimos, processar ou enlaçar a excitação para que seja contida a perturbação econômica no psiquismo. A pergunta retorna, perene: como fazê-lo?

No fim de maio de 1931, Ferenczi escreveu a Freud sobre o que gostaria de falar no XII Congresso Internacional de Psicanálise, programado para acontecer em Interlaken, na Suíça, dali a

---

34 Além do Princípio do Prazer, *EPI*, v. II, p. 145-146.
35 Ibidem, p. 148.

quatro meses[36]. Uma das "comunicações preliminares" que gostaria de apresentar interessa-nos. Ela tinha por título "Os Sonhos Têm Uma Segunda Função?"[37] e foi resumida da seguinte forma:

Apoiado em experiências com relaxamento profundo durante as análises, donde experiências traumáticas tendem à repetição, assim como pela análise de sonhos em geral, chega-se à suposição de que o estado de sono e o de sonho procuram aliviar o sistema psíquico também pela reexperimentação de resíduos traumáticos do dia e da vida, assim revelando algo sobre a natureza tráumato-neurótica dos processos do sonho.[38]

Parte da resposta de Freud ao anúncio da pretensão de uma comunicação preliminar sobre o assunto vale a leitura: *Caro amigo*, começa a carta, "Muito obrigado por suas interessantes notícias, não menos pelos excertos de sua palestra do Congresso. *A denominada segunda função dos sonhos é certamente sua primeira (domínio, veja Além do Princípio do Prazer)!*"[39] "Caro Professor", respondeu Ferenczi,

É claro que sei muito bem que a função do sonho enfatizada por mim é a mesma que o senhor descreveu e explicou em *Além do Princípio do Prazer* como sendo *característica dos sonhos dos traumatizados*. Mas minha experiência me pressiona a enfatizar esse ponto de vista com mais força do que no caso de sua *A Interpretação dos Sonhos* [e também, acrescentemos, mais do que no seu texto de 1920]. Em outras palavras: *eu gostaria de generalizar de alguma forma o ponto de vista do domínio do trauma no sono e no sonho.*[40]

A questão para Ferenczi não gira em torno da originalidade da ideia, mas de sua generalização. Mais uma vez é sobre

36   C. Fortune, *The Sándor Ferenczi: Georg Groddeck Correspondence, 1921-1933*, p. 104n4.
37   Cf. E. Canesin Dal Molin, Fresh Old News from Ferenczi about the Function of Dreams, *International Journal of Psycho-Analysis*, p. 1.175-1.189. Esse artigo, fruto de meus estudos da obra ferencziana e da pesquisa realizada durante o mestrado, reproduz alguns trechos do presente livro. Ali, discuto os princípios do funcionamento mental explicitados por Freud em 1920 e apresento algumas das ideias de Ferenczi sobre o processo onírico, acompanhando em detalhe seu pequeno texto de 1931.
38   E. Brabant; E. Falzeder, *The Correspondence of Sigmund Freud and Sándor Ferenczi: Volume III, 1920-1933*, p. 412. De agora em diante, *The Correspondence...v. III*.
39   Ibidem, p. 413, grifo nosso.
40   Ibidem, p. 414, grifos nossos.

a escala do fenômeno que ele escreve: o domínio do trauma não seria exclusivo dos sonhos daqueles que tiveram na etiologia de suas neuroses o acento no trauma exterior de grande monta; a necessidade de domínio estaria presente em eventos menores: em resíduos traumáticos do dia e da vida. Esses resíduos são "impressões mentais, passíveis de serem repetidas, não descarregadas e não dominadas; elas são inconscientes e talvez nunca tenham sido conscientes"[41].

Para que compreendamos o argumento, é necessária uma descrição de como Ferenczi imaginava que alguém reage ao choque do trauma[42]. Sua experiência clínica e sua teorização levaram-no a defender que um choque poderoso age como uma espécie de anestésico, e que a primeira reação psíquica é sempre um tipo de psicose transitória – uma cisão – e fuga da realidade. Anestesia e fuga da realidade relacionam-se, nesse pequeno texto de 1931, a um inconsciente profundo, ao qual se tem menos acesso pelas vias usuais empregadas no trabalho analítico. Noutras palavras, o trauma não lembrado estaria localizado em pontos mais profundos do inconsciente aos quais raramente se tem acesso por meio da associação livre feita durante estados normais de consciência. A hipótese decorre do trabalho que há algum tempo realizava com relaxamento profundo, o que lhe permitia acesso a um material inconsciente que parecia ser mais obscuro. Acompanharemos algumas das experiências clínicas do psicanalista húngaro no momento oportuno. Aqui, entretanto, a pergunta é como o choque agiria à maneira de um anestésico? Responde Ferenczi:

Aparentemente, pela inibição de todo tipo de atividade mental e, portanto, provocando um estado de completa passividade desprovido de qualquer resistência. A paralisia absoluta da motilidade inclui também a inibição da percepção e [com ela] do pensamento. O desligamento da percepção resulta na completa desproteção do Eu[43].

O choque, é o que estamos a ler, impossibilita temporariamente o inestimento no aparelho perceptivo. Por algum tempo, o contrainvestimento sequer é possível e a inundação do psiquismo

---

41 On the Revision of the Interpretation of Dreams, *Fin*, p. 239.
42 Retomarei com mais detalhes as postulações e hipóteses de Ferenczi na segunda parte deste texto.
43 On the Revision of the Interpretation of Dreams, *Fin*, p. 240.

O MENINO NO QUARTO E O PEQUENO HISTORIADOR 111

pela quantidade de excitação gera paralisia e anestesia: "Uma impressão que não é percebida não pode ser repelida."[44] Observamos duas visões complementares. Para Freud, o trauma causa um distúrbio no funcionamento da energia do aparelho, além disso, ele toma conta do psiquismo e desliga o princípio do prazer, deixando ativo somente o princípio de domínio. Para Ferenczi, o problema é levado mais longe: a inundação paralisa o próprio aparelho receptor, que para de filtrar e colher somente amostras do exterior por meio dos órgãos dos sentidos:

> Os resultados da paralisia completa são: 1. o curso da paralisia sensória torna-se e mantém-se permanentemente interrompido; 2. enquanto dura a paralisia sensória, toda impressão mecânica e mental é tomada sem nenhuma resistência; 3. nenhum traço de memória de tais impressões permanece, mesmo no Inconsciente, e assim as causas do trauma não podem ser lembradas a partir de traços de memória. Se, mesmo assim, alguém quer atingi-las, o que logicamente parece quase impossível, então se deve repetir o trauma mesmo e, sob condições mais favoráveis, trazê-lo *pela primeira vez* à percepção e à descarga motora.[45]

A possibilidade de ligação aventada por Ferenczi segue uma lógica interessante. No trauma, os estímulos são colhidos sem resistência, uma vez que houve ruptura no escudo protetor, mas eles não deixam traços de memória; são impressões sem marcas que ficam no inconsciente. A percepção paralisada e anestesiada, que permitiu a entrada de tal quantidade de estímulos, precisaria voltar a funcionar e acolher aquilo que a atravessou sem nunca ter sido consciente. As repetições na vida onírica, nos atos e nas sensações físicas seriam uma "tentativa de melhor domínio e resolução de experiências traumáticas, pode-se dizer, no sentido de um *sprit d'escalier*"[46], em que a cada nova encenação perceberíamos a tendência – dificilmente atingida – de trazer as impressões do trauma ao estatuto de percepções e descarregá-las.

Para Maurice Dayan[47], comentado por Felícia Knobloch[48] e citado por Myriam Uchitel[49], o acontecimento – a invasão de

---

44 Ibidem.
45 Ibidem.
46 Ibidem, p. 238.
47 Freud et la Trace, *Topique*, p. 18.
48 Cf. *O Tempo do Traumático*.
49 Cf. *Neurose Traumática*.

O TERCEIRO TEMPO DO TRAUMA: PARTE I

estímulos que rompe o escudo protetor – é computável pelo fluxo de excitação que é posta em circulação, mas não por seu teor de significações. A impressão, diz-nos Knobloch, seria um elemento "fundamental e original do processo da memória, não como fator informativo, mas como fator *energético*"[50]. O que o paciente repete nos sonhos, tal qual Ferenczi nos fala, em 1931, são os fluxos energéticos que não ganharam o estatuto de percepções. Somente após um trabalho psíquico de repetição que transforme tais fluxos energéticos em percepções é que a possibilidade de representar entraria em jogo: "devemos nos lembrar que todas as representações mentais se originaram de percepções e de fato são repetições dessas últimas"[51]. O processo de ligação passaria pela conversão das impressões em percepções e estas, mais tarde, em representações. Cada passo implicaria a repetição com uma *tendência* à melhor solução, num movimento que, se visto à distância, parece ser cumulativo ou ter um sentido cumulativo. Cada nova repetição é acrescentada à anterior tendendo a uma solução outra, mesmo que, se vista isoladamente, pareça um espasmo compulsivo que não traz fim diferente. Trata-se de um trabalho psíquico lento, e usualmente doloroso, uma vez que impõe a repetição do desprazer como condição *sine qua non* para que aquilo que não tem traço, forma ou imagem passe a tê-lo[52].

O trauma, escreve Ferenczi, em uma nota de 1932, "Não pode ser *lembrado* porque *nunca* foi consciente. Só pode ser *reexperimentado* e *reconhecido* como o passado."[53] As lembranças vividas com desprazer – melhor seria dizer, as impressões – "continuam reverberando *em algum lugar* do corpo (e nas emoções)"[54]. Chama a atenção que, mesmo não tendo sido percebidas nem representadas, e localizadas em um inconsciente

---

50 Op. cit., p. 89.
51 S. Freud, A Negativa, *EPI*, v. III, p. 149.
52 Para uma exemplificação desse processo no trabalho onírico, ver S. Ferenczi, On the Revision of the Interpretation of Dreams, *Fin*. Uma reflexão sobre as implicações terapêuticas dessas ideias e uma discussão mais longa do material clínico utilizado por Ferenczi para exemplificar seus argumentos pode ser encontrada em E. Canesin Dal Molin, Fresh Old News From Ferenczi About the Function of Dreams, *International Journal of Psycho-Analysis*, e no capítulo 9, deste livro.
53 Notes and Fragments, *Fin*, p. 278.
54 Ibidem, p. 279.

O MENINO NO QUARTO E O PEQUENO HISTORIADOR 113

mais profundo, essas impressões são consideradas por Ferenczi como "a realidade". Frutos do rompimento no escudo protetor – em maior ou menor grau –, elas levam à reexperimentação do momento no qual o exterior invadiu o interior. Caso não reencenem exatamente esse episódio, revelam aqueles episódios que lhe foram imediatamente posteriores ou anteriores – como fragmentos de realidade histórica na vida psíquica.

Em uma metáfora de S. Viderman muito discutida por Claude Janin[55] a respeito das relações entre trauma, realidade e fantasia, os acontecimentos reais podem funcionar como o grão de areia a partir do qual, ou ao redor do qual, desenvolve-se uma pérola. Escreve ele: "qualquer um sabe que, para um grão de areia, o 'tornar-se pérola' é um destino no mínimo incerto: no mundo, há mais praias do que colares no pescoço das mulheres"[56]. A pérola é o revestimento fantasístico do acontecimento real – sua simbolização –, que pode ou não ocorrer. Se quisermos utilizar os termos de Ferenczi em 1931, diríamos que a impressão pode, algumas vezes e *em condições favoráveis*, tornar-se percepção e, com o tempo, ser representada e associada a outras. Vemos, assim, um trabalho psíquico desenvolvido a partir do acontecimento traumático, que procura dominá-lo e ligá-lo, dando-lhe um sentido e um lugar na história do paciente. Janin, como outros[57], ressalta as semelhanças entre o trabalho psíquico sobre o trauma, e os trabalhos do analista e do historiador. Neste momento gostaria de falar do primeiro e do terceiro.

Acompanhamos, páginas atrás, como Gavrilo recompunha seu acidente a partir das informações que colhia com sua família e das notícias que encontrava. Como dormia no momento do acidente, seu despreparo era imenso: não havia contrainvestimento e, mesmo se estivesse atento, é provável que sua percepção fosse paralisada durante a colisão. No hospital, falaram sobre a morte de sua avó e sobre alguns dos problemas físicos que ele teria. Gavrilo disse que, durante a internação, dormiu a maior parte do tempo; quando estava acordado, olhava pela

---

55 Cf. C. Janin, *Figures et destins du traumatisme*.
56 Ibidem, p. 21-22.
57 Cf. C. Caruth (ed.), *Trauma: Explorations in Memory*; Idem, *Unclaimed Experience*; J. Sklar, *Landscapes of the Dark*; D. LaCapra, *Writing History, Writing Trauma*.

janela de seu quarto e acompanhava a chegada e a saída das ambulâncias. Começou a perguntar o que acontecera depois de uma das cirurgias a que foi submetido.

As tias falaram pouco, era-lhes penoso descrever o que sabiam. Durante toda a internação, alguém esteve no quarto com Gavrilo; quando ele começou a perguntar, o acompanhante dizia o que sabia. O avô, que dirigia o carro, fez visitas a ele quando recebeu alta, mas nada disse sobre o acidente. Quando chegou à casa das tias, enfim, um cômodo estava pronto para recebê-lo e à irmã – havia brinquedos, vídeo game e um computador. Gavrilo foi buscar informações na internet. Leu uma descrição do acidente e viu uma foto na qual era retirado das ferragens do carro. Poderíamos conjecturar que ver a imagem, e ler a notícia, seria angustiante para ele; estaríamos longe da verdade. O que antes não pudera ser percebido, não deixara nem traço nem representação, ganhou, naquele momento, uma imagem e uma história. Havia um vácuo em suas lembranças: sabia o que ocorrera antes da batida – os preparativos da viagem, alguns momentos dentro do carro – e sabia o que ocorrera depois – o hospital, a cadeira de rodas, as ambulâncias que via pela janela –, mas não havia memória do evento que lhe deixara marcas no corpo. Até aquele momento. Encontrou uma narrativa e, com ela, uma imagem que lhe permitia *perceber* e *representar* o acidente. Ao falar sobre a batida nas sessões, ele mantinha o tom do texto que lera e revelava que as informações das quais dispunha eram as que pôde apreender de suas pesquisas. O primeiro passo do processo de ligação efetuou-se da seguinte forma: o que antes eram impressões, registros físicos que nunca foram conscientes, puderam ser percebidos e vistos com uma distância temporal – o resultado do acidente era o que a imagem mostrava e o texto dizia. No caminho depreendido das hipóteses ferenczianas apresentadas até agora, impressão- -percepção-representação, podemos dizer que as pesquisas de Gavrilo fizeram com que ele saltasse alguns degraus. Não foi necessária a repetição de impressões para que estímulos até então não percebidos o fossem. Da mesma forma, a percepção uniu-se, assim que possível, a uma representação clara e objetiva. Em outras palavras, quando ele procurou preencher a lacuna de sua memória sobre o evento, não encontrou algo

O MENINO NO QUARTO E O PEQUENO HISTORIADOR 115

que recobrisse o grão de areia da experiência, mas a descrição fria e o retrato do próprio acontecimento.

O problema de tal preenchimento é que ele deixa pouco ou nenhum espaço para uma construção subjetiva e é, necessariamente, incompleto. Para Gavrilo, saber o que ocorreu era compor a própria história, com as sensações e os afetos despertados a cada momento. A foto e o texto jornalístico assemelhavam-se a um sonho traumático que mostrava, sem alterações, a experiência que pedia sentido. Cathy Caruth salienta que é exatamente essa literalidade e natureza não simbólica encontrada em *flashbacks* e sonhos traumáticos, por exemplo, que criam resistências ao tratamento, na medida em que permanecem presos à objetividade realística[58].

"É essa literalidade e seu insistente retorno", escreve a autora,

que constituem o trauma e apontam na direção de seu núcleo enigmático: o atraso ou a incompletude no saber, ou mesmo no ver, um evento arrebatador que assim permanece, em seu insistente retorno, totalmente *fiel* ao acontecimento[59].

Como um grão de areia que reaparece a cada oportunidade sem nenhuma cobertura, tendo de ser assimilado e trabalhado em toda sua crueza, Gavrilo *sabia* o que aconteceu, mas ainda não se *apropriara* da experiência. "De fato", argumenta Caruth,

é essa verdade da experiência traumática que forma o centro de sua patologia ou sintomas; não é uma patologia do falseamento ou deslocamento do sentido, mas da história. [...] Os traumatizados, podemos dizer, carregam em si uma história impossível, ou tornam-se eles mesmos o sintoma de uma história que não podem possuir completamente[60].

---

58 Cf. *Trauma: Explorations in Memory*.
59 Ibidem, p. 5.
60 Ibidem. Sirvo-me aqui das ideias de Cathy Caruth, porque concordo que muitos pacientes que sofreram traumas severos, Gavrilo entre eles, têm alguns aspectos de seu trabalho psíquico esclarecidos por essas proposições da autora. Os caminhos que ela segue a partir daí, porém, não encontraram ainda repercussão em minha clínica e em minhas pesquisas, e já foram amplamente questionados. Eles implicam: 1. uma leitura demasiado enviesada, mas possível, da obra freudiana, rejeitando em parte o modelo da castração como traumático, revisando de forma questionável a ideia de *Nachträglichkeit* e defendendo uma teoria performática da linguagem (cf. R. Leys, op. cit., cap. VIII); 2. a visão da literatura como recurso capaz de exprimir o trauma de uma forma mais profunda e elaborativa do que poderia o trabalho analítico ▸

Um dos indicativos de que o trabalho psíquico ao redor do acidente não terminara com a assimilação dos elementos objetivos do evento – da imagem e do texto, como o conteúdo manifesto de um sonho traumático – pode ser observado na continuidade da "pesquisa" de Gavrilo. Ele não parou de buscar informações e esclarecimentos com sua família, e perguntava-me algo no começo de cada sessão. As respostas que lhe eram dadas tornavam-se rapidamente elementos na composição de sua narrativa, que tinha por base a imagem e a notícia. Em uma sessão, fez-me duas perguntas sobre sua vértebra: se eu sabia de alguma chance de recuperação e o que era um esmagamento. Respondi um pouco hesitante, mas com a honestidade necessária à ocasião. Em relação à primeira pergunta, disse-lhe que as pesquisas científicas caminhavam rápido; que embora atualmente uma recuperação total não existisse, ele perceberia progressos em sua condição física e talvez, em alguns anos, um novo tratamento fosse desenvolvido. À segunda pergunta, respondi que um esmagamento acontece quando uma pressão é feita sobre algo a ponto de quebrá-lo ou alterar sua forma. A questão dizia respeito à sua terceira vértebra lombar, que fora "esmagada" no acidente. Ambas as informações que ele buscou não estavam presentes na notícia que primeiro lhe representara o acidente. Esses questionamentos ocorreram na sessão anterior, a da exibição das cicatrizes. Cabe retomá-la.

Ele mostrou uma cicatriz horizontal, da cor de sua pele, que ia do abdômen até as costas. Reparei em outra, em seu joelho, rosada e que parecia mais recente. Perguntei quando se machucara ali, no joelho. A resposta de Gavrilo foi um exercício de construção – ou de composição, podemos dizer – no qual à literalidade e à objetividade jornalística ele selecionou e acrescentou, como um pequeno historiador, o que julgava relevante. Um pequeno parêntese faz-se necessário.

Alguns historiadores da escola francesa dos *Annales*, fundada por Marc Bloch, defenderam que

---

▷ (obras como as de Primo Levi e Aleksandr I. Solzhenitsyn, por exemplo, que se voltam, cada qual, às experiências traumáticas dos autores, demonstram que esse nem sempre é o caso); e 3. uma compreensão da história e da historiografia de eventos traumáticos que pede atualizações e aprofundamentos (cf. D. LaCapra, op. cit., cap. VI).

O MENINO NO QUARTO E O PEQUENO HISTORIADOR 117

uma personagem, um acontecimento, tal aspecto do passado humano não são "históricos", a não ser na medida em que o historiador os qualifica como tais, julga-os dignos de memória porque lhe parecem de alguma forma importantes, fecundos, interessantes, úteis de conhecer[61].

Claude Janin escreve que a historiografia moderna (ou uma parte dela, acrescento) é uma restituição e uma criação[62]. Mais que isso, a história seria o resultado de um esforço criador por parte do historiador. Não é meu objetivo discutir as diferentes visões e debates entre as correntes da historiografia, mas o atendimento a pacientes que passaram por traumas severos desperta o interesse sobre os métodos de reconstrução usados pela História, uma vez que observamos como o trabalho elaborativo sobre um trauma envolve processos que se assemelham ao trabalho do historiador. Digamos que este só conte com uma fotografia de determinado evento, em cujo verso lê-se a que se refere. Cabe-lhe identificar quem são as pessoas presentes, em que lugar a foto foi tirada e quando. Se o interesse na cena for maior, ele poderá investigar por que aquelas pessoas estavam ali, em que contexto histórico a imagem se inclui e qual seu sentido para quem dela participou e para os que por ventura possam vê-la hoje. Encontrando tais dados, compete ao historiador ligá-los, dar-lhes sentido e organizá-los em uma narrativa coerente. Nas palavras de Janin:

a História não é algo em si mesma, mas o resultado de um trabalho de ligação entre, de um lado, os acontecimentos passados, como o historiador pode apreendê-los a partir de índices que pode reunir com a ajuda de diferentes métodos [...] e, de outro, o presente. Se admitirmos esta concepção da História quanto ao que é reconstruído em análise, não é mais possível opor uma construção "mítica" e uma construção histórica "real". Ao contrário, penso que se a atividade do historiador é de uma ligação e elaboração de *representações* do que era outrora *passado*, então fazemos [nós, psicanalistas] um trabalho de historiador, e conosco nossos pacientes[63].

Poderíamos dizer que a atividade do historiador assim descrita é a do paciente – e, com ele, a do analista – ligando e

61  Marrou apud C. Janin, op. cit., p. 19-20.
62  Cf. LaCapra, op. cit., sobre outras vertentes da historiografia moderna que trabalham com episódios traumáticos da história social e individual.
63  C. Janin, op. cit., p. 38.

elaborando não só representações, mas também percepções e impressões. Tomar a historiografia nesses termos não abarca toda sua complexidade, mas corresponde a uma das formas pelas quais o indivíduo traumatizado processa sua experiência: ele sofre, como escreveu Caruth, de uma patologia da história. Dito de outra forma, individualmente o trabalho mental exigido pelo trauma é o de assimilar o acontecimento ao Eu, integrá-lo às outras experiências vividas pelo paciente dando-lhe sentido e lugar em sua história pessoal. Colocando lado a lado o trabalho do historiador nos termos defendidos por Janin, e o do paciente sobre seu trauma, temos de concordar que a oposição entre uma construção mítica e uma construção "realística" não se sustenta. No mesmo sentido, escreve Egon Friedel:

A lenda não é somente uma das formas com as quais podemos imaginar, conceber e experimentar a história, mas a única forma. Toda a história é lenda e mito e, como tal, produto de nossa habilidade intelectual: nosso senso de interpretação, capacidade criativa, nossa concepção do mundo.[64]

Podemos não concordar inteiramente com Friedel ou com os teóricos da escola dos *Annales*, mas é inegável que, ao contarmos uma história, seja ela nossa, pessoal, ou pertencente a outros, o que entra em funcionamento é nosso senso de interpretação, nossa capacidade criativa e, de um modo geral, nossa concepção de mundo. A confusão entre ficção e realidade, que poderia ser gerada com essa forma de observar e imaginar a história, em nada deve à confusão entre fantasia e realidade no momento que despertamos de alguns sonhos. Ao contarmos nossa história, portanto, ou uma parte dela, o fazemos com os elementos fornecidos pelo mundo externo, mas os manejamos de acordo com nossos recursos internos – revestimos o grão de areia, quando possível, de um modo particular.

Ao demandar lugar e sentido na história pessoal, o momento traumático funciona como um polo gravitacional que atrai tudo que lhe cerca ou que a ele remete, em uma fixação não pelo prazer gerado no acontecimento, mas pela necessidade de ligar a energia que causou distúrbios ao funcionamento mental. O paciente, fazendo as vezes de historiador, trabalha sobre suas

64  Apud P. Lendvai, *The Hungarians*, p. 16.

impressões e, também, sobre suas percepções e representações; ele tem à frente uma folha em branco que deve ser preenchida, mas para isso precisa de um distanciamento temporal, precisa selecionar, nomear e organizar. O murmúrio do momento que nasce permanece anônimo ou, podemos dizer, não pode ser posto imediatamente em uma carta. Compor a história, ligar e elaborar são sempre atividades feitas depois do evento, *a posteriori*, mesmo que o intervalo entre o acontecimento e as primeiras tentativas de ligação e elaboração seja mínimo. Nosso pequeno historiador aguarda o fechamento do parêntese, que encerro agora, lembrando que ele colhera, em uma sessão, a informação sobre o que era um "esmagamento" e, na seguinte, exibia suas cicatrizes. Uma delas, rosada, no joelho, fez-me perguntar quando ele a ganhara.

Até esse momento, sempre que falava do acidente e eu lhe perguntava o que lembrava sobre o evento, sua resposta era "nada". Quando localizou em sua história a cicatriz no joelho como fruto da batida, pude perguntar-lhe de que modo aquela marca física, em especial, acontecera. Sua resposta começou com "eu acho". Chamo atenção a esse início porque ele revela que o paciente não tinha dados objetivos sobre esse elemento de sua experiência; enquanto a cicatriz horizontal da cor de sua pele era um resquício da cirurgia – que lhe explicaram –, a causa "literal" da marca rosada no joelho não constava no rol de informações que ele pudera reunir das notícias e com sua família. Ele criara, portanto, uma hipótese: "Eu acho que foi a ponta do cinto, porque tinha sangue aí, quando eu acordei." Dois novos elementos eram acrescentados a seu relato, o sangue, ao qual ele nunca aludira antes – sua descrição do acidente era "limpa" – e o acordar, que não apareceu contextualizado como o fizera outras vezes: "acordei no hospital" ou "acordei e dormi de novo na ambulância". Sem saber, portanto, sobre qual acordar ele falava, perguntei-lhe o que viu quando despertou. A narrativa que fez era uma construção baseada no texto jornalístico, na imagem de seu acidente, e nas informações que angariou com suas pesquisas. Reproduzirei novamente a fala de Gavrilo, intercalando entre colchetes, após determinados trechos, de onde ele retirou o elemento citado, e acrescentarei o restante de sua fala que não apresentei anteriormente.

120 O TERCEIRO TEMPO DO TRAUMA: PARTE I

Alguém falava comigo. Não sei se era um homem ou uma mulher. [Na foto em que se viu sendo retirado das ferragens, seus olhos estavam abertos e alguém falava com ele. O sexo do socorrista não podia ser identificado, mas Gavrilo *sabia* que seus olhos "viram" a pessoa e que ela lhe falou algo.] Dizia não se mexe e não dorme. Porque se eu me mexesse... e porque, se seu dormisse, eu podia... [É provável que o socorrista tenha lhe dito algo assim, mas também é provável que, em decorrência da gravidade de seus ferimentos e do choque, Gavrilo tenha perdido várias vezes a consciência durante os minutos que se seguiram ao acidente. Os imperativos pronunciados foram-lhe citados por sua família como frases que devem ser ditas às vítimas de acidentes com risco de vida.] Devia fazer uns dez minutos, ou cinco, que o carro tinha batido. [A frase indica a sensação de que entre a batida e o socorro houve um intervalo curto e que, durante este tempo, Gavrilo permaneceu inconsciente ou teve o que Ferenczi chamou de paralisia sensória. Trata-se de um dado subjetivo, decorrente da tentativa de reconstrução da experiência.] Estavam tirando, levando, dois negócios para ambulância. Do outro carro, duas coisas pretas. Era a mulher e a filha dela. [Ele soube das vítimas no outro carro pelas tias e pela matéria jornalística. Caso não tenha visto as duas bandejas pretas utilizadas para os corpos enquanto era atendido, acrescentou-as à cena que narrava, incluindo as vítimas em sua construção.] Minha irmã estava atrás do meu avô e eu estava deitado, preso pela parte de baixo do cinto. [Ele tinha conhecimento da disposição das pessoas no carro. Após o acidente, em seu relato, nada se alterara nesta disposição. A certa altura da viagem, desvencilhou-se da parte superior do cinto para poder deitar confortavelmente no banco traseiro. Sua cabeça teria ficado na linha do vão entre os bancos dianteiros. Esta posição permitiria que ele visse o que relatou em seguida.] Eu vi minha avó. [Notemos que, enquanto alguém falava com ele, preparando-o para ser retirado do carro, Gavrilo diz ter visto a avó, que morreu por causa dos ferimentos. Visualmente, a imagem de sua avó naquela situação parece ter sido a mais perturbadora. Na história realista ou mítica que ele compõe, é assim que a cena termina.] E não me mexi, mas acho que dormi, porque só lembro bem depois.

A imagem da avó no automóvel, ela que morreria pouco depois, surge como um elemento a ser evitado, que mesmo na construção da lembrança encontra ali uma dose de realidade e de reverberações que não podem ser processadas. Junto à imagem, ou despertada por ela, ligam-se suas experiências de perda, em uma espécie de corrente cujos anéis envolvem as outras perdas de Gavrilo: sua mãe e seu pai. Vemos unidos dois pontos da teorização freudiana sobre o trauma, na década de 1920: o trauma como rompimento do escudo protetor contra

O MENINO NO QUARTO E O PEQUENO HISTORIADOR

estímulos, a batida, e o trauma como situação de desamparo em decorrência, também, da perda do cuidador. Ele sofrera um choque, e estava física e mentalmente *helpless*, tradução inglesa que, no caso, cabe perfeitamente ao *Hilflosigkeit* utilizado por Freud[65]. Discutirei, a seguir, como uma experiência se reedita e a formação traumática ganha uma temporalidade mais espaçada, mas gostaria de ressaltar novamente que, como pudemos ver, *o trauma pode formar-se e demandar processamento após um único evento*. Gavrilo, por exemplo, fez uma longa pausa após o relato exposto e prosseguiu:

"Acho que foi o cinto do meio. Quando bateu o carro, a ponta do cinto, que pegou no meu joelho, deve ter pegado a L3 também. Não pode ser?" "Não sei", respondi. "Deve ter sido", continuou, "porque esmagou. Deve ter batido ali e machucado". A hipótese para sua lesão na terceira vértebra lombar não era objetivamente provável, mas serviu para compor o quadro do primeiro despertar, incluindo uma causa para sua paraplegia. O grão de areia do evento aparecia na análise revestido de uma primeira camada de trabalho subjetivo, ligado e minimamente elaborado – fazia-se uma pequena pérola, ainda turva, mas menos literal e capaz de, aos poucos, preencher a lacuna de sua história.

Ao ouvir Gavrilo, podemos ter a impressão de que somente eventos dessa gravidade pedem ligação, descarga e elaboração. Porém, como Ferenczi defendeu, em 1931, resquícios do dia e da vida são "impressões mentais, passíveis de serem repetidas, não descarregadas e não dominadas"[66]. Esse trabalho psíquico pode ser necessário também sobre impressões cotidianas, pequenos grãos de areia, o que implica a ideia de um funcionamento mental aquém, ou além, do princípio do prazer, mesmo quando este já adquiriu soberania sobre grande parte dos processos psíquicos. Os princípios de Nirvana, prazer e realidade não são excludentes; "Em regra", escreve Freud,

eles são capazes de se tolerar, embora conflitos devam surgir ocasionalmente decorrentes dos diferentes objetivos prescritos a cada um – em um caso a redução quantitativa da carga de estímulos, em outro,

65  Cf. Inhibitions, Symptoms and Anxiety, *SE*, v. xx.
66  On the Revision of the Interpretation of Dreams, *Fin*, p. 239.

uma característica qualitativa do estímulo, e, por último [no terceiro caso], um adiamento da descarga do estímulo e uma aquiescência ao desprazer decorrente da tensão[67].

O trabalho necessário quando de um trauma pode, em menor escala, ser feito sobre os resquícios do dia e da vida que, embora não consistam em um afluxo de estímulos que rompe o escudo protetor, penetram-no sem gerar as consequências mais agudas que discutimos anteriormente. Se o que chamei de traumas histriônicos e traumas cotidianos exigem, o mais rápido possível, um trabalho específico do aparelho psíquico, estamos frente a um primeiro tempo da *formação do trauma*, ou da traumatização em um único tempo: o do choque, do acontecimento que pede ligação. Posteriormente, outros episódios ou momentos podem somar-se ou ligar-se a ele, atribuindo-lhe, inclusive, outros significados tão ou mais perturbadores. Mas já estamos falando de um segundo tempo, de um segundo grão e de outros processos mentais. O quadro teórico ganha novos elementos, fica mais complexo. Como se Freud, pouco antes de fugir de Viena e do Nacional-Socialismo, remexesse suas gavetas e encontrasse as cartas de 1914, quando da eclosão da Primeira Guerra Mundial. Ele talvez relembrasse sua partida às pressas de Karlsbad, o som do último trem noturno autorizado a correr, sua mão esquerda sentindo o peso da pasta na qual, entre seus papéis, carregava dois artigos sobre a técnica psicanalítica. Imaginemos que tomasse uma folha em branco e a pena, disposto a colocar as impressões daqueles dias no papel. O que quer que escrevesse, teria sido diferente do que foi capaz de postar à filha, em 6 de agosto de 1914.

67  The Economic Problem of Masochism, *SE*, v. XIX, p. 161.

**Parte II**

# 6. A Descoberta do Depois

As primeiras teorizações freudianas sobre o trauma psíquico datam do fim do século XIX e diferem das que foram apresentadas na década de 1920. Será importante observá-las porque explicitam uma temporalidade que permite a caracterização de outras experiências, que não as de choque, como traumáticas. E porque tomam, em dado momento, a experiência de sedução – de abuso sexual – como modelo de uma dinâmica capaz de explicar de que forma um evento de pouca intensidade pode agir como elemento definidor na formação de um trauma. Mais tarde, Ferenczi se voltará ao mesmo tipo de experiência, oferecendo um novo olhar sobre o que nela seria traumático. Se na primeira parte deste texto partimos de uma conferência em Budapeste sobre as neuroses de guerra, agora nossa discussão se inicia em uma palestra de Freud, proferida em 15 de janeiro de 1894, para a *Verein für Psychiatrie und Neurologie*[1], e publicada alguns meses depois sob o título de "As Neuropsicoses de Defesa".

Nesse texto, Freud nos dirá que seus pacientes encontravam-se com boa saúde mental até o momento em que seus "Eus são

---

1 J.M. Masson, *The Complete Letters of Sigmund Freud to Wilhelm Fliess 1887-1904*, p. 64n2.

confrontados com uma experiência, uma ideia ou um sentimento que provoca tal afeto doloroso que o sujeito decide esquecê-lo"[2]. Essa decisão, consciente, tenta afastar a contradição entre o Eu e a "ideia incompatível" que não pode ser resolvida pelo pensamento. O conceito de "Eu" é utilizado em concordância com o uso feito por outros psicólogos e psiquiatras da época: ele significa "pessoa" ou "consciência"[3]. No mesmo artigo, de 1894, Freud defende que a divisão da consciência, característica das neuropsicoses, é secundária; ou seja, não é ela a causa da doença, mas a doença a causadora de tal divisão. E a divisão não é gerada pelo evento ou pela sensação em si, mas pela incompatibilidade que toma lugar na vida ideacional do paciente e pela maneira como essa incompatibilidade é tratada.

Uma das alternativas do Eu é separar o traço de memória ligado à ideia do afeto correspondente e transformar este último em algo somático, convertendo-o para o corpo. Esse é o caso da histeria, na qual a conversão "segue pela linha da inervação motora ou sensória a que está ligada – intimamente ou de maneira mais solta – para a *experiência traumática*"[4]. Com isso, o sujeito afasta a contradição, porém, em seu lugar, faz surgir um símbolo mnêmico que, como um parasita, fica refugiado na consciência assumindo outra forma – uma sensação alucinatória ou estranha inervação motora. O "traço de memória" da ideia incompatível que assim foi reprimido não é, portanto, dissolvido definitivamente; ele forma o núcleo de "um segundo grupo psíquico"[5].

Freud chama de "momento traumático" aquele em que aconteceu a divisão da consciência e formou-se o núcleo do segundo grupo psíquico. Este "será aumentado em outros momentos (que podem ser chamados 'momentos auxiliares')"[6] sempre que uma nova impressão restabelecer a ligação entre os dois grupos e fornecer à ideia enfraquecida uma nova carga de afeto. Temos, portanto, uma experiência traumática nuclear e experiências traumáticas auxiliares que obrigam o Eu a se defender novamente.

---

2   The Neuro-Psychoses of Defence, SE, v. III, p. 47.
3   O. Andersson, *Freud Precursor de Freud*, p. 176.
4   The Neuro-Psychoses of Defence, SE, v. III, p. 49.
5   Ibidem.
6   Ibidem, p. 50.

A DESCOBERTA DO DEPOIS

A consequência é que o paciente se sente impelido, uma vez que a reconexão entre os dois grupos psíquicos foi restabelecida em decorrência de algum momento auxiliar, a "ou trabalhar a ideia associativamente ou livrar-se dela em ataques histéricos"[7]. Essa compreensão fundamenta um método terapêutico baseado na tentativa de redirecionar a excitação da via somática à psíquica, trazendo uma solução à contradição "por meio de atividade do pensamento e de uma descarga da excitação pela fala"[8] – em vez do ataque, o trabalho de associação da ideia e a descarga pela fala.

O característico da histeria não seria a divisão da consciência, mas a capacidade de conversão. Esta, sem uma incompatibilidade psíquica ou um acúmulo de excitação, não causaria a histeria; da mesma forma, a incompatibilidade ou o acúmulo de excitação, sem a capacidade de conversão, causaria outra neuropsicose. Trata-se do caso da defesa na neurose obsessiva: a ideia incompatível permanece na consciência, mas é separada das associações, e o afeto dela retirado liga-se a outras ideias, aceitáveis, por meio de uma "falsa conexão"[9]. Freud argumenta que, em todos os casos analisados por ele, a vida sexual do paciente era a fonte do afeto problemático para o Eu, de forma que "a obsessão representa um substituto ou sub-rogado para a ideia sexual incompatível"[10]. Consequentemente, o método terapêutico buscaria, em última instância, retraduzir as ideias obsessivas de volta a seus elementos sexuais.

A pergunta que tais ideias suscitam, quando aplicada a casos específicos, é qual teria sido o momento traumático nuclear, aquele no qual a defesa fez-se necessária pela primeira vez. No caso de Jennifer, por exemplo, teríamos de nos perguntar se o estupro que sofreu poderia assim ser classificado: um evento ao redor do qual os traumas posteriores funcionariam como momentos auxiliares. Em seu caso, porém, não estamos às voltas com ideias intoleráveis, mas com experiências de naturezas diversas que carregam, cada uma, condições para serem chamadas de traumáticas. O material clínico que Freud utiliza para erigir suas

7   Ibidem.
8   Ibidem.
9   Ibidem, p. 52.
10  Ibidem, p. 53.

128 O TERCEIRO TEMPO DO TRAUMA: PARTE II

hipóteses, em 1894, não esclarece pacientes como Jennifer ou mesmo Gavrilo nem ajuda a delimitar quais experiências poderiam ser agrupadas como momentos traumáticos.

Uma primeira tentativa de resposta, tomado o texto freudiano, de 1894, deve levar em conta que duas informações novas sobre a etiologia das neuroses estão presentes nesse artigo: "1. O 'uso' que a 'soma de excitação' venha a encontrar, uma vez separada da 'representação'; 2. O tipo de 'representação' que o eu descarta."[11] A primeira diz respeito à forma como a defesa opera sobre a soma de excitação; a segunda, ao conteúdo sexual da ideia considerada incompatível. Podemos ganhar alguma compreensão com um correto entendimento do que significam essas novas informações.

A informação vinculada ao uso que a soma de excitação encontra quando afastada da ideia, relaciona-se à hipótese de trabalho que Freud apresenta ao fim do texto. Trata-se do

conceito de que, nas funções mentais, algo deve ser distinguido – uma quota de afeto ou uma soma de excitação –, que possui todas as características de uma quantidade (embora não tenhamos meios de medi--la), que é capaz de aumento, diminuição, deslocamento e descarga, e que é espalhado pelos traços de memória das ideias tal qual uma carga elétrica é espalhada sobre a superfície de um corpo[12].

Vemos aqui o surgimento da hipótese que Freud nunca abandonará, e que lhe rendeu tanto trabalho no "Projeto", na *Interpretação dos Sonhos* e em todos os textos metapsicológicos. Em 1894, Freud detalha a Fliess (carta de 21 de maio) que as transposições são de afeto sexual tomado "em seu sentido mais amplo, como uma excitação que tem uma quantidade definida"[13].

Essa liberdade relativa da soma de excitação leva à concepção de que um traço de memória pode repousar sem que necessariamente algo volte a fazer com que o afeto o perpasse. Se assim o for, o momento traumático nuclear perde muito em importância, assim como a primeira defesa que nele foi acionada. O modelo ideal descrito nessa suposição é bastante simples: sem momento auxiliar no qual a conexão é restabelecida,

11 O. Andersson, op. cit., p. 174.
12 The Neuro-Psychoses of Defence, *SE*, v. III, p. 60.
13 J.M. Masson, op. cit., p. 74-75.

A DESCOBERTA DO DEPOIS 129

não há nada de intolerável em uma ideia que alguma vez o foi e da qual se está defendido. A segunda afirmação nova que o texto traz, aquela da natureza sexual das ideias intoleráveis, liga-se intimamente a essa, como podemos observar na carta de Freud a Fliess. Se é "a excitação sexual", em sentido mais amplo, "que passa por essas transposições", a fragilidade da defesa é estabelecida de maneira cabal: uma vez que é impossível uma vida sem esse tipo de excitação, teoricamente qualquer novo afeto pode reavivar o traço de memória enfraquecido.

Segundo Renato Mezan:

A introdução do conceito de defesa, assim, marca o início da teoria psicanalítica [...] A dissociação psíquica passa a ser pensada em termos dinâmicos, como consequência de um conflito entre forças psíquicas. Sendo o objetivo visado pela defesa invariavelmente a sexualidade, torna-se preciso investigar de perto o funcionamento da vida sexual; o problema da determinação das magnitudes das forças em presença conduz Freud à elaboração do *Projeto* e posteriormente à introdução do "ponto de vista econômico". Abrem-se assim as duas frentes em que seu pensamento vai-se desenvolver nos anos seguintes.[14]

É importante ressaltar que, nesse período da teorização freudiana, o modelo – se nos cabe estabelecer algum – é, sinteticamente, o da armação de uma defesa contra algo intolerável ao Eu. Como pudemos observar, essa defesa é acionada em um "momento traumático" nuclear, que pode ser "aumentado em outros momentos". Dois anos depois, em 1896, Freud vai acrescentar novas informações acerca do que aciona a defesa: "por um lado, a natureza daqueles traumas sexuais, e, por outro, o período da vida em que eles acontecem"[15]. Ele dirá algo diferente do que escreveu no artigo sobre as neuropsicoses de defesa; apontará concretude e restrição na idade do paciente quando da instalação do momento traumático e na natureza deste.

Em 1896, o que se torna intolerável é a lembrança de experiências sexuais traumáticas. Um caso clínico nos ajudará na explanação do que está envolvido nessa compreensão, e também mais à frente, na discussão sobre a teorização ferencziana sobre o trauma.

14 *Freud: A Trama dos Conceitos*, p. 28.
15 Further Remarks on the Neuro-Psychoses of Defence, *SE*, v. III, p. 163.

# O TERCEIRO TEMPO DO TRAUMA: PARTE II

A Sra. L.[16] chegou para sua segunda análise com uma psicanalista mulher, porque durante a primeira, com um homem, não se sentiu confortável. Ela se apresentou com a queixa de que achava que devia ter um filho antes que entrasse na menopausa, mesmo lhe faltando o desejo e qualquer sentimento maternal. Acreditava nunca ter resolvido a relação com sua mãe que, depois de uma briga com a paciente, sofreu um derrame, do qual nunca se recuperou. Embora seu pai a culpasse pela invalidez da mãe e por sua morte, a

Sra. L. disse que nunca sentiu culpa, mas sofria de depressão, baixa autoestima, assustadores episódios de pânico e estados de despersonalização [...] Ela tinha ainda síndrome do intestino irritável e uma recorrente vaginite não especificada.

O trabalho de análise começou em torno de sua relação com a mãe, que ela considerava emocionalmente neutra, enquanto seu pai oscilava entre crítico e distante para com ela.

Sua transferência inicial era cuidadosa, fria e distante, embora ela não se percebesse como sendo dessa maneira. Ela sempre era educada e correta, mas faltava-lhe calor e confiança. A análise da transferência levou a sentimentos de que sua mãe a criticava, castrava[17] e a neutralizava [...] Durante uma sessão, notei que ela escondia as mãos de mim. Ela revelou que fora à manicure pela primeira vez e que fantasiou [a] competitiva desaprovação [da analista (sua mãe)]. Ela se lembrou de sua proximidade com o pai – eles velejando juntos, o orgulho dele da habilidade da filha com cavalos. [...] Ela tomou banho com ele até o quinto ano, quando impulsivamente ergueu a mão e puxou seu pênis. Com esse relato, suas associações mudaram para o período de feminismo militante no começo de sua carreira, que a fez sentir-se mais

16 O caso da Sra. L., que aqui resumo, foi retirado de A.E. Bernstein, The Impact of Incest Trauma on Ego Development, em H.B. Levine (ed.), *Adult Analysis and Childhood Sexual Abuse.*

17 A palavra utilizada pela autora é *neutered*, que tem dois sentidos próximos, mas não idênticos. O primeiro, ensina-nos A.S. Hornby e S. Wehmeier, *Oxford Advanced Learner's Dictionary of Current English*, p. 855, é "remover parte dos órgãos sexuais de um animal para que ele não possa produzir outros: 'Has your cat been neutered?'"; o segundo sentido é "(quando escrito, em desaprovação) prevenir alguma coisa de ter o efeito que deveria". Escolhi a primeira opção por ser mais próxima da conceituação psicanalítica e porque a segunda opção recairia sobre uma palavra que na língua portuguesa está muito próxima de "neutralizar" (utilizada em seguida), que é "anular". Fica aqui apontado, no entanto, que a utilização de "anular" no sentido de "retirar o valor" também me parece cabível.

A DESCOBERTA DO DEPOIS

respeitável e competente, como se tivesse um pênis [...] Depois de dois anos de análise, a paciente tornou-se mais envolvida emocionalmente com crianças, e sentiu-se pronta para a gravidez.

Seu pai entrou em estágio avançado de doença nesse período e negava qualquer reconciliação com a paciente. A Sra. L., então, sonhou que era um colorido ovo de Páscoa "sentado silenciosamente na mesa dos pais, um objeto que lá estava para diverti-los e gratificá-los". Lembrou-se novamente do orgulho que o pai sentia dela em função de seu desempenho atlético e das brincadeiras dos dois em sua infância. "Ela lembrou um episódio traumático durante o começo de sua adolescência, quando conheceu a penetração por trás por um funcionário da casa." Contou o episódio para uma tia em quem confiava, mas que a "traiu" repassando a informação para seus pais que chamaram a polícia. "A fantasia da penetração anal tornou-se sua fantasia obrigatória de masturbação, por razões que ela não entendia."

A paciente divorciou-se e, algum tempo depois, em uma época em que reclamava de dores de cabeça, candidíase e infecções urinárias, sonhou que estava velejando com um homem que surgia[18] sobre ela. Sua primeira associação foi em direção a seu pai, seguida de um episódio em que omitira algo que pensou sobre o consultório e, por fim, às férias de verão da família, quando, no começo da latência, a paciente "envolveu-se em brincadeiras sexuais (em um barco) com um vizinho" que por isso afastou-se dela.

Na transferência, minha paciente permanecia superficialmente educada, mas afetivamente indiferente a mim. Ela sabia, através de interpretações, que me tratava da maneira que era tratada por sua mãe. Somente quando desenvolveu dolorosas hemorroidas que precisaram de cirurgia e sentiu-se surpresa e agradecida porque eu levantei o assunto sobre suas ansiedades e medos relacionados à cirurgia, ela pôde ser calorosa comigo [...] Ela teve uma série de sonhos que pareciam referir a sexo anal. Por exemplo, sonhou que fizera sexo e fora deixada com "merda e sangue" espalhados

---

18   A palavra utilizada pela autora é *looming*, que significa: 1. "aparecer como uma forma grande que não é clara, especialmente de uma maneira assustadora ou ameaçadora"; 2. "parecer importante ou ameaçador e próximo de acontecer"; e 3. "ser preocupante ou atemorizante e difícil de evitar", cf. A.S. Hornby e S. Wehmeier, op. cit., p. 760. Escolhi o termo "surgia" por acreditar que dentro da frase ele passa a ideia de algo que aparece de uma maneira ameaçadora e inevitável.

O TERCEIRO TEMPO DO TRAUMA: PARTE II

sobre ela. Perguntei se tivera de fato alguma experiência de sexo anal. Ela entrou em pânico, [sem ar, saiu do consultório e] eu a segui.

Na sala de espera, a Sra. L. perguntou se poderia ficar ali até se recompor, e ouviu que sim.

A analista acredita que, nesse episódio, a Sra. L. passou a ter mais confiança nela, o que levou à lembrança de imagens visuais e olfativas.

Ela lembrou o cheiro de álcool, seu quarto de infância, um homem que a atacou, e ir ao banheiro para limpar-se de sangue e fezes. Ela inicialmente associou o cheiro de álcool com seu pai e então lembrou que um homem veio a sua cama.

Falou de sua sensação de não conseguir respirar e de ter uma clavícula fraturada na infância, mas que só foi descoberta anos depois e cuja origem era incerta.

Assim emergiram os dados para nossa reconstrução do abuso sexual pelo pai. Com grande vergonha, ela lembrou que jogava seus gatos contra as paredes. Perguntei onde estava sua mãe durante os ataques incestuosos. Ela ficou estarrecida por nunca ter me contado que sua mãe era uma alcoólatra que frequentemente bebia até passar mal ou até o estupor. Eu apresentei minha suspeita de que talvez sua mãe tivesse abusado dela quando era uma criancinha, jogando-a contra a parede, como ela mais tarde fez com os gatos. Ela se lembrou. Dirigiu-se ao pai atrás de maternagem, e por seus desejos edípicos. Foi essa fusão de dependência e excitação que ela reencenou com o garoto no barco quando sua mãe estava deprimida.

Com a revelação desse material, memórias sobre sua mãe foram lembradas em associação com a analista; "Ela disse que sempre odiou minhas joias e lembrou que sua mãe ganhou muitas joias de seu pai. Disse, 'Ela ganhava joias, e eu era fodida no rabo.'"[19]

O caso da Sra. L. é complexo, mas nos auxiliará na compreensão de diversos aspectos do trauma, não só nos que nos

---

19 A.E. Bernstein, The Impact of Incest Trauma on Ego Development, em H.B. Levine (ed.), op. cit., p. 75-83. Procurei, ao apresentar este caso, manter as mesmas palavras e o mesmo tom utilizados pela autora em sua descrição do trabalho clínico junto a Sra. L., embora o tenha sintetizado. O uso do material aqui se deve à sua riqueza e à possibilidade do retrato aproximar-se tanto das proposições freudianas quanto das de Ferenczi.

A DESCOBERTA DO DEPOIS

debruçaremos agora, tendo o ano de 1896 como ponto de apoio. Assim, a longa apresentação, embora traga alguns inconvenientes, permite-nos observar como um todo o desenrolar do trabalho analítico e perguntar, com Freud, em uma carta a Fliess de 15 de outubro de 1895:

> Eu já revelei o grande segredo clínico a você, oralmente ou por escrito? A Histeria é a consequência de um *choque sexual* pré-sexual.
> A Neurose obsessiva é a consequência de um *prazer sexual* pré-sexual, que mais tarde é transformado em [auto]recriminação. "Pré-sexual" na verdade significa antes da puberdade, antes da liberação de substâncias sexuais; os eventos relevantes se tornam efetivos somente como memórias.[20]

A resposta de Fliess deve ter sido afirmativa; uma semana antes, o mesmo segredo lhe fora revelado, mas com outras palavras:

> Pense só: entre outras coisas, eu estou no rastro da seguinte precondição para a histeria, notadamente, que uma experiência sexual primária (antes da puberdade), acompanhada de horror[21] e medo, deve ter acontecido; para a neurose obsessiva, que ela deve ter acontecido acompanhada de *prazer*.[22]

*Cavalheiros*, começa Freud em uma palestra a *Verein für Psychiatrie und Neurologie*, em 21 de abril de 1896, na qual defende que os meios de investigação utilizados pela medicina não parecem suficientes para encontrar as causas de estados patológicos como o da histeria. Diz que não basta perguntar ao paciente as causas e a história de sua doença, mas que a busca deve seguir o modelo de uma exploração arqueológica por meio das associações, partindo do sintoma em direção às origens da doença[23]. Com base no método e na descoberta de

---

20 J.M. Masson, op. cit., p. 144.
21 O termo que o tradutor da correspondência utilizou foi *revulsion*, que tem o sentido de um forte sentimento de nojo e horror. A ideia, parece-me, é de algo desagradável que causa uma forte comoção interna.
22 J.M. Masson, op. cit., p. 141.
23 Quando comparamos o trabalho psíquico do paciente após o trauma com o do historiador, não o fizemos sem atenção às similaridades que esse trabalho tem com o fazer analítico. Aqui encontramos uma dentre várias analogias e metáforas que Freud usa e explora entre as atividades do analista e as do historiador e do arqueólogo. Para uma rica discussão sobre essas comparações, cf. A.S. Gueller, *Vestígios do Tempo*, em especial o capítulo II.

134 O TERCEIRO TEMPO DO TRAUMA: PARTE II

Breuer de que, tirando os estigmas, a sintomatologia da histeria é determinada por "experiências do paciente que operaram de uma maneira traumática"[24], Freud propõe aos médicos que conduzam a atenção do paciente do sintoma para a cena na qual ele teve origem. Em seguida, que o removam, auxiliando uma "correção do curso psíquico dos eventos que se deram naquele tempo" durante a reprodução, pelo paciente, da cena traumática.

No entanto, a experiência clínica mostra que grande parte das lembranças atingidas por esse método se encontra na puberdade e diversas delas não apresentam força suficiente para desencadear as defesas que montam os sintomas histéricos. O que Freud defende é que as cenas traumáticas devem satisfazer duas condições para gerar um sintoma histérico: "capacidade de servir como determinante" e "reconhecidamente possuir a força traumática"[25]. Talvez nosso exemplo ajude na compreensão desse argumento, e ele poderá fazê-lo se for comparado e unido a um breve exemplo do próprio Freud.

A Sra. L. teve uma experiência traumática no começo de sua adolescência que pôde ser lembrada em primeiro lugar e que teve efeitos traumáticos: o episódio da "penetração por trás por um funcionário". Observamos uma experiência com força traumática e com capacidade para servir como determinante. A preocupação de Freud, no entanto, está em descobrir um denominador comum entre casos como o da Sra. L. e outros, nos quais as lembranças relatadas parecem triviais, como no de Emma, descrito no "Projeto"[26]. Ela não conseguia ir sozinha a lojas e, como motivo, produziu uma memória de quando tinha doze anos. Fora a uma loja comprar algo quando viu dois assistentes do estabelecimento rindo "e correu, sob algum tipo de *afeto de medo*. Em conexão com isso, ela foi levada a lembrar-se que os dois estavam rindo de suas roupas e que um deles a agradava sexualmente"[27].

A experiência de Emma aos doze anos, ao contrário da cena lembrada pela Sra. L., não tem em si as duas condições buscadas por Freud em uma cena para desencadear um sintoma.

---

24  The Aetiology of Hysteria, SE, v. III, p. 193.
25  Ibidem.
26  Project for a Scientific Psychology, SE, v. I, p. 353-356.
27  Ibidem, p. 353.

A DESCOBERTA DO DEPOIS

Podemos dizer que a discrepância se estabelece em casos nos quais experiências triviais que acontecessem na adolescência poderiam justificar sintomas como os apresentados pelas pacientes. É a busca desse denominador comum que o leva à tentativa de encontrar um evento específico que justifique alguma proximidade entre suas pacientes. Ele dirá aos *cavalheiros*:

> Se a memória que descobrirmos não responde a nossas expectativas, talvez devamos prosseguir o mesmo caminho um pouco mais; talvez por trás da primeira cena traumática esteja guardada a memória de uma segunda, que satisfaz mais nossos requisitos e cuja reprodução tem maior efeito terapêutico; de forma que a cena que descobrimos primeiro tem somente o significado de um elo de conexão na cadeia de associações. E talvez essa situação se repita; cenas não operativas[28] podem estar interpoladas mais de uma vez, como transições necessárias no processo de reprodução, até que finalmente façamos nosso trajeto do sintoma histérico à cena que é realmente operativa traumaticamente, e que é satisfatória em todos os aspectos, terapêutica e analiticamente.[29]

No caso de Emma, a investigação assim dirigida trouxe memórias anteriores:

> Em duas ocasiões, quando era uma criança de 8 anos, ela foi a uma pequena loja comprar doces, e o comerciante agarrou em seus genitais através de suas roupas [...] Agora entendemos a Cena I (assistentes) se tomamos a Cena II (comerciante) em conjunto. Nós só precisamos de uma conexão associativa entre as duas.[30]

Esse método de seguir retroativamente a linha de associações do sintoma à lembrança traumática necessita que o médico seja, por vezes, bastante diretivo e procure com considerável afinco a lembrança inicial. E estabelece imediatamente uma característica importante do que é traumático para Freud. Observamos que a cena inicial, a primeira cronologicamente e a última referida pela paciente, *não é a que responde pelo surgimento do sintoma*. Em outras palavras, é preciso que à primeira experiência seja acrescida outra, ou várias outras, para que o sintoma se monte – dá-se um acréscimo de importância aos

---

28  Operativas no sentido de serem traumáticas e armarem defesas.
29  The Aetiology of Hysteria, *se*, v. III, p. 195.
30  Project for a Scientific Psychology, *se*, v. I, p. 354.

"momentos auxiliares", de 1894. Percebemos, pelas associações da Sra. L., por exemplo, que a lembrança da cena da "penetração por trás" surge depois do sonho do "Ovo de Páscoa" e é seguida pelo reconhecimento da fantasia masturbatória de sexo anal. O que podemos observar é como

A cadeia de associações sempre tem mais de dois elos; e as cenas traumáticas não formam uma fileira simples, como um colar de pérolas, mas se ramificam e estão interconectadas como árvores genealógicas, de forma que de qualquer nova experiência, duas ou mais conexões entram em operação como memórias.[31]

A não simplicidade desse processo, portanto, permite que se afirme, por intermédio da experiência clínica, que

nenhum sintoma histérico surge de uma experiência real sozinha, mas que em todo caso a memória de experiências anteriores despertadas em associação a ela tem um papel na causação do sintoma [...] [as quais] somente aparecem com a cooperação de memórias[32].

Para Philippe Van Haute e Tomas Geyskens, nesse correr de anos pré-psicanalíticos, Freud se perguntava por que somente memórias e não os próprios eventos poderiam produzir a neurose[33]. E na tentativa de responder a essa pergunta se imiscui, de uma maneira inevitável, como já pudemos observar, a sexualidade. Do modelo de 1894, de um momento traumático nuclear e outros auxiliares, que aumentam o primeiro, pouco muda nos textos publicados de Freud, até 1896. Nos *Estudos sobre a Histeria* o mesmo modelo é apresentado nas discussões dos casos de Miss Lucy R. e, mais brevemente, no de Katharina[34]. Este último, todavia, une a ideia do trauma em dois momentos com a importância que Freud atribui à sexualidade na etiologia das neuroses.

No rascunho K. enviado a Fliess, um *Conto de Fadas Natalino*, como Freud o nomeia, a união entre a sexualidade e a força das lembranças encontra uma tentativa de explicação:

31 The Aetiology of Hysteria, *SE*, v. III, p. 197.
32 Ibidem.
33 *Confusion of Tongues*, p. 11.
34 S. Freud; J. Breuer, Studies on Hysteria, *SE*, v. II, p. 148-150 e p. 158-160, respectivamente.

A DESCOBERTA DO DEPOIS

Há uma tendência natural em direção à defesa – isto é, uma aversão a dirigir a energia psíquica de tal maneira que o resultado seja o desprazer. [...] A tendência para a defesa se torna danosa, porém, se for dirigida contra ideias que também são capazes, na forma de memórias, de liberar novo desprazer – como é o caso com ideias sexuais. Aqui, realmente, está a única possibilidade aventada de uma memória tendo um poder maior de liberação do que o produzido pela experiência correspondente.[35]

A sequência dessa carta, de que trataremos em breve, acrescenta outros elementos ao funcionamento do trauma em dois tempos e sua ligação com a sexualidade. Cabe-nos agora, já que a trouxemos à baila, expor brevemente Katharina, à maneira que fizemos com Emma, para que os dois casos expressos nos textos de Freud em que há um trauma sexual violento, como os experimentados por Réal e pela Sra. L., possam acrescentar o que lhes couber à nossa discussão.

Katharina, o menor dos cinco casos dos *Estudos Sobre a Histeria*, apresenta-nos uma jovem que aborda Freud durante suas férias com sintomas de falta de ar, tontura e a sensação de algo a lhe esmagar o peito a ponto de não conseguir respirar[36]. Durante o desenvolvimento e a discussão do caso, duas cenas distintas são rememoradas por Katharina. A primeira envolvia a visão, aos dezesseis anos, do tio deitado sobre a prima. Essa lembrança desperta uma anterior, de seus catorze anos, quando o tio fizera investidas sexuais contra ela própria. Freud, em nota acrescentada em 1924, conta-nos que na verdade o "tio" era o pai da jovem. Esse caso une-se a alguns dos aqui apresentados, em contraposição ao de Emma, cuja segunda lembrança apresentava algo ineficaz como experiência traumática.

O método empregado por Freud, em todos os dezoito casos que serviram de base para suas proposições teóricas, mostrou que: "Qualquer caso e qualquer sintoma que tomemos como nosso ponto de partida, *no final nós infalivelmente chegamos ao campo da experiência sexual.*"[37] E que, seguindo o método que

35  J.M. Masson, op. cit., p. 163.
36  Esta sensação – ou memória corporal – é recorrente, a encontramos nas associações da Sra. L. e no exemplo de sonho traumático que Ferenczi utiliza em sua breve comunicação sobre a "segunda função dos sonhos" (cf. On the Revision of the Interpretation of Dreams, *Fin*).
37  The Aetiology of Hysteria, *SE*, v. III, p. 199.

138 O TERCEIRO TEMPO DO TRAUMA: PARTE II

ele prescreve, rumo às lembranças traumáticas, passando pelas lembranças que não parecem eficazes para causação do sintoma e por outras de valor relativo, trazemos o paciente para a reprodução de experiências da infância que apresentam características em comum. Encontramos, então, a hipótese fundamental do texto, o segredo que Fliess lera meses antes: "Essas experiências *infantis* são mais uma vez sexuais em seu conteúdo, mas são de um tipo muito mais uniforme que as cenas da puberdade que foram descobertas antes"; tratam-se de "experiências sexuais afetando o próprio corpo do indivíduo – de *relação sexual* (no seu sentido mais amplo)"[38], como nos casos de Emma, da Sra. L. e de Katharina. Ou ainda, mais especificamente: "Seu conteúdo deve consistir em uma verdadeira irritação dos genitais (de processos que pareçam a cópula)."[39] O que se aplica, pelos dados que temos, somente ao caso da Sra. L. e de Emma.

A teoria da sedução tem como núcleo, portanto, a conexão entre a ação diferida[40] das lembranças, que implica o trauma montando-se em no mínimo dois momentos (um nuclear e outro auxiliar), e a sexualidade. O primeiro elemento da conexão, que ganhará valor fundamental na teoria psicanalítica e, em especial, na compreensão do trauma, fora expresso por Freud um ano antes, referindo-se a Emma, nos seguintes termos: "Invariavelmente descobrimos que uma memória é reprimida e que só se tornou um trauma por *ação diferida*. A causa desse estado de coisas é o atraso da puberdade em comparação com o resto do desenvolvimento do indivíduo."[41] Freud descobria a importância do *depois*, do *a posteriori* da formação traumática. O segundo elemento da conexão que está no núcleo da teoria da sedução é a sexualidade, diferente na criança e no adulto. À *neurótica* freudiana é necessária uma infância "anterior ao desenvolvimento da vida sexual"[42], passível de excitação

---

38 Ibidem, p. 203.

39 Further Remarks on the Neuro-Psychoses of Defence, SE, v. III, p. 163.

40 O termo "ação diferida" foi o encontrado pelo tradutor inglês para a *Nachträglichkeit* alemão. Eu o utilizarei junto com *a posteriori* para expressar esse efeito posterior ao momento do evento. Voltarei, em breve, a discutir o termo e sua importância. Para uma reflexão mais abrangente das dificuldades na tradução do termo – dos acertos, equívocos e deturpações nas traduções de Freud para várias línguas, cf. P.C. Souza, *As Palavras de Freud*.

41 Project for a Scientific Psychology, SE, v. I, p. 356.

42 The Aetiology of Hysteria, SE, v. III, p. 202.

A DESCOBERTA DO DEPOIS

sexual, no sentido lato, mas em si mesma assexuada: "O efeito patogênico de memórias pressupõe um primeiro evento que permanece sem efeito. Portanto, diz Freud, esse evento sem efeito tem de ser um evento sexual, porque não há sexualidade infantil. Somente no começo da puberdade esse evento gerará um efeito *nachträglich.*"[43]

A questão da ação diferida, no entanto, pede maiores explicações. Sabemos, pela correspondência de Freud com Fliess, que Katharina foi atendida, no verão de 1893[44]. E também sabemos que, no inverno seguinte, Freud apresentou sua palestra sobre as neuropsicoses de defesa sem tocar mais profundamente no tema da *Nachträglichkeit* – ao menos, não há dúvida, sem abordá-lo nos moldes que faria, utilizando esse caso, anos depois. Uma das mais profundas mudanças de um texto para outro diz respeito ao intervalo entre os "momentos traumáticos" e os "momentos auxiliares", na terminologia de 1894. Entre um e outro, o primeiro e o segundo tempos do trauma, no caso de Katharina, existe um interregno de dois anos, no de Emma, de quatro anos. Percebe-se logo, tanto por meio dos casos como das implicações teóricas que eles trazem, o desenho de um modelo de trauma que não é mais aquele de dois anos atrás quanto à importância dos elementos – tempo um, do momento traumático, e tempo dois, dos momentos auxiliares. Freud, parece-nos, não só dará um valor enorme à natureza do trauma inicial, mas também aos efeitos que os momentos posteriores terão na função de "gatilho", reativando a lembrança e dando-lhe um novo sentido. Ambos os momentos estarão ligados de maneira inseparável à causação do sintoma, desenhando um modelo que pode ser chamado, de acordo com Laplanche, de *teoria do trauma em dois tempos*[45]. Ao discutir o caso Emma, ele nos relembra que, para Freud, em 1895, o trauma não está na Cena I, mas na memória inconsciente da Cena I, que é religada, em sua natureza sexual, pela Cena II[46]. Um ponto espe-

43 P. Van Haute; T. Geyskens, op. cit., p. 12-13.
44 J.M. Masson, op. cit., p. 54-55n5.
45 J. Laplanche, *Problématiques VI*, p. 49.
46 Discutirei a seguir algumas das afirmações de Laplanche sobre as teorizações freudianas acerca do trauma psíquico e a utilização da ideia do *a posteriori*. No momento, porém, o objetivo é discutir a principal fonte dessa utilização: a teoria da sedução.

cífico soma-se a esse modelo e tanto o altera como é alterado por ele; trata-se da sexualidade, que discutíamos antes deste necessário parêntese.

Na continuação da carta do "Conto de Fadas Natalino", Freud escreve que somente uma coisa é necessária para que uma lembrança (do momento traumático inicial) tenha mais força do que a própria experiência: que a puberdade esteja "interpolada entre a experiência e sua repetição na memória – um evento que aumenta fortemente o efeito da lembrança"[47]. A ideia une, como demonstrou Mezan, a hipótese quantitativa, presente no "Projeto", e a teoria da sedução[48]. Se o trauma, como quer fazer crer Freud, é de natureza sexual e está localizado na primeira infância, ele não deve liberar desprazer quando acontece porque, como já foi observado, o evento, nesse primeiro momento, não é necessariamente causa de desprazer para o Eu, não possui a capacidade de criar efeito, de acionar a defesa. Falta-lhe efeito porque "não é a experiência em si mesma que age de maneira traumática, mas sua revivência como uma *memória* depois do sujeito ter entrado na maturidade sexual"[49]. Antes da puberdade, a experiência não podia produzir os mesmos efeitos, uma vez que o sujeito era "ignorante de todo sentimento sexual"[50].

A infância assexuada, necessária à teoria da sedução, evita o desprazer de certas experiências utilizando o recalque, defesa responsável por afastar da consciência o que é desprazeroso, ou intolerável, como Freud preferiu designar, em 1894, antes do "Projeto". Após esse texto que Freud nunca publicou e sobre o qual não nos ateremos mais do que o fizemos[51], é o desprazer causado por uma experiência ou lembrança que responde pela necessidade de recalque, da entrada em ação da defesa. De 1894 a 1896, o que muda o adjetivo da experiência, ou da memória traumática de intolerável à desprazerosa, é a entrada em cena

47 J.M. Masson, op. cit., p. 163.
48 *Freud: A Trama dos Conceitos*, p. 28-42.
49 Further Remarks on the Neuro-Psychoses of Defence, SE, v. III, p. 164.
50 Project for a Scientific Psychology, SE, v. I, p. 333.
51 Como dito há pouco, a ligação entre a hipótese quantitativa – do funcionamento de um sistema de neurônios por meio do fluxo de energia que os trespassa – e a teoria da sedução é bastante interessante e amplia esta discussão. Remeto o leitor a R. Mezan, *Freud: A Trama dos Conceitos*, especialmente aos capítulos 5 e 6, em que essa ligação é expressa de maneira mais detalhada e onde o autor se debruça sobre o "Projeto" e explica alguns de seus princípios e incoerências.

A DESCOBERTA DO DEPOIS 141

do fator econômico e a complexidade que ele ganha com o "Projeto". Lembremos que Freud, no primeiro texto sobre as neuropsicoses de defesa, já expunha o germe desse fator em sua hipótese de trabalho. O que não implicava, na época, maiores considerações sobre os problemas que a hipótese levantava. Aqui, no entanto, podemos observar, com algum cuidado, como o problema monta-se clinicamente.

A Sra. L., por exemplo, relata à sua analista que participou de brincadeiras sexuais com um vizinho no começo do período de latência e que ele, por causa dessas brincadeiras, afastou-se dela. Pois bem, se uma lembrança desse tipo fosse atingida por uma paciente, em 1896, podemos dizer que a compreensão do caso passaria inevitavelmente pelas seguintes perguntas: quem iniciou a brincadeira? E quem introduziu a sexualidade na criança que a iniciou? Freud afirmaria, como o fez, com base em sete dos treze casos nos quais se fundamentou para escrever "Novas Considerações sobre as Neuropsicoses de Defesa" que, quando o abuso sexual acontece entre crianças,

O garoto, digamos, foi abusado por alguém do sexo feminino, de forma que sua libido foi prematuramente despertada, e então, alguns anos depois, ele cometeu um ato de agressão sexual contra sua irmã [ou qualquer outra criança], no qual ele repetiu precisamente os mesmos procedimentos aos quais ele mesmo foi submetido.[52]

Salvo algumas diferenças, foi essa a história e o procedimento adotado por Réal. Primeiro, ele foi abusado pelos colegas das irmãs, humilhado de várias maneiras, não revelou suas experiências a ninguém e, depois, quando adulto, reproduziu com outras crianças os abusos a que foi submetido. Da Sra. L., sabemos que foi abusada pelo pai, o que parece inverter os papéis desempenhados nessa brincadeira. Teria sido ela – pelas informações que temos sobre o caso e pela compreensão clínica quando da teoria da sedução – quem iniciou as brincadeiras sexuais com o vizinho. Um aspecto notável está presente nesse raciocínio: a posição que ocupa a criança na experiência sexual. Nas palavras de Freud, a causa determinante da histeria

52  Further Remarks on the Neuro-Psychoses of Defence, *SE*, v. III, p. 165.

está na "passividade sexual durante o período pré-sexual"[53], e a da neurose obsessiva não na passividade, mas nos atos de "agressão executados com prazer e de participação prazerosa em atos sexuais – quer dizer, de *atividade* sexual"[54]. A ligação histeria/passividade, neurose obsessiva/atividade se mostra bastante clara; assim como a necessidade de uma sedução prévia envolvendo passividade nos casos de neurose obsessiva. Em outras palavras, durante essa infância assexuada, pré-puberal, o paciente neurótico teria sido seduzido, teria passivamente tido seus "genitais irritados", e seria sobre a lembrança desse episódio que o recalque agiria com o advento da puberdade. Caso o paciente tivesse permanecido nessa posição passiva em relação à sexualidade, tornar-se-ia histérico; caso tivesse reproduzido sua experiência sexual com outra criança, agora de uma forma ativa, tendo o outro como passivo, a neurose que lhe caberia seria a obsessiva. O que causa desprazer, o que ativa o recalque é, portanto, a passividade.

A Sra. L., para alegria de Freud, em 1896, indicaria lembranças que corroboram essa tese, expressando aspectos da sexualidade adulta em memórias, como a da brincadeira com o vizinho. A última lembrança, ressaltemos, é aquela ligada à passividade – a do abuso sexual pelo pai. Os indicativos sintomáticos de algo dessa experiência permeiam todo o caso da Sra. L., por exemplo, a síndrome do intestino irritável, a vaginite não especificada, as hemorroidas e os sonhos. Pode soar leviana qualquer ligação tão clara entre sintoma e experiência traumática, mas dentro do caso, elas ganham sentido, e corroboram a afirmação de Freud de que "Seria inútil tentar elucidar esses traumas infantis questionando o histérico fora da psicoanálise; *seus traços nunca estão presentes na memória consciente, somente nos sintomas da doença.*"[55]

Os problemas desse tipo de compreensão serão abordados em breve. No momento, devemos reconhecer, ela se adéqua, sem grandes esforços, ao caso da Sra. L., mesmo sabendo que o percurso que a paciente atravessou em análise envolveu uma complexidade muito maior de dados, aos quais nos dedicaremos

53   Ibidem, p. 163.
54   Ibidem, p. 168.
55   Ibidem, p. 165-166, grifo nosso.

A DESCOBERTA DO DEPOIS                    143

mais à frente. O que nos leva à grande questão clínica despertada pela teoria da sedução: é verdade, ela até se aplica à Sra.
L., talvez a Réal, à Katharina, e à Emma, mas entre ser aplicável a tais casos e a todos os casos de neurose, há uma distância enorme; e ainda, o fato de ela aplicar-se não significa que
esteja correta, que seja terapeuticamente válida, ou que explique
quiçá o impacto que o trauma tem sobre os pacientes. Basta
um único paciente que fuja à regra, e eles aparecem – já estão
nos exemplos que usamos – para que a sedução caia, ou perca
a importância de *caput nili* que Freud lhe atribuiu. E a ênfase
que ele usou ao defendê-la, em 1896, será motivo de inconvenientes, mesmo 35 anos depois.

Vejamos e guardemos em uma pasta segura alguns dos
pontos da defesa que Freud fez de suas ideias, imaginando um
leitor que dele discordasse ou se incomodasse com o artigo "A
Etiologia da Histeria". Comecemos, como ele, pela parte mais
fácil da tarefa – em sua opinião – 1. sobre a grande frequência
do abuso sexual infantil que se depreende da leitura de seus
artigos, ele diz: "Parece-me certo que nossas crianças estão com
muito mais frequência expostas a ataques sexuais do que as poucas precauções dos pais nesse sentido levariam a esperar. [...]
deve-se esperar que um aumento da atenção dada ao assunto
confirmará, muito em breve, a grande frequência de experiências sexuais e atividade sexual da infância."[56]

Em seguida, e corroborando sua defesa, Freud 2. esclarece
a origem da estimulação sexual precoce dos pacientes que atendeu, dividindo-os em três grupos. O primeiro é composto de
casos de "ataques" isolados, normalmente envolvendo meninas.
Os adultos que as abusaram eram-lhes estranhos e cuidaram em
evitar lesões orgânicas graves. Nesses ataques, escreve Freud,
não havia qualquer sinal de consentimento por parte da criança
"e o primeiro efeito da experiência foi preponderantemente
um choque"[57]. Trauma, cabe dizer, do tipo que pega o sujeito
despreparado – sem contrainvestimento – e rompe o escudo
protetor contra estímulos. O segundo grupo de pacientes aten-
didos por Freud é formado pelos numerosos casos nos quais o
cuidador iniciou sexualmente a criança e manteve com ela um

---

56   The Aetiology of Hysteria, *SE*, v. III, p. 207.
57   Ibidem, p. 208.

144      O TERCEIRO TEMPO DO TRAUMA: PARTE II

relacionamento que, com frequência, durou anos[58]. O cuidador ao qual Freud se refere com discrição no artigo não mereceu o mesmo tratamento em sua correspondência com Fliess. Em 6 dezembro de 1896, lemos em uma de suas cartas: "Parece-me cada vez mais e mais que o ponto essencial da histeria é que ela é resultado de *perversão* por parte do sedutor, e *mais e mais* que a hereditariedade [na etiologia] é sedução pelo pai."[59] O terceiro grupo de pacientes abarcava aqueles nos quais a introdução da sexualidade fora feita por outra criança, esta, por sua vez, usualmente inserida em um dos dois primeiros grupos.

O ponto 3. da defesa freudiana diz respeito à utilização de lembranças de abuso sexual como fator etiológico. Por ventura, se existissem tantos casos de abuso sexual quanto ele apontara, a neurose seria um fenômeno de igual frequência. A questão a ser defendida é no que consiste um fator etiológico, o que Freud, como de hábito, responde muito bem. A significância etiológica da experiência sexual precoce não reside em ser ela o único determinante da doença – existem outros, como em toda patologia –, mas no fato de que, argumenta, "todas as pessoas que se tornaram histéricas experienciaram cenas desse tipo"[60]. Outras pessoas, subentende-se, podem ter sofrido abusos sexuais e não ter se tornado neuróticas.

Como me prolongo na apresentação dos argumentos e defesas freudianas quanto a possíveis críticas, devo deixar claro que não o faço por concordar com o que os artigos de 1896 afirmam – como ficará claro a seguir – mas por identificar que algo retorna deles, no começo da década de 1930. Outro trecho, em especial, de seu artigo sobre a etiologia da histeria deve ter reavivado a memória de Freud ao ouvir as ideias que Ferenczi apresentaria sobre o trauma sexual. Lemos:

Todas as condições singulares sob as quais o par, patologicamente unido, conduz suas relações sexuais – de um lado, o adulto, que não pode escapar de sua quota na dependência mútua necessariamente vinculada por um relacionamento sexual, e que ainda está armado com autoridade completa e com o direito de punir, podendo trocar um papel pelo outro para satisfação desinibida de suas vontades, e de outro lado, a criança,

58    Ibidem, p. 206.
59    J.M. Masson, op. cit., p. 212.
60    The Aetiology of Hysteria, *se*, v. III, p. 209.

que em seu desamparo está a mercê dessa vontade arbitrária, é despertada prematuramente a todo tipo de sensibilidade e exposta a toda forma de desapontamento, e cujo desempenho nas atividades sexuais que lhe foram atribuídas é frequentemente interrompido pelo controle imperfeito de suas necessidades naturais – todas essas grotescas, e ainda trágicas, incongruências revelam-se como que estampadas no desenvolvimento posterior do indivíduo e de sua neurose, em incontáveis efeitos permanentes que merecem ser retraçados o mais detalhadamente possível. Nos casos em que a relação é entre duas crianças, o caráter das cenas sexuais é, inobstante, do mesmo tipo repulsivo, já que todo relacionamento assim entre crianças postula uma sedução anterior de uma delas por um adulto. As consequências dessas relações entre crianças [como entre adultos e crianças, podemos acrescentar] são de um extraordinário longo alcance; os dois indivíduos permanecem ligados por um laço invisível durante toda sua vida.[61]

Convenhamos, uma passagem como essa poderia ter lugar de destaque em uma conferência sobre "A paixão dos adultos e sua influência sobre o desenvolvimento sexual e de caráter da criança", para arrepio de Freud. Antes de abordá-los – a conferência e o arrepio – vejamos o famoso abandono da teoria da sedução, e o que dela restou na teoria psicanalítica.

---

61   Ibidem, p. 215.

# 7. Do Abandono e de Seus Valiosos Restos

A partir de 1897, o trauma, em particular o de natureza sexual, vai perdendo espaço na teoria freudiana. No entanto, como nos lembra Monzani, "a sedução não é 'sumariamente despejada', mas ainda conserva certo papel etiológico"[1]; e a prova que nos oferece dessa afirmação está em um texto, de 1924:

Eu tinha, de fato [escreve Freud] tropeçado pela primeira vez no *complexo de Édipo*, que depois iria assumir importância tão esmagadora, mas que eu ainda não reconhecia sob seu disfarce de fantasia. Além disso, a sedução durante a infância retinha certa parcela, embora mais humilde, na etiologia das neuroses. Mas os sedutores vieram a ser, em geral, crianças mais velhas[2].

O trauma sexual e sua defesa como elemento essencial da etiologia das neuroses traziam impasses à clínica e, consequentemente, à teorização necessária para a compreensão dos casos. Um desses impasses incomodava Freud, em 1897, e atingiu seu

---

1 L.R. Monzani, *Freud: O Movimento de um Pensamento*, p. 42.
2 Apud L.R. Monzani, op. cit., p. 43. Cito a passagem a partir do texto de Monzani porque suas referências para a utilização da obra foram a Standard brasileira modificada quando necessário pela sua leitura na *Gesammelte Werke* somada à observação da tradução de James Strachey para a *Standard Edition*.

148        O TERCEIRO TEMPO DO TRAUMA: PARTE II

auge em setembro daquele ano. Myriam Uchitel defende, com base na correspondência Freud-Fliess, que durante todo o ano foi tecida "uma série de argumentos que culminaram na decepção com respeito à *sua* histérica"[3]. Mas a questão está longe de ser simples. Podemos falar que o impasse atingiu seu auge no mês de setembro, mas não podemos afirmar que, a partir de então, o assunto deixou de fazer eco no pensamento de Freud. Graficamente, o ponto alto na curva do abandono da teoria da sedução está no nono mês de 1897, mas, três meses depois, ele ainda escreveu a Fliess: "Minha confiança na *etiologia paterna* aumentou imensamente. Eckstein deliberadamente tratou sua paciente de uma maneira que não lhe daria a menor pista do que poderia emergir do inconsciente e, no processo, obteve dela, entre outras coisas, cenas idênticas envolvendo o pai."[4]

Entre as cartas nas quais o segredo é revelado a Fliess, de outubro de 1895, e o "abandono" da teoria da sedução, em setembro de 1897, não se passaram dois anos completos sob a influência de uma ideia que envolvia o abuso sexual real como evento desencadeador das neuroses. Mas a maneira como Freud empreende esse "abandono" não parece ter-lhe sido fácil. Exporemos, na sequência, a carta de 21 de setembro, quase integralmente, no que ela apresenta dos motivos de Freud para o abandono da sedução, e, depois, algumas de suas passagens que mostram o estado da teoria nesse momento de abandono. Isto posto, depois dos artigos de 1896, Freud escreve a Fliess:

E agora eu quero confidenciar a você imediatamente o grande segredo que tem vagarosamente descido sobre mim nos últimos meses. Eu não mais acredito em minha *neurótica* (teoria das neuroses). Isso provavelmente não é inteligível sem uma explicação. [...] Então vou começar historicamente e dizer-lhe de onde vieram as razões de descrença. 1. Os contínuos desapontamentos em minhas tentativas de trazer uma única análise à conclusão real; a debandada de pessoas que, por algum tempo, estiveram muito tomadas (pela análise); a ausência do sucesso completo com o qual eu contara; a possibilidade de explicar a mim mesmo os sucessos parciais de outras maneiras, da maneira usual – este foi o primeiro grupo [de motivos]. 2. Depois a surpresa de que, em todos os casos, o *pai*, sem

3    *Neurose Traumática*, p. 29.
4    J.M. Masson, *The Complete Letters of Sigmund Freud to Wilhelm Fliess 1887-1904*, p. 286, grifo nosso.

DO ABANDONO E DE SEUS VALIOSOS RESTOS          149

excluir o meu próprio, deveria ser acusado de perversão – a percepção da inesperada frequência da histeria, com exatamente as mesmas condições prevalecendo em cada caso, quando, certamente, essa frequência de perversões contra crianças não é muito provável. A (incidência) teria de ser incomensuravelmente mais frequente do que a histeria (resultante) porque a doença, de qualquer forma, acontece somente onde houve uma acumulação de eventos e há um fator contribuinte que enfraquece a defesa. Depois, em terceiro lugar, 3. A compreensão certa de que não há indicações de realidade no inconsciente, de forma que não é possível a distinção entre realidade e ficção investida de afeto (consequentemente, permaneceria a solução de que a fantasia sexual invariavelmente toma o tema dos pais). 4. Quarto, a consideração de que na mais profunda psicose a memória inconsciente não irrompe, de forma que o segredo das experiências infantis não se mostra nem no mais confuso delírio. [...] Ocorre-me uma pequena história de minha coleção: "Rebeca, tire seu vestido; você não é mais a noiva."[5]

Os argumentos, aponta R. Mezan, não têm todos o mesmo valor[6]. Alguns são claramente contraditórios ou se contrapõem a afirmações que o próprio Freud utilizou para defender de seus críticos a teoria da sedução, como já vimos, é o caso do primeiro e do segundo motivos. O desapontamento em trazer as análises a uma conclusão satisfatória, o que, em 1897 implicava a remoção de todos os sintomas, é particularmente interessante aos nossos propósitos. Imaginemos que Katharina tivesse sido analisada por Freud durante mais tempo, e não em um único episódio. Sua primeira experiência traumática acontecera aos catorze anos e não, como teria sido imprescindível à *neurótica*, antes da puberdade. A direção do trabalho terapêutico, aquela direção que Freud estabeleceu, em 1896, de dirigir a atenção do paciente até o evento traumático anterior à puberdade, poderia ter falhado. E essa falha – que envolveria a permanência dos sintomas – seria em decorrência de um equívoco teórico nada sofisticado: o trauma sexual não estava onde se *gostaria* que ele estivesse[7]. Por isso, Freud referiu-se, na carta a Fliess, ao fato

5   Ibidem, p. 264-266.
6   Cf. *Freud: A Trama dos Conceitos.*
7   Cf. E. Canesin Dal Molin, O Problema do Foco nas Primeiras Sessões Com Crianças Vítimas de Abuso Sexual, *Percurso*, onde tentei apresentar a questão da veracidade ou não das cenas de abuso sexual partindo de algumas constatações clínicas. Retomo aqui alguns pontos que abordei nesse texto ao discutir os motivos do abandono explicitados na carta de 21 de setembro de 1897. Remeto o ▶

150 O TERCEIRO TEMPO DO TRAUMA: PARTE II

de poder explicar os sucessos parciais a si mesmo de outras maneiras, "da maneira usual", utilizando postulados anteriores a 1896 e não relacionados à hipótese da sedução.

O segundo argumento, que Freud colocara na boca de seus críticos quando escreveu "A Etiologia da Histeria", envolvia o terceiro ponto de sua defesa, citado anteriormente. Lá, o abuso sexual é mais frequente que a neurose, serve-lhe de fator etiológico determinante, mas aconteceria também com não neuróticos. Na carta do abandono, temos uma inversão do que é mais frequente: a histeria torna-se tão comum que sua etiologia não pode mais sustentar, como fator determinante, a perversão de pais ou cuidadores. Como legenda a esse argumento, temos a equação "filha histérica = pai perverso", a chamada *etiologia paterna*. O pai, na equação, é sempre perverso, seja no sentido que Freud depreendeu de sua leitura de Krafft-Ebing[8], seja no que encontramos em uma passagem escrita a Fliess nos seguintes termos: "a perversão dos sedutores que, em função da compulsão de repetir o que fizeram em sua juventude, obviamente procuram sua satisfação realizando as mais selvagens ilegalidades, piruetas e nojeiras[9]"[10]. Até onde se sabe, Freud não atendeu os sedutores – o pai de Katharina ou o vendedor referido por Emma, por exemplo –, de forma que a perversão é diagnosticada por meio do que relatam os pacientes acerca das experiências que tiveram. Digamos que ele tivesse atendido também os sedutores e o diagnóstico, antes inferido, fosse confirmado, que opções lhe restariam? Que as cenas de sedução foram reais e, portanto, faziam parte da etiologia, ou que a fórmula estava errada. Uma

▷ leitor a esse artigo para uma exposição mais resumida da ligação entre a teoria da sedução e o texto "Confusão de Línguas", assim como para uma problematização de alguns dos desdobramentos da escuta analítica de casos de abuso sexual.

8  J.M. Masson, op. cit., p. 219.

9  Estes últimos três termos foram traduzidos para o inglês como "*capers, somersaults and grimaces*". O primeiro diz respeito a algo perigoso e ilegal, daí a escolha de "ilegalidades"; o segundo, mais complicado, significa um movimento feito no ar em que o sujeito fica com a cabeça na altura dos pés, "piruetas", por mais estranho que soe, ainda me pareceu o termo em português mais apropriado; e o terceiro indica algo que gera nojo, "nojeiras", por seu caráter mais coloquial, foi o equivalente escolhido em português.

10  J.M. Masson, op. cit., p. 218. Na carta de 6 de dezembro de 1896, Freud escreverá que "outra causa das experiências sexuais prematuras é a perversão, cujo determinante parece ser que a defesa não ocorre antes do aparato psíquico estar completo ou simplesmente não ocorre" (Ibidem, p. 210).

DO ABANDONO E DE SEUS VALIOSOS RESTOS 151

consequência do fim da equação foi a torção aparente da escuta: o que antes eram cenas reais, tornaram-se fantasias histéricas de sedução. Mas a *neurótica* não é deixada tão às pressas como a carta faz crer. Outra consequência, como defende Monzani, é que o autor da carta também passa a considerar uma mudança na fórmula etiológica que se expressa da seguinte forma: "Freud abandona a *teoria* da sedução, *minimiza* mas não nega o *fato* da sedução e aceita o *papel* preponderante da fantasia na explicação da etiologia dos sintomas."[11]

O terceiro e o quarto argumentos estão estritamente ligados ao desenho do novo modelo etiológico. Não podendo distinguir realidade de ficção investida de afeto, e se as experiências infantis escondidas no inconsciente não se mostram nem nos delírios psicóticos, temos um problema teórico e também clínico grande o suficiente para diminuir o ânimo científico de Freud, como lemos na continuação da carta do abandono:

Agora eu não tenho ideia de onde estou porque não tive sucesso em obter uma compreensão teórica do recalque e seu entrejogo de forças. [...] Tudo dependia da histeria sair certa ou não. Agora eu posso, mais uma vez, permanecer quieto e modesto, continuar me preocupando e economizando [...] Tenho mais uma coisa a acrescentar. Nesse colapso de tudo o que era valioso, o psicológico sozinho permanece intocado.[12]

O quarto motivo implicaria, como argumenta Mezan, no abandono da psicanálise, "dado que esta se propunha precisamente a desfazer as resistências para trazer à luz os núcleos patogênicos"[13], as secretas experiências infantis. Mas Freud ouviu de suas pacientes o relato das cenas de sedução, o que o deixa com o terceiro motivo elencado: a indiferenciação, no inconsciente, entre ficção investida afetivamente e realidade. O que permanece intocado é o "psicológico", o "Projeto", os *Estudos Sobre a Histeria*, e a ideia de "signo de realidade" (ou "indicação de realidade", como expresso na carta), que se apresentam como possibilidades de solução:

Sendo função do sistema secundário, encarregado de inibir os processos primários que conduziam à alucinação e ao desprazer, seria radicalmente

11  L.R. Monzani, op. cit., p. 43.
12  J.M. Masson, op. cit., p. 265-266.
13  Op. cit., p. 67.

impossível sua presença no sistema primário, aqui chamado "inconsciente". Portanto, uma formação inconsciente poderia ser tomada como pertencente à realidade exterior. [...] Se o mesmo ocorresse nesse caso, a cena de sedução poderia ter sido produzida pelo paciente e confundida com um evento real.[14]

Fantasia e realidade teriam, no inconsciente, o mesmo peso. Mas a questão está longe de ter uma solução tão clara quando tomamos outros textos freudianos. Nelson Coelho Junior, acompanhando escritos em que Freud discute a possibilidade de acesso à realidade, conclui que:

em nenhum momento de sua obra, ele [Freud] abandona de forma definitiva a crença na possibilidade humana de acesso à realidade, de acesso ao conhecimento do que é a realidade. As formas como esse conhecimento se efetiva e as condições psíquicas que tornam esse conhecimento possível ou impossível são, no entanto, temas a serem investigados indefinidamente. O esforço constante em fazer da psicanálise uma ciência que seguisse, ao menos em parte, o modelo das ciências naturais parece ter aprisionado Freud a uma noção de realidade externa que é quase sinônimo de verdade e saúde, ficando o engano, a ilusão e a doença no plano da subjetividade[15].

E lembremos: o abandono não se dá em um único dia, a teorização sobre o poder da fantasia como patogênica também não acontece no intervalo de uma noite. Como afirma Monzani, desde uma carta de 6 de abril de 1897, "a análise da fantasia não deixa de crescer em importância"[16]; mas seu interesse está em provar que Freud retoma mais tarde algo da época da teoria da sedução, mas que estava obscurecida por esta. Escreveu Freud, do número 19 da Berggasse, em 6 de abril de 1897:

O ponto que me escapou na solução da histeria está na descoberta de uma fonte diferente, da qual um novo elemento da produção inconsciente surge. O que tenho em mente são as fantasias histéricas que regularmente, como vejo, retornam a coisas que as crianças *ouviram na primeiríssima infância e só mais tarde entenderam.*[17]

---

14 Ibidem, p. 67.
15 *A Força da Realidade na Clínica Freudiana*, p. 46.
16 L.R. Monzani, op. cit., p. 48.
17 J.M. Masson, op. cit., p. 234, grifo nosso.

DO ABANDONO E DE SEUS VALIOSOS RESTOS            153

Menos de um mês depois, em 2 de maio de 1897, partiu outra carta, mostrando um acréscimo à força da fantasia no pensamento de seu autor:

Eu tive uma suspeita certa da estrutura da histeria. Tudo remonta à reprodução de cenas. Algumas podem ser obtidas diretamente, outras sempre por meio de fantasias colocadas à frente delas. As fantasias montam-se sobre coisas que foram *ouvidas, mas entendidas posteriormente, e todo seu material é obviamente genuíno*. Elas são estruturas protetoras, sublimação dos fatos [...] Uma segunda percepção importante me diz que a estrutura psíquica que, na histeria, é afetada pela repressão não é a memória real – já que ninguém se aventura a lembrar sem um motivo –, mas impulsos derivados de cenas primitivas.[18]

Um ponto relevante aos nossos propósitos diz respeito ao papel da realidade e ao da fantasia na formação dos sintomas e na própria estrutura da neurose. Sobre a fantasia, podemos dizer que, nesse momento, ela se presta a um falseio; protege a impressão ou a percepção armando uma ficção que procura enganar quem tente encontrá-la. Essas ficções, porém, recebem por cenário elementos da realidade que, na época em que foram percebidos, não foram compreendidos. A fantasia, portanto, dá uma falsa pista que resulta útil ao investigador. Nas palavras de Nelson Coelho Junior:

ao construir uma teoria da sedução, não é só isso que Freud está estabelecendo; e portanto, ao refutarmos posteriormente, junto com Freud, a ideia de uma sedução real, não temos que necessariamente descartar também toda e qualquer presença constitutiva da realidade externa. [...] É preciso lembrar que também o que Freud chamará de *realidade psíquica* se constitui a partir de eventos, de experiências vividas. As representações psíquicas que possuímos da realidade externa são originalmente construídas a partir de experiências vividas nesta realidade[19].

O mesmo se dá com o material, genuíno, que foi ouvido e compreendido posteriormente, e com as relações com os primeiros objetos, que são reinvestidas fantasiosamente e, por vezes, parecem gerar falsas lembranças de sedução[20].

18   Ibidem, p. 239, grifo nosso.
19   Op. cit., p. 74-75.
20   Em 1907, Freud remete a Abraham alguns comentários sobre um dos primeiros artigos que este lhe enviara: Os Traumatismos Sexuais Como Forma de▶

Uma constatação desencadeada pelo abandono da *neurótica* é a da sexualidade infantil que, nos alerta Renata Cromberg, Freud já deixara como pista quando discorreu, no "Projeto", sobre o caso Emma – ela voltara uma segunda vez à loja onde a tocaram, mas no tempo da criança assexuada, pouca consideração recebeu esse fato. Em 14 de novembro de 1897, parte de Viena uma carta na qual a pista indicará um culpado. "Carta", segundo Cromberg, "que inaugura propriamente a psicanálise, como relato da descoberta escandalosa, para a época, da fantasia sexual infantil, esteio primeiro da sexualidade infantil"[21]. Nela, Fliess leu:

Eu frequentemente tive a suspeita de que algo orgânico desempenha um papel no recalque; pude antes lhe dizer que era uma questão de abandono de uma antiga zona sexual. [...] Agora, as zonas que não mais produzem uma descarga da sexualidade em seres humanos normais e maduros devem ser as do ânus e da boca e garganta. Isso deve ser entendido de duas formas: primeiro, que ver e imaginar essas áreas não produz mais um efeito de excitação, e segundo, que as sensações internas surgidas delas não contribuem à libido, da maneira que órgãos sexuais propriamente o fazem.[22]

O aspecto biológico, ligado à psiquiatria clássica, aponta Monzani, pareceu a Freud o único a seguir, uma vez minimizado o papel etiológico da sedução. Com uma diferença, em vez de uma disposição geral para a neurose, ele "acentua a disposição sexual"[23] e sua ligação com o recalque. Na sequência da carta, escreve:

Devemos presumir que, na infância, a descarga da sexualidade não é ainda tão localizada como o será mais tarde, de forma que as zonas abandonadas mais tarde (e talvez toda a superfície do corpo do mesmo

> ▷ Atividade Sexual Infantil. A carta é, em minha opinião, de grande interesse à pesquisa sobre como Freud explicava os relatos histéricos de sedução e revela seu contato frequente com casos nos quais não era possível se dizer que os pacientes fantasiavam. Ele escreve ao seguidor alemão: "O histérico vai, mais tarde, para muito longe do autoerotismo infantil, ele exagera sua catexia de objeto. [...] Consonantemente, ele fantasia sua necessidade de objetos na sua infância e reveste sua infância autoerótica com fantasias de amor e sedução" (E. Falzeder, *The Complete Correspondence of Sigmund Freud and Karl Abraham*, p. 2).

21  *Cena Incestuosa*, p. 159.
22  J.M. Masson, op. cit., p. 279.
23  L.R. Monzani, op. cit., p. 45.

DO ABANDONO E DE SEUS VALIOSOS RESTOS

modo) também instigam algo que é análogo à posterior descarga de sexualidade. [...] Uma descarga de sexualidade [...] acontece, então, não somente 1. através de um estímulo periférico dos órgãos sexuais, ou 2. através das excitações internas surgidas desses órgãos, mas também 3. *de ideias – quer dizer, de traços de memória – portanto também pelo caminho da ação diferida.* [...] *A ação diferida desse tipo ocorre também em conexão com uma memória de excitações das zonas sexuais abandonadas.* O resultado, porém, não é a liberação da libido mas o desprazer, uma sensação análoga ao asco no caso de um objeto.[24]

E continua:

Dizendo cruamente, a memória atualmente fede da mesma forma que, no presente, o objeto fede; e da mesma maneira que afastamos nosso órgão do sentido (a cabeça e o nariz) do asco, o pré-consciente e o senso de consciência afastam-se da memória. Isso é *recalque.*[25]

Mezan considera essa carta essencial por vários motivos, um deles particularmente interessante para nós, acontece, nesse momento, uma mudança naquilo que dava forma ao modelo de trauma – a ação diferida[26], a *Nachträglichkeit*. Temos, antes, um evento traumático nuclear – a sedução – que a criança vive, mas que não tem efeito em si mesmo, não é, no momento, traumático. Após a puberdade, um segundo evento, próximo ou longínquo do primeiro quanto à forma e ao conteúdo, libera desprazer. Embora o sujeito ligue a sensação ao segundo evento, o que gera desprazer é a lembrança da experiência anterior que, somente agora, torna-se traumática e é recalcada em decorrência de sua ativação pelo segundo evento. Na carta em questão, é o asco ligado às fezes ou à boca que provoca desprazer por causa da ação diferida, agindo a partir de lembrança sexual. Uma zona corporal que antes proporcionou prazer sexual ("descarga da sexualidade") torna-se, mais tarde, geradora de desprazer, porque se estabeleceu com ela uma ligação, por motivos psicológicos e de educação, que não era de natureza sexual. Argumenta Mezan:

Não se trata, pois, de um simples distanciamento temporal; o novo sentido do termo [ação diferida] envolve uma elaboração do conteúdo em

24  J.M. Masson, op. cit., p. 279-280, grifo nosso.
25  Ibidem, p. 280.
26  Op. cit., p. 69-70

156     O TERCEIRO TEMPO DO TRAUMA: PARTE II

questão pelo indivíduo. Eis aí um primeiro contato entre a sexualidade e o inconsciente, pois essa elaboração não ocorre em outro lugar; e a repressão do conteúdo sexual é que o torna inconsciente[27].

Não é uma substituição, de puberdade por repugnância, como não foi uma troca, de sedução por fantasia; o movimento em direção ao psicológico é mais sutil. Basta-nos ler junto com Fliess o que lhe escreveu Freud, em 30 de janeiro de 1899: "A puberdade está se tornando ainda mais central; a fantasia como chave tem aguentado."[28] Para enfatizar esse ponto, Van Haute e Geyskens utilizam um caso que Freud apresenta em carta de 16 de janeiro desse mesmo ano[29]. Ele conta que atendeu uma mulher que apresentava constantes "estados de desespero, com convicções melancólicas de que ela não tinha utilidade" e que se sentia incapaz. E segue:

Eu sempre pensei que em sua infância ela testemunhara um estado análogo, uma melancolia genuína, em sua mãe. Isso estava em acordo com a antiga teoria, mas dois anos não trouxeram confirmação alguma. Agora revelou-se que, quando ela era uma garota de catorze anos, descobriu que tinha atresia himenal (hímen imperfurado) e desesperou-se por pensar que não teria utilidade como esposa.[30]

Esse exemplo, para Van Haute e Geyskens, indica como as memórias da infância aparecem em sua "confrontação com a sexualidade durante a puberdade"[31]. Mas nos indica ainda outro ponto, se atentarmos às duas primeiras frases citadas. A relação entre realidade e fantasia torna-se bastante conturbada, pois temos um exemplo em que o foco na realidade impediu Freud de observar corretamente o que seria o problema de sua paciente. O pensamento acerca da veracidade das cenas de sedução narradas era um *modus operandi* de leitura clínica: sintoma atual corresponde à situação real análoga na infância. É importante perceber que a "fantasia como chave" passa a ser usada, e aqui temos que ter algum cuidado, com o mesmo ímpeto com que era usada a chave da sedução.

27    Ibidem, p. 70.
28    J.M. Masson, op. cit., p. 342.
29    Cf. *Confusion of Tongues*.
30    J.M. Masson, op. cit., p. 341.
31    Op. cit., p. 29.

DO ABANDONO E DE SEUS VALIOSOS RESTOS 157

Esse cuidado é necessário porque, como fez questão de apontar Monzani, Freud minimiza o papel da sedução, mas não o nega. De forma que o advento de uma sexualidade infantil e de suas características, como vimos há pouco, não tira o papel etiológico do trauma, mas o diminui; essencialmente porque liga o recalque a essa sexualidade e não mais à retranscrição da memória do evento real após a puberdade. Agora, ainda após a puberdade, são as lembranças de uma sexualidade infantil que acionam o recalque. Trata-se, *bottom line*, de algo que Freud já observara quando escreveu conjuntamente com Breuer: "O que está surgindo dessa vez do caos é a conexão com o psicológico contida nos *Estudos Sobre a Histeria* – a relação com o conflito, com a vida: a psicologia clínica, como eu gostaria de chamar."[32]

O conflito, que a cada ano muda de figura e instala-se em um ponto diferente, responde pelo recalque. Aquilo que gera o conflito, se uma ideia intolerável, se a sedução, se a sexualidade infantil, se o impulso, é que se transforma. A temporalidade envolvida, entretanto, mantém-se. Se uma fantasia infantil é ressignificada por uma percepção ou por uma experiência atual, ou se é um acontecimento que se torna traumático porque a ele ligou-se uma cena mais recente, que lhe dá sentido, Freud não responderá de maneira peremptória. O que temos é o distanciamento temporal entre, no mínimo, dois momentos e, nesse intervalo, uma *elaboração do conteúdo envolvido*. O desenho é herdeiro daquele da teoria da sedução ou, seria mais correto dizer, das tentativas freudianas de discernir, entre os elementos formadores da defesa e da etiologia das neuroses, aqueles que se reorganizam causando os sintomas. É chegado o momento de discutirmos a utilização que Freud faz dos termos *nachträglich* (adjetivo e advérbio) e *Nachträglichkeit* (substantivo), que formam o núcleo, como ressaltado ao longo das últimas páginas, de sua primeira teorização sobre a formação traumática, envolvendo no mínimo dois tempos. Embora tenhamos dedicado a primeira parte do presente texto a expor como há na obra freudiana uma clara e importante conceituação sobre o trauma ocorrendo em um tempo, o destaque dado à fantasia na formação dos sintomas e na balança etiológica concentrou

32   J.M. Masson, op. cit., p. 342.

158  O TERCEIRO TEMPO DO TRAUMA: PARTE II

atenção nessa "primeira teoria do trauma", que envolve a ideia de *a posteriori*. Laplanche escreve:

A teoria freudiana do traumatismo. [...] é a teoria na qual o traumatismo necessita sempre de dois tempos para existir. Não podemos falar de um acontecimento que, sozinho, será psiquicamente traumatizante, se ele não é o eco de outro acontecimento ou se não encontra seu eco em outro acontecimento.[33]

Para concordar com uma afirmação posta em tais termos, teríamos de ignorar Gavrilo, alguns dos neuróticos de guerra e *Além do Princípio do Prazer*. Michael Balint, nesse caso muito mais cuidadoso em suas afirmações, ao escolher o trauma como assunto para seu artigo no comemorativo número 50 do *International Journal of Psycho-Analysis*, resume a *neurótica* como a primeira teoria sobre a etiologia das neuroses que tem o trauma como núcleo, em seguida, faz uma síntese da "explicação metapsicológica" do trauma e seu papel etiológico, como vimos em *Além do Princípio do Prazer*, e escreve: "Assim, a psicanálise tinha duas teorias para etiologia das neuroses. A mais velha das duas presume a existência de um trauma sexual precoce."[34] A mais nova, de 1920, propõe que "toda compulsão à repetição deve ser considerada como se originando de uma experiência traumática"[35]. Judit Mészáros, de maneira semelhante, aponta duas teorias do trauma em Freud, ambas compreendendo modelos intrapsíquicos: a primeira, de 1895-1897, e a segunda, apresentada na década de 1920, e tendo como base a conceituação do desamparo e do excesso de estímulos[36], tal qual vimos anteriormente. Janin, por sua vez, utiliza a expressão "trauma psíquico na segunda tópica (por transbordamento quantitativo)"[37], para referir-se às ideias que Freud apresentou na virada da década de 1920, o que implica uma teorização sobre o trauma psíquico pré-segunda tópica, derivada do modelo da sedução[38]. Logo, parece claro que, embora exista e seja indis-

---

33  *Problématiques VI*, p. 135.
34  Trauma and Object Relationship, *International Journal of Psycho-Analysis*, p. 430.
35  Ibidem.
36  Elementos Para a Teoria Contemporânea do Trauma, *Percurso*, p. 9-20.
37  *Figures et destins du traumatisme*, p. 114.
38  Ibidem, p. 16.

DO ABANDONO E DE SEUS VALIOSOS RESTOS

pensável à teoria psicanalítica sobre o trauma uma temporalidade característica e que envolva no mínimo dois tempos, dois *événements* que ecoem entre si, não há como subscrever o que Laplanche falou nesse momento de seu seminário sobre *l'après-coup*. Seminário no qual, de forma geral, o conceito é discutido e destrinchado de maneira interessante, como é praxe nesse autor. Aqui, porém, cabe destacar: "a teoria freudiana do traumatismo" não é a teoria na qual o traumatismo necessita sempre dois tempos para existir, sequer podemos falar em *a* teoria freudiana do traumatismo. Ele nos apresenta ao menos duas grandes e robustas teorizações sobre o assunto, e ainda acrescenta-lhes, ao longo de sua obra, curvas e desvios que mostram ângulos não explorados integralmente acerca do trauma, ou do traumatismo, psíquico.

Creio serem necessários tais esclarecimentos pois, como anunciava momentos atrás, ao tocarmos no conceito de *Nachträglichkeit* estamos no núcleo de uma das teorias freudianas sobre o traumatismo, a primeira observável em sua obra. E parece-me coerente que tanto esta quanto a segunda teorização de Freud sobre o trauma possam ser, em certa medida, articuladas. No momento, basta que nos lembremos do acontecimento (algo que foi em si mesmo traumático, ou algo que foi ouvido ou vivido e pediu um trabalho psíquico de ligação) funcionando como um grão de areia ao redor do qual... Sigamos sem demora ao *depois*, descoberto em anos pré-psicanalíticos, mas que, após o abandono da *neurótica*, revelou-se um valioso resto.

Na versão em português da obra de J. Laplanche e J.-B. Pontalis, o termo utilizado é *a posteriori*, indicado tanto para *Nachträglichkeit* (subst.) quanto *nachträglich* (adj. e adv.). Lemos na definição:

Termos frequentemente utilizados por Freud com relação à sua concepção da temporalidade e da causalidade psíquicas. Há experiências, impressões, traços mnésicos que são ulteriormente remodelados em função de experiências novas, do acesso a outro grau de desenvolvimento. Pode, então, ser-lhes conferida, além de um novo sentido, uma eficácia psíquica.[39]

---

39  *Vocabulário de Psicanálise*, p. 33.

160  O TERCEIRO TEMPO DO TRAUMA: PARTE II

Para Laplanche e Pontalis, a concepção freudiana do *a posteriori* é definida de formas específicas. Estas poderiam ser organizadas em três grupos: 1. não é todo o vivido, todas as impressões, traços e representações, que são remodelados posteriormente, mas somente o que, no momento em que foi experimentado, não foi integrado a contento na rede associativa de forma a ganhar um sentido. "O modelo dessa vivência", escrevem, "é o acontecimento traumatizante"[40]; 2. a elaboração *nachträglich* ganharia velocidade por causa da maturação orgânica ou de eventos que proporcionam ao indivíduo uma nova gama de significações, favorecendo a elaboração de uma experiência anterior; e 3. o desenvolvimento sexual, que por ocorrer num ritmo diferente do desenvolvimento psíquico, causa remodelagens *a posteriori*.

O modelo de formação traumática prescrito quando da teoria da sedução, lembremos, implica a ativação após a puberdade da lembrança de um acontecimento que não se integrou plenamente ao Eu do paciente, não ganhou sentido, em razão da ignorância sexual à época da experiência. Após o abandono da *neurótica* o modelo continua válido no pensamento freudiano: impressões, percepções e experiências que não foram integradas são reativadas posteriormente, à medida que o paciente é capaz de dar-lhes sentido e integrá-las, mesmo quando, ao fazê-lo, elas geram desprazer, tornam-se traumáticas. Ressaltemos, em especial para compreensão de nosso tema, que o distanciamento temporal não torna o funcionamento da lembrança do acontecimento real – a sedução ou algo visto ou ouvido – como uma espécie de bomba-relógio que tem por destino detonar-se em dado momento, como expressões como "efeito retardado" ou *deferred action* levariam a supor[41]. Entre o primeiro tempo, daquilo que não pôde ser integrado, e o segundo, no qual uma nova experiência o reativa, o evento é remodelado de uma maneira que permite maior integração, mas à custa de uma atribuição de sentido que faz do acontecimento algo traumático. Para Laplanche, na sexta das *Problématiques*, o *après-coup* inverte a flecha do tempo, antes linear, do passado em direção ao presente, no sentido oposto: a Cena II, no caso Emma, por

40  Ibidem, p. 34.
41  Ibidem; Cf. J. Laplanche, *Problématiques VI*; P.C. Souza, *As Palavras de Freud*, p. 212.

DO ABANDONO E DE SEUS VALIOSOS RESTOS          161

exemplo, com os lojistas, é o que dá valor à Cena ɪ, o episódio com o comerciante, ao reinvesti-lo e dar à lembrança seu caráter sexual. A partir desse reinvestimento, a Cena ɪ passa a liberar excitação sexual e a agir como um traumatismo interno, um *autotraumatismo*, precisando ser recalcado, já que são os traços de memória da Cena ɪ que foram ativados *a posteriori*[42].

O problema apontado nesse tipo de argumentação é que ele faz uma confusão lógica ao propor uma causalidade bidirecional desnecessária[43]. Escrevendo a Fliess, em 6 de dezembro de 1896, ainda com a *neurótica* embaixo do braço e com o caso Emma próximo temporalmente, Freud expressou-se da seguinte forma:

> Como você sabe, estou trabalhando com a hipótese de que o mecanismo psíquico tenha se formado por um processo de estratificação: o material presente na forma de traços de memória sujeitando-se, de tempos em tempos, a um *rearranjo* de acordo com novas circunstâncias – a uma *retranscrição*. Logo, o que é essencialmente novo na minha teoria é a tese de que a memória está presente não uma, mas muitas vezes, que ela é arranjada em vários tipos de indicações.[44]

Tomando o termo sobre o pano de fundo dessa carta, vemos que ele "evoca um trânsito entre o presente e o passado"[45] evidente no pensamento freudiano, mas não necessariamente uma inversão da causalidade unidirecional. A experiência vai paulatinamente demandando ligação, unindo-se a outras ou ganhando revestimento; esporadicamente, ela é rearranjada,

---

42  Op. cit., p. 53-54.
43  Cf. H. Thomä; N. Cheshire, Freud's *Nachträglichkeit* and Strachey's Deferred Action, *International Review of Psycho-Analysis*; P.C. Souza, op. cit.

C. Le Guen, por exemplo, levantando questões ao fim do verbete *Aprés-coup* no *Dictionnaire freudien* que dirigiu e escreveu, apresenta, como afirmação, uma face desse problema: "Mais ainda que como uma desarticulação, o *aprés-coup* funciona como uma negação, e mesmo uma abolição, do tempo [...] [ele] torna-se para o tempo um verdadeiro não sentido: ele tira-lhe todo o significado negando sua linearidade orientada (a direção da 'flecha do tempo')" (p. 190). Como veremos a seguir, *nachträglich* implica, nas palavras de Luiz Hanns, "que algo é refeito/remodelado por acréscimo/retorno ou então que algo permanece latente e se manifesta posteriormente" (*Dicionário Comentado do Alemão de Freud*, p. 83). O evento, sua lembrança, retorna sem nunca ter deixado de estar, mas volta de outra forma após um processo elaborativo que o ressignifica.
44  J.M. Masson, op. cit., p. 207.
45  L. Hanns, *Dicionário Comentado do Alemão de Freud*, p. 87.

162 O TERCEIRO TEMPO DO TRAUMA: PARTE II

retranscrita e pode, eventualmente, ser ativada e ganhar um atributo que o indivíduo não lhe deu desde o princípio. Thomä e Cheshire tomam a questão da *Nachträglichkeit* e apresentam uma analogia interessante para compreensão do termo e de suas implicações no funcionamento psíquico. A imagem que utilizam, discutida de forma breve por Souza[46], é a de um sistema de processamento de informações

no qual os efeitos atuais de prévios *inputs* ao sistema são armazenados como componentes ativamente influentes do sistema dinâmico aqui e agora, mas também foram submetidos a reprocessamento e reorganização à luz de *inputs* posteriores nesse sistema (ou de quaisquer outras mudanças em seu estado)[47].

A analogia corresponde à hipótese que Freud postou a Fliess em 6 de dezembro, mas também ao que podemos depreender de outro momento no qual o termo ganha relevância, o caso do Homem dos Lobos. Os sintomas do paciente encontram como causa "não um trauma externo, mas um sonho, do qual ele acordou em um estado de angústia"[48]. O paciente teve o famoso sonho – que poupo o leitor de reler aqui – quando tinha quatro anos, de acordo com seu analista. Nele reproduzia-se, com todo o trabalho e esforço do processo onírico, uma cena de coito entre os pais que o paciente teria presenciado com um ano e meio de idade. De acordo com Freud, "ele [o paciente] foi capaz de ver os genitais de sua mãe assim como o órgão de seu pai; e entendeu tanto o fato como sua significação"[49]. À frase é acrescentada uma necessária nota, em que se lê *nachträglich* pela primeira vez no texto:

Quero dizer que ele compreendeu há época do sonho, quando tinha quatro anos, não no momento da observação. Ele recebeu as impressões quando tinha um ano e meio; sua compreensão delas foi posterior [*nachträglich*], mas tornou-se possível na época do sonho em razão de seu desenvolvimento, sua excitação sexual e suas pesquisas sexuais.[50]

46 P.C. Souza, *As Palavras de Freud*, p. 215.
47 H. Thomä; N. Cheshire, op. cit., p. 414.
48 From the History of an Infantile Neurosis, *SE*, v. XVII, p. 28.
49 Ibidem, p. 37.
50 Ibidem, p. 37n6.

DO ABANDONO E DE SEUS VALIOSOS RESTOS 163

Entre um momento e outro – a visão da cena primária com impressão da diferença sexual e o sonho que a ativa posteriormente – o então *menino dos lobos* apegou-se à sua babá, "Nanya", e teve experiências sexuais com sua irmã, dois anos mais velha. O paciente lembrou-se de uma proposta da irmã para que mostrassem às nádegas um ao outro, o que fizeram. Em seguida, outra memória acorreu-lhe: em uma primavera, quando seu pai estava distante e sua mãe trabalhava,

Sua irmã segurou-lhe o pênis e brincou com ele, ao mesmo tempo contando-lhe histórias incompreensíveis sobre sua Nanya, como que lhe explicando. Sua Nanya, disse-lhe, costumava fazer a mesma coisa com todo tipo de pessoas – por exemplo, com o jardineiro.[51]

A sedução assim descrita não foi, em absoluto, considerada uma fantasia; os episódios começaram, de acordo com Freud, quando o paciente tinha pouco mais de três anos[52]. Salientemos esse entretempo: o psiquismo do menino não ficou estagnado ou intocado entre a visão da cena primária e o sonho, nem foi alterado somente em função do desenvolvimento maturacional de seu corpo; ele também teve experiências, outras impressões, percepções e representações que permitiram a ligação e a formação de uma rede complexa envolvendo o evento no quarto dos pais, antes dos dois anos. Ao redor do grão de areia, aglutinaram-se alguns elementos. Ainda mais tarde, quando, com mais de vinte e cinco anos de idade, o homem estava em análise, Freud soube que ele

estava colocando as impressões e pulsões de seu quarto ano em palavras que ele nunca teria encontrado naquele tempo. Se deixarmos de notar isso, pode facilmente parecer cômico ou inacreditável que uma criança de quatro anos fosse capaz de tais julgamentos técnicos e noções aprendidas. Isto é simplesmente outro caso de ação *a posteriori*. Na idade de um ano e meio, a criança recebeu a impressão à qual não foi capaz de reagir adequadamente; só é capaz de entendê-la e ser movida por ela quando a impressão é reavivada nela aos quatro anos; e só vinte anos mais tarde, durante a análise, ele [o homem] é capaz de captar com seus processos mentais conscientes o que então acontecia nele. O paciente justificadamente ignora os três períodos de tempo, e põe seu Eu atual na

51  Ibidem, p. 20.
52  Ibidem, p. 23-24.

164      O TERCEIRO TEMPO DO TRAUMA: PARTE II

situação há muito passada. E nisso o seguimos, já que com uma auto-observação correta e interpretação o efeito deve ser o mesmo, como se a distância entre o segundo e terceiro períodos de tempo pudesse ser negligenciada[53].

Para Thomä e Cheshire, quando o *menino dos lobos* pós-fase fálica investe a lembrança de conteúdo sexual "e como consequência constrói algum evento subsequente de forma traumática, ele não está *fazendo*, muitos anos depois, com que o *evento* infantil em si mesmo tivesse certas propriedades que até então lhe faltavam"[54], ao contrário[55]. O que a ideia de *Nachträglichkeit* implica é que o psiquismo atualizou-se, por assim dizer, "de tal forma que certos *inputs* contemporâneos não só ativam os traços de memória reprocessados que derivam do evento infantil em questão, mas também", em virtude do estado atual do sistema dinâmico, que envolve os próprios traços de memória reprocessados, "evocam uma resposta traumática no aqui e agora"[56]. As remodelagens *a posteriori* não se restringem, como vimos, a um único episódio; no caso do Homem dos Lobos, Freud aponta-nos três, no da Sra. L. os encontraríamos em maior quantidade. Em ambos, de toda forma, o que percebemos é um distanciamento temporal entre no mínimo dois episódios durante o qual, entre um e outro, o evento (sua lembrança, seria melhor dizer) passa por um processo de elaboração inconsciente.

Antes de prosseguirmos à observação de como Ferenczi teorizou a formação traumática, existe um ponto que não podemos deixar em aberto e outro que devemos citar. Sobre o primeiro, percebemos que o efeito *nachträglich* ocorre sobre impressões,

---

53   Ibidem, p. 45n1.
54   Op. cit., p. 414.
55   Clinicamente o fenômeno aparece como que sobreposto, bebê, menino e Homem dos Lobos confundem-se e mostram-se subsistindo no mesmo sujeito, e ao mesmo tempo. O que não implica o desaparecimento de uma lógica linear quando procuramos recompor o desenvolvimento de sua condição psíquica. Só me parece coerente falar que algo muda em relação à "flecha do tempo" quando tomamos o fenômeno clínico; a transferência, por exemplo. Mas em vez de invertê-la ou aboli-la, o *a posteriori* traz à tona a coexistência e o intercâmbio entre diversos estratos do psiquismo: no aqui e agora, o sujeito revela-se nas diversas condições em que já existiu, e com os respectivos modos de funcionamento psíquico que teve.
56   H. Thomä; N. Cheshire, op. cit., p. 414.

percepções ou vivências que não foram integradas à contento quando experimentadas. O denominado *acontecimento*, o grão de areia de S. Viderman, tão explorado por Claude Janin, retorna à nossa lupa com valor diminuído nesses desdobramentos da primeira teoria freudiana sobre o trauma, mas ele ainda retém certo valor. No caso do Homem dos Lobos, a cena é tão forte posteriormente quanto banal no momento em que acontece: um bebê vê a cena primária. A visão da cena não é integrada completamente, não lhe é atribuído um sentido quando acontece, o que não significa que ela fica inerte, ao contrário: ela serve como um polo gravitacional pedindo ligação, elaboração. O mesmo pode ser dito sobre a Cena I do caso Emma: não integrada, ela é uma impressão mental – se quisermos usar os termos de Ferenczi em seu texto sobre os sonhos – passível de ser repetida, não descarregada e não dominada. O *événement*, o acontecimento, pede domínio e outros trabalhos psíquicos, que podem ou não acontecer – "há mais praias do que colares nos pescoços das mulheres" – mas *o fato de serem experiências que não puderam ser assimiladas quando ocorreram indica-nos que a formação traumática iniciou-se ali*. Se ela se completou *nachträglich* só poderemos dizer caso a caso, observando o processo também *a posteriori*. Nos exemplos de Gavrilo e da Sra. L., a experiência mostra ter efeitos traumáticos desde o início; em outro, não. Teríamos de acrescentar ao que foi discutido anteriormente a possibilidade do evento não ganhar, por fim, o atributo de traumático, embora a formação do trauma tenha iniciado quando da impossibilidade de integração da experiência:

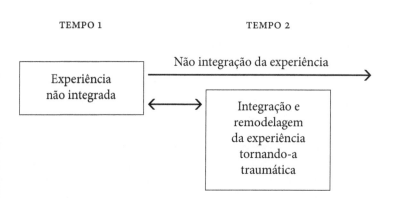

O modelo de traumatismo postulado em 1920 – do afluxo de estímulos que pede ligação e domínio – pode integrar-se à teoria freudiana do trauma em dois tempos quando o tomamos como uma experiência de choque (de intensidade variável), para a qual o indivíduo não estava preparado, que demanda do psiquismo um trabalho de captura e enlace psíquico dos estímulos – uma tentativa de integração. O acidente de Gavrilo rompe o escudo protetor contra estímulos em um único momento, o que acompanhamos depois são seus esforços de captura e enlace do afluxo excessivo, e suas tentativas de dar sentido e incluir a experiência em sua história. O trauma forma-se em um tempo, como no caso de alguns neuróticos de guerra. Um conjunto de impressões menos intensas, mas que igualmente acorrem ao indivíduo em um momento em que ele não está preparado para recebê-las, constitui o início, o primeiro tempo, da formação traumática, como ela se monta no caso do Homem dos Lobos ou mesmo no de Emma. Esse conjunto de primeiras impressões, o *événement*, está como que em potência, ele pode, a depender das experiências posteriores, ser remodelado e integrado *nachträglich*, tornando-se traumático. Entenda-se: isso não significa que, como uma bomba-relógio, o conjunto de impressões se tornará traumático, mas que ele *pode* ganhar esse atributo quando elaborado. Os elementos restantes da *neurótica* e a teorização de *Além do Princípio do Prazer* encontram-se e permitem uma sobreposição quando observamos a clínica e levamos em conta, como fez Ferenczi, em 1931, a existência de experiências mais ou menos intensas que precisam ser dominadas e descarregadas. Essa articulação fica mais visível quando focamos a infância, época em que o escudo protetor contra estímulos ainda está em formação e, salvo raras experiências, o indivíduo não está preparado para nada; seu desamparo e sua dependência é quase total. Freud constata esse estado em diversos momentos de sua obra, com bastante clareza ao falar sobre a formação de sintomas na vigésima terceira das *Conferências Introdutórias*:

A importância das experiências infantis não deve ser totalmente negligenciada, como as pessoas gostam de fazer, em comparação com as experiências dos ancestrais do sujeito e de sua maturidade; ao contrário, elas pedem consideração particular. Elas são todas mais importantes [*momentous*] porque ocorrem em tempos de desenvolvimento incompleto e são, exatamente por essa razão, mais passíveis de terem efeitos traumáticos.[57]

Em outras palavras: as excitações capazes de romper o escudo protetor – em diferentes escalas – são mais numerosas e comuns na infância. Mesmo quando não têm "força o suficiente" para causar "uma grave perturbação na economia energética do organismo", elas não deixam de causar alguma perturbação com a qual se deve lidar, pelos meios já discutidos, para que então sejam processadas. Processamento contínuo, cabe lembrar, e sujeito à retranscrições e rearranjos *nachträglich*.

Resta-nos citar o segundo ponto ao qual fez-se referência, já que o primeiro tratava dessa articulação entre as teorias freudianas do trauma. Ele diz respeito a elas, ou melhor, a algo que elas deixam ao largo da discussão. Como escreveu Mészáros, as teorias de Freud sobre o trauma são "modelos intrapsíquicos"[58]; ou, como bem colocou Laplanche: "O elemento que falta à interpretação freudiana clássica, é o aspecto intersubjetivo do evento."[59] Quando Balint começou intitulando seu artigo para o número comemorativo do *International Journal* com a palavra "Trauma", o que ele pretendia apresentar e discutir era exatamente esse ponto não aprofundado, faltante; logo, acrescentou: "and object relationship". Os modelos intrapsíquicos tendiam a colocar grande ênfase na fantasia em comparação aos eventos reais experimentados pelos pacientes, consequentemente, o ambiente, o outro, os objetos externos e o "aspecto intersubjetivo" tinham neles pouco destaque. Mas esse estado de coisas foi percebido muito antes, foi dito a Freud, e foi apresentado e defendido por um de seus mais próximos seguidores. Sándor Ferenczi desenhou sua teoria sobre o trauma a partir das ideias de Freud, tendo-as como base e vigas para o que percebia na clínica e para as reflexões que apresentava. E tentou, a seu modo, refletir sobre o que faltava à compreensão do tema.

---

57 Introductory Lectures on Psycho-Analysis (Part III), *SE*, v. XVI, p. 361.
58 Cf. Elementos Para a Teoria Contemporânea do Trauma, *Percurso*.
59 J. Laplanche, op. cit., p. 116.

# 8. A Viagem de Budapeste a Wiesbaden

Michael Balint chamou de evento histórico o desentendimento entre Freud e Ferenczi; um acontecimento, em sua opinião, que "agiu como um trauma no mundo psicanalítico"[1]. Gostaria de propor o seguinte exercício neste trecho de nossa discussão: como Gavrilo recompôs, a partir de impressões e informações, seu acidente, tentemos reconstruir o evento histórico do desentendimento entre Freud e Ferenczi, tendo por norte o último encontro entre ambos. Utilizemos para esse propósito, à maneira do processo psíquico que discutimos anteriormente, documentos, informações colhidas da bibliografia e um pouco de imaginação. Partiremos desse evento para introduzir algumas diferenças teóricas entre os autores acerca do que entra em jogo na formação do trauma. Nosso objetivo é apresentar a construção teórica dos últimos anos de Ferenczi, de forma que nos seja permitido, mais tarde, discutir uma possibilidade de formação traumática que seria impossível sem suas contribuições. Se até aqui a observamos como passível de ocorrer em único momento, quando de um poderoso afluxo de estímulos, ou em dois – com a ideia de ação diferida – veremos

1   *The Basic Fault*, p. 152.

como, também para Ferenczi, o trauma pode se formar em um ou dois tempos que, porém, diferem dos encontrados no pensamento freudiano.

Tomemos o último encontro entre *Herr Professor* e seu amigo como o faria um historiador à moda da escola dos *Annales*, ou como prescreveu Egon Friedel. Em branco está a folha de papel logo após o trauma, esperando que nela se possam fazer inscrições. Comecemos nosso pequeno exercício imaginativo, arremedo de historiografia, pela cor e pelo que, na reconstrução desse trauma psicanalítico, podemos associar a ela. Os cabelos...

Completamente brancos. Assim estavam os poucos fios na cabeça de Sándor Ferenczi quando tomou o trem para Viena, em 2 de setembro de 1932. Tinha 59 anos, mas os cabelos apresentavam essa única cor há quase uma década. Os óculos, que ele deve ter ajeitado ao sentar-se, o acompanhavam há mais tempo – eram do tipo pincenê, de aros circulares. Através deles, deve ter olhado a pasta sobre seus joelhos, observado a esposa, sentada a seu lado, e, em seguida, tirado o relógio de bolso para consultar as horas. Alguns anos depois, outro húngaro faria a mesma viagem, mas com o objetivo de estar ao lado da esposa, então uma estudante de psicanálise em Viena. Era o escritor Frigyes Karinthy, que narra a descida na capital austríaca com as seguintes palavras: "Uma manhã úmida, cinza, inamistosa saudou-nos quando Cini [seu filho] e eu descemos do [bonde interurbano] Árpád[2] para a suja estação de Viena."[3] Talvez Ferenczi não tenha encontrado uma estação suja em um dia úmido e cinzento, mas estava no vagão cujo nome remete à história da Hungria, e a um de seus textos[4]. A viagem não era longa; mas assim parecia no tempo marcado

---

2   O Árpád foi construído em 1914 e acelerou a viagem Budapeste-Viena, que passou a durar menos de três horas. Se Karinthy tomou este bonde para ir até Viena entre 1935-1938, é mais que provável que o mesmo meio de transporte tenha sido utilizado por Ferenczi alguns anos antes (Dados do Hungarian Railway Museum. Disponível em: <http://www.mavnosztalgia.hu>).

3   *A Journey Round My Skull*, p. 48.

4   Árpád é nome do fundador lendário da nação húngara. Em 1893, por exemplo, o governo pagou Mihály Munkácsy, considerado o maior pintor vivo do país na época, para fazer uma tela gigantesca para o prédio do parlamento. Na tela, nomeada *Honfoglalás* ("Conquista" ou "A Conquista da Hungria"), Árpád aparece montado num cavalo branco, recebendo homenagens dos habitantes da planície e das colinas (J. Lukacs, *Budapest 1900*, p. 7). Ferenczi dá o nome da figura lendária ao paciente apresentado no artigo "O Pequeno Homem Galo".

A VIAGEM DE BUDAPESTE A WIESBADEN     171

pelo relógio de bolso, ou pelo das estações, entre a partida e a chegada. Os homens "não são bons em medir o tempo. Eles só têm um padrão – seu tempo de *experiência*, como no *Máquina do Tempo* de Wells, onde seis meses foram comprimidos em um minuto manipulando a velocidade das impressões"[5].

Ferenczi devia estar apreensivo, pode ter olhado novamente para a pasta sobre os joelhos e conferido mais uma vez a quantas iam os ponteiros. Gizella, sua esposa, caso tenha notado a ansiedade do marido, perguntaria se ele estava bem. A resposta de Sándor, se nos dermos certa liberdade imaginativa e nos permitirmos um trabalho subjetivo sobre o acontecimento, deve ter sido: "Querida, não é a primeira vez que faço esta viagem".

Eles chegaram ao *Bahnhof* em torno do meio-dia[6], e seguiram para Pötzleinsdorf, no subúrbio, onde estava Freud[7]. Tomariam outro trem às onze horas da noite. Viena era uma escala na viagem rumo ao XII Congresso Internacional de Psicanálise, que aconteceria entre os dias 4 e 7 seguintes, em Wiesbaden[8]. A escala tinha dois objetivos estreitamente ligados ao seu analista e amigo: Ferenczi ficaria algumas horas em Viena para ver

---

5    F. Karinthy, op. cit., p. 34.

6    P. Roazen, *Freud and His Followers*, p. 368. O autor aponta que o último encontro entre Freud e Ferenczi realizou-se no dia 24 de agosto de 1932, o que não corresponde ao apurado na correspondência entre os dois; no mesmo dia 24 de agosto, Freud envia a Ferenczi uma carta que é respondida no dia 29 de agosto, de Budapeste (E. Brabant; E. Falzeder, *The Correspondence...v. III*, p. 441-443); ou seja, o encontro não aconteceu no dia indicado pelo autor. A primeira edição do livro de Roazen, de 1975, não pôde fazer uso da correspondência hoje à mão. Da mesma forma, P. Gay, *Freud: Uma Vida Para Nosso Tempo*, p. 528, data o último encontro no dia 30 de agosto de 1932; e acrescenta que, três dias depois, Freud enviou a Max Eitingon um telegrama comentando a visita. Provavelmente ele não atentou, nas reimpressões subsequentes de seu livro (a primeira é de 1988), ao terceiro volume da correspondência entre as personagens. A datação do encontro que faço aqui segue as cartas e as notas feitas a elas, em que estão citados comentários de Freud ou telegramas enviados por ele após ouvir Ferenczi. E, principalmente, um telegrama não datado (posteriormente datado de 28 de agosto de 1932) de Ferenczi, encontrado entre seus papéis por Judith Dupont. Cito-o integralmente: "thanks for letter arrive vienna noon september 2 departure wiesbaden 11 night will visit you and opportunity to talk through regards = ferenczi" ["obrigado pela carta chego viena meio-dia 2 setembro partida wiesbaden 11 noite vou visitá-lo e oportunidade para conversar inteiramente atenciosamente = ferenczi"]. Cf. E. Brabant; E. Falzeder, op. cit., p. 442.

7    I. Meyer-Palmedo, *Correspondência 1904-1938/Sigmund Freud, Anna Freud*, p. 399n2.

8    E. Brabant; E. Falzeder, op. cit., p. 442.

O TERCEIRO TEMPO DO TRAUMA: PARTE II

Freud, e lhe apresentaria o texto de sua conferência no congresso. Ferenczi contou a Izette de Forest sua versão do encontro, que Erich Fromm reproduziu em sua biografia de Freud:

Quando visitei o professor, contei-lhe sobre minhas mais novas ideias técnicas. [...] O professor ouviu minha exposição com crescente impaciência e, finalmente, advertiu-me de que eu estava pisando em terreno perigoso e afastando-me fundamentalmente das fronteiras e técnicas tradicionais da psicanálise. Tal indulgência às expectativas e desejos do paciente – não importam quão genuínos – aumentaria sua dependência do analista. Tal dependência só pode ser destruída pelo afastamento emocional do analista. Nas mãos de analistas inexperientes, meu método, disse o professor, pode facilmente levar à indulgência sexual em vez de ser uma expressão de devoção parental. Essa advertência terminou a entrevista. Eu estendi minha mão em um afetuoso *adieu*. O professor virou-me as costas e caminhou para fora de sua sala.[9]

Assim Ferenczi narra o último encontro entre os dois, clímax do desentendimento que "agiu como um trauma". O texto lido a Freud, no entanto, não fora concebido sem atenção às consequências que poderia acarretar. Podemos dizer, na verdade, que esse, o "mais controverso e mais profundo texto"[10] de Ferenczi, teve gestação longa e parto difícil, para utilizarmos uma expressão de Freud sobre a escrita de alguns dos próprios ensaios. Se pudéssemos fazer um corte, encontrar um momento mais próximo para a concepção do que Freud ouviu em 2 de setembro, teríamos de voltar nossos olhos em direção aos últimos textos de Ferenczi. Suas ideias sobre o que é traumático e sobre a técnica psicanalítica vinham crescendo e ganhando forma, e elas receberam uma ênfase ainda mais forte, a partir do fim da década de 1920 e começo da década de 1930. Façamos uma breve caminhada epistolar para apresentar a etiologia imediata do "evento histórico" traumático ao mundo psicanalítico.

---

9  Não tive acesso ao livro de Erich Fromm, *Sigmund Freud´s Mission*, no qual esse relato pode ser encontrado. Portanto, utilizei a citação do trecho que consta em nota no terceiro volume da correspondência entre Freud e Ferenczi (p. 442n1) e a citação, com menos cortes, que pode ser encontrada nas p. 253-254, da biografia de Ferenczi escrita por A.W. Rachman, *Sándor Ferenczi: The Psychoterapist of Tenderness and Passion*, p. 253-254. O trecho restante será apresentado mais à frente.

10  A.W. Rachman, op. cit., p. 231.

A VIAGEM DE BUDAPESTE A WIESBADEN 173

No Natal de 1929, Ferenczi envia a Freud uma síntese do método de trabalho que adotara e das conclusões a que chegou – apresentadas em uma conferência em Oxford com o título "O Princípio de Relaxamento e Neocatarse":

Eu me esforcei para fazer as coisas ingenuamente, pode-se dizer, sem olhar para nada teoricamente preconcebido, ao menos nenhuma opinião muito rígida, e minhas experiências acumularam em uma direção específica, ao qual minha conferência em Oxford aludiu. [...] Sumarizando o mais sucintamente.

1. Em *todos* os casos nos quais penetrei suficientemente, encontrei uma base traumática-histérica para as doenças.

2. Onde eu e o paciente tivemos sucesso nisso, o efeito terapêutico foi muito mais significativo.

3. A visão crítica que gradualmente formou-se em mim durante o processo foi que a psicanálise engaja-se muito unilateralmente na neurose obsessiva e análise de caráter, leia-se, psicologia do Eu, negligenciando a base histérico-orgânica da análise; *a causa está na superestimação da fantasia – e na subestimação da realidade traumática na patogênese.*

Não sei se você pode chamar a isso de uma "direção de oposição". Não acho que seja justificado. É só uma questão de tendência, baseada na experiência, de equilibrar a unilateralidade, ao desenvolvimento da qual nenhuma área do conhecimento está imune.[11]

Se o desenvolvimento da teoria psicanalítica pendera a balança acrescentando demasiado peso ao prato da fantasia na equação etiológica, Ferenczi comunica seu desejo de reavaliar a importância da realidade na geração da patologia. E faz questão de explicitar em que sentido lhe parece correto acertar o desnível: sua experiência clínica revelou um substrato histérico de fundo traumático – um conflito entre o Eu e o ambiente – na doença psíquica que, quando atingido e tratado, trazia melhores efeitos terapêuticos. A tentativa de reequilibrar os pratos invoca uma crítica ao estado atual da arte; ao desconsiderar a importância dos embates reais entre o Eu e os objetos externos, a teoria e, consequentemente, a clínica negligenciam aspectos importantes da patogênese e de como tratá-la com mais profundidade. O foco de Ferenczi vai cada vez mais se concentrar simultaneamente em dois pontos explicitados nessa carta: o trauma real e seus efeitos, e como tratá-lo analiticamente.

11 E. Brabant; E. Falzeder, op. cit., p. 375-376, grifos nossos.

174 O TERCEIRO TEMPO DO TRAUMA: PARTE II

No primeiro semestre de 1930, Ferenczi mudou-se com a esposa para uma *villa* em Buda, o lado montanhoso da capital húngara à direita do Danúbio, e, enquanto preparava a nova residência, escreveu a Freud em 29 de junho: "estou trabalhando diligentemente: sete, oito, nove horas por dia; o mecanismo mais fino do 'trauma psíquico' e sua relação com a psicose também está ganhando forma em um quadro muito impressionante, ao menos para mim"[12].

Já ouvimos um pouco dessa relação quando Ferenczi disse que a primeira reação ao choque é uma psicose transitória, de fuga da realidade. O comentário de Freud a essa linha de raciocínio é enviado no dia 16 de setembro e traz uma ideia que, na opinião de André Haynal, torna-se para o discípulo "a tarefa vital do analista"[13], se já não o era – "tornar os traumas acessíveis":

As novas visões sobre a fragmentação traumática da vida mental[14] que você indicou me parecem muito engenhosas e têm algo da ótima característica da Teoria da Genitalidade. Eu só acho que dificilmente se pode falar de trauma na extraordinária atividade sintética do Eu sem tratar da formação de cicatriz junto com ele. A última, é claro, também produz o que vemos; devemos tornar os traumas acessíveis.[15]

A resposta de Ferenczi ao comentário de Freud, cinco dias depois (31 de setembro de 1930), traz uma espécie de reclamação pelo adjetivo "engenhosas" em vez de corretas, prováveis ou plausíveis. Ele argumenta que a formação do quadro que estudava e apresentava em palestras baseava-se em sua prática, não em especulações, como fora o caso da Teoria da Genitalidade[16], e provava-se de valor teórico e prático. Mas aquiesce:

12 Ibidem, p. 394
13 *Disappearing and Reviving, Sándor Ferenczi in the History of Psycho-Analysis*, p. 48.
14 Na sequência, ao discutirmos os textos de Ferenczi entre 1928 e 1932, esse efeito do trauma será apresentado em detalhe. No momento, cabe esclarecer que para Ferenczi o choque conduz, como vimos, a uma psicose transitória, a uma fuga da realidade e uma anestesia; cada psicose temporária causada por um trauma implicaria em uma cisão do Eu que, em situações extremas ou em traumas repetidos, levaria a inúmeras cisões, a ponto de ser possível se falar em uma fragmentação e mesmo em uma atomização na vida mental.
15 E. Brabant; E. Falzeder, op. cit., p. 399.
16 Trata-se de S. Ferenczi, *Thalassa*, livro que agradou muito a Freud.

A VIAGEM DE BUDAPESTE A WIESBADEN

Não é preciso falar que você está completamente certo quando coloca a incansável tendência à unificação na vida mental ao lado do trauma. Eu posso não só confirmar esse princípio, mas também revesti-lo com exemplos dos vários modos da tendência à cura. Só acho que a expressão "formação de cicatriz", até onde minha experiência vai, não caracteriza fielmente o domínio do trauma por meios de reação patológica, na medida em que os produtos mentais patológicos não são tão rígidos e incapazes de recuperação como são as cicatrizes de tecidos corporais.[17]

Ferenczi mostra-se mais otimista que Freud, como percebemos por sua opinião sobre a metáfora da cicatriz. Ele acredita que as cicatrizes do trauma psíquico são menos imutáveis que as causadas pela reação do corpo à lesão física. E, de fato, muitas vezes elas se mostram sob uma luz favorável: em Gavrilo, por exemplo, a capacidade de elaboração psíquica ultrapassou em muito a flexibilidade do queloide que risca o abdômen; no caso de Jennifer e de outros neuróticos de guerra, a hiperestesia dos sentidos – essa espécie de lesão física – tem uma função traumatofílica que pode ajudar na recuperação.

Depois da troca de impressões, o trauma sai da pauta de discussão entre os dois por mais de sete meses, até que começam os preparativos para o congresso que nunca aconteceu, aquele no qual Ferenczi pretendia realizar a conferência sobre a segunda função dos sonhos e outra, que teria por título "Uma Possível Extensão de Nosso Metapsicológico Mundo das Ideias"[18]. Em síntese, ele escreve, da mesma forma que o mecanismo do recalque pôde ser depreendido e universalizado como uma realidade psíquica por meio da experiência analítica com neuróticos, outros mecanismos poderiam ser considerados como tal por meio da experiência com psicóticos e vítimas de trauma. Entre esses mecanismos estariam a fragmentação e a atomização da personalidade. Teremos oportunidade de ver como Ferenczi chegou a essas ideias mais à frente.

Devemos voltar ao subúrbio de Viena, dois dias antes do XII Congresso de Psicanálise de Wiesbaden. Ferenczi segura nas mãos o texto de sua conferência, que tinha por nome "A Paixão dos Adultos e Sua Influência Sobre o Desenvolvimento Sexual e de Caráter da Criança", publicada mais tarde com o título de

17  E. Brabant; E. Falzeder, op. cit., p. 400.
18  Ibidem, p. 412.

# O TERCEIRO TEMPO DO TRAUMA: PARTE II

"Confusão de Línguas Entre os Adultos e a Criança: A Linguagem da Ternura e da Paixão".

Nas palavras com que Ferenczi descreveu a Izette de Forest o que disse naquele dia, Freud ouviu isto:

Eu tentei descobrir, a partir das associações de ideias de meus pacientes, da forma como se comportavam, especialmente em relação a mim, as frustrações que provocaram sua raiva ou depressão e [...] a maneira pela qual eles sofreram rejeição nas mãos de suas mães ou seus parentes ou sub-rogados. Eu também me esforcei, pela empatia, em imaginar qual tipo de cuidado [...] o paciente realmente precisou naquela tenra idade [...] que teria permitido a sua autoconfiança, a sua autossatisfação, desenvolver-se sadiamente. Cada paciente precisa de uma diferente experiência de ternura, de cuidado suportivo [...] É possível sentir quando estou no caminho errado; porque o paciente imediatamente dá o sinal, inconscientemente, por um número de pequenas mudanças no humor e comportamento. Mesmo seus sonhos mostram uma resposta ao novo e benéfico tratamento. [...] Este é um processo de erro e acerto com eventual sucesso, e deve ser perseguido pelo analista com toda a habilidade e tato, e amorosa bondade, e sem medo. Deve ser absolutamente honesto e genuíno [sic].[19]

Caso o relato de Erich Fromm seja fiel, podemos imaginar correr repetidamente entre os pensamentos de Freud: *furor sanandis, furor sanandis!* Mas talvez não tenham sido esses os seus pensamentos; até porque a conferência em si, que pode ter sido lida antes, durante, mas dificilmente depois dessas palavras, já tivera um pouco de seu conteúdo exposto a Freud. Bastaria que observássemos com atenção os últimos cinco anos das teorizações de Ferenczi e de suas mudanças na técnica – algumas até aprovadas, com pequenas correções, pelo próprio Freud. Este já conhecia vários pontos que o seguidor tocaria na conferência e escrevera a Eitingon, em 29 de agosto de 1932:

A comunicação já se supõe que contenha algumas destas novidades. Estamos [Freud, Brill e Radó] de acordo que eu devo lhe impor que mantenha a reserva por cerca de um ano e consagre esse período à verificação, antes de fazer em público um passo suscetível de prejudicar nossa causa. Conseguirei fazê-lo?[20]

---

19  E. Fromm apud A.W. Rachman, *Sándor Ferenczi: The Psychoterapist of Tenderness and Passion*, p. 253-254.
20  M. Schröter, *Sigmund Freud-Max Eitingon: Correspondance 1906-1939*, p. 764.

A VIAGEM DE BUDAPESTE A WIESBADEN 177

E continua: "Ele deve ser impedido de ler seu ensaio. Ele vai apresentar outro, ou nenhum."[21] O próprio Eitingon conhecia algo do conteúdo da palestra de Ferenczi por meio de Sándor Radó, psicanalista húngaro, e em uma carta a Freud no dia seguinte (30 de agosto), conta que pediu a Ferenczi que "não a comunicasse antes de ter discutido suas novas ideias em detalhe" com os principais seguidores de Freud. E completa, "de qualquer forma, Ferenczi está muito doente"[22]. O núcleo político do movimento psicanalítico incomodava-se com o que Ferenczi poderia dizer em Wiesbaden, organizava-se para convencê-lo ou impedi-lo de apresentar ideias sobre as quais, até então, tinham conhecimento esparso e fragmentado.

No mesmo dia em que Freud escreve a Eitingon, dizendo que imporá uma reserva à comunicação do material e "ordenando" que o discípulo húngaro fosse impedido de apresentar sua conferência, Ferenczi envia-lhe de Budapeste uma carta na qual se lê:

Posso lhe dizer, com certeza, que as coisas que tenho que comunicar não são, *de acordo com o que sinto*, "de fazer a terra tremer"; eu me sinto livre da tendência de fundar uma nova escola, e vou primeiramente me voltar aos colegas da "velha formação" com minhas sugestões para discussão e esperar ser compreendido por eles – estou naturalmente esperando sugestões contrárias, às quais estou resolvido a conceder o respeito que merecerem.[23]

Pouco depois de lida a conferência a Freud, no mesmo dia 2 de setembro, ele telegrafa a Eitingon: "Palestra de Ferenczi lida em voz alta[.] Inofensiva estúpida [ele] por outro lado inacessível."[24] A versão de Freud desse encontro e seus comentários mais detalhados sobre a conferência não foram enviados a um dos discípulos, mas à sua filha Anna, que tinha Ferenczi na mais alta conta. Reproduziremos integralmente a parte da carta que trata do encontro e das críticas de Freud, porque ela nos servirá como um bom ponto de partida para a entrada no

21  Ibidem.
22  Ibidem, p. 764-765.
23  E. Brabant; E. Falzeder, op. cit., p. 442.
24  Ibidem, p. 442n1. Em M. Schröter, op. cit., p. 766: "Lida comunicação Ferenczi trivial estúpida caso contrário insuficiente impressão desagradável = freud."

O TERCEIRO TEMPO DO TRAUMA: PARTE II

conteúdo teórico que nos interessa. Existem controvérsias na literatura sobre a data da apresentação do texto de Ferenczi. Em Meyer-Palmedo, lemos que a palestra foi adiantada para as 21 horas do dia 3 de setembro; em Rachman, ela foi "o primeiro trabalho apresentado no domingo, 4 de setembro de 1932"[25]. Mesmo com a confusão, a pena de Freud relatou à filha:

Os Ferenczi chegaram antes das quatro horas. Ela, gentil como sempre, ele frio, gelado. Sem mais perguntas ou cumprimentos, ele disse: "Quero lhe apresentar a minha conferência." Foi o que ele fez, e eu escutei, horrorizado. *Ele fez uma regressão total no que se refere a termos etiológicos nos quais eu acreditava há 35 anos e que abandonei, como, por exemplo, que o motivo habitual das neuroses seriam traumas*[26] *sexuais da infância, e ele expressou tudo isso quase com as mesmas palavras que eu então.* Nenhuma palavra sobre a técnica graças à qual ele reúne esse material; em meio a isso, observações sobre a hostilidade dos pacientes e a necessidade de aceitar suas críticas e admitir seus erros perante eles. Tudo meio burro, ou pelo menos parece assim, por ser tão pouco verdadeiro e incompleto. Bem, entretempo deves ter escutado a conferência e feito teus julgamentos.

No meio da palestra chegou Brill[,] que depois recuperou a parte que perdera. A conferência me pareceu inócua, só pode prejudicar a ele próprio, mas obviamente estragará o ambiente no primeiro dia.

Eu me restringi a fazer duas perguntas. A primeira, disse eu, faria também a plateia: por que ele chegou a esse fenômeno de transe que outros nem conseguem enxergar? Suas respostas foram evasivas, reservadas. Questionado sobre suas objeções ao Édipo etc., ele declarou que as informações de Brill[27] eram ambíguas, admitiu certos desvios de sua concepção, mas que eu não consegui entender. Brill cochichou

---

25  *Correspondência 1904-1938/Sigmund Freud, Anna Freud*, p. 398-399n8; A.W. Rachman, *Sándor Ferenczi. The Psychotherapist of Tenderness and Passion*, p. 232.

26  A edição brasileira da correspondência Freud-Anna Freud é preciosa em muitos aspectos, mas, nesta carta em particular, apresenta um erro: encontra-se "sonhos sexuais da infância" onde se deveria ler "traumas sexuais da infância" (*sexuelle Traumen der Kindheit*). O equívoco provavelmente se deve à semelhança na grafia de "sonhos", *Träume*, e "traumas", *Traumen*. (Já tive a oportunidade de fazer este comentário em nota do tradutor acrescida ao artigo de J. Mészáros, Elementos Para a Teoria Contemporânea do Trauma, *Percurso*, p. 11n6.)

27  Em agosto de 1932, Brill viajara com Radó a Budapeste onde colheram informações sobre o estado de saúde de Ferenczi e sobre os rumos de suas pesquisas. Ao voltarem a Viena, em 28 de agosto, informaram a Freud suas impressões (M. Schröter, *Sigmund Freud-Max Eitingon. Correspondance 1906-1939*, p. 763; Meyer-Palmedo, op. cit., p. 400n9).

A VIAGEM DE BUDAPESTE A WIESBADEN

para mim: *he is not sincere* (ele não é sincero). O mesmo ocorreu com Rank, mas muito mais triste.

Minha segunda pergunta foi sobre a sua intenção em ler aquela palestra para mim. Mais uma vez, a opinião foi totalmente sem emoção, até ficar claro que ele pretende assumir a presidência. Eu disse que me absteria de influenciar a eleição.[28]

Boas perguntas, as de Freud. Como Ferenczi chegou a esses fenômenos de transe, que ninguém mais enxergava? A única resposta é a que se depreende da leitura da própria conferência e do que o húngaro escrevera nos cinco anos anteriores, que discutiremos a seguir. À segunda pergunta, pouco pode ser respondido que não toque diretamente na relação entre os dois, Freud e Ferenczi. Não se tratava de contar uma descoberta, uma percepção clínica e uma construção teórica, ao próprio analista e pai da psicanálise? De falar algo desafiador, tal qual uma criança que discute o que lhe impõe o pai de forma severa e que lhe tira a liberdade? E não era uma crítica dirigida à teoria e à prática, talvez algo negativo da transferência que não fora muito bem analisado, resolvido ou posto às claras entre os dois? As perguntas de Freud geram somente mais dúvidas, mesmo porque, na correspondência que mantinha com o seguidor, foram-lhe reveladas as experiências técnicas que conduziram aos resultados que "Confusão de Línguas" sintetizava. E a questão da presidência talvez tenha sido – se é possível indicar algo mais objetivo – a gota d'água que, lembremos, é preciso entender o que significa.

Freud considerou a conferência meio burra, pouco verdadeira e incompleta. Em um aspecto, o homem que segura nas mãos o texto de sua conferência concordaria com Freud; era um trabalho incompleto. As primeiras palavras que o público em Wiesbaden ouviu às 21 horas do dia 3 de setembro, ou logo pela manhã no domingo, 4 de setembro de 1932, foram: "Foi um erro tentar circunscrever o tema muito amplo da origem exógena das formações de caráter e neuroses dentro de um trabalho de congresso. Eu devo, portanto, contentar-me com um pequeno resumo do que teria para falar sobre esse assunto."[29]

---

28 I. Meyer-Palmedo, op. cit., p. 398, grifo nosso.
29 S. Ferenczi, Confusion of Tongues Between Adults and the Child, *Fin*, p. 156. De agora em diante Confusion...

"Confusão de Línguas", que se inicia dessa forma, é o ápice incompleto de uma pesquisa desenvolvida ao menos desde o fim da década de 1920, quando o trauma psíquico tornou-se o *caput nili* da compreensão ferencziana sobre os processos patológicos. Como pudemos observar anteriormente, ele escreveu sobre alguns tipos de formação traumática, as que envolviam a guerra, na vida adulta do paciente e desencadeavam uma neurose; agora, porém, seu interesse era outro: o fundo traumático, exógeno, de toda condição psicopatológica, que se encontrava na infância do paciente.

Um texto importante, porque marca um rompimento e contém o germe de algumas ideias aprofundadas posteriormente, é "A Adaptação da Família à Criança". Apresentado como uma palestra à Sociedade Britânica de Psicanálise, em 1927, o artigo tem como alvo os traumas responsáveis pela patogênese. Otto Rank, ao escrever *O Trauma do Nascimento*, deu ao traumatismo um caráter originário com o qual Freud, em parte, aquiesceu. Em *Inibições, Sintomas e Angústia*, como vimos, o nascimento é descrito como o protótipo das experiências de angústia, portanto, como o primeiro, mas não o maior, trauma comum a todo indivíduo. O rompimento de Ferenczi é com essa concepção que vê o trauma – a experiência de desamparo – como estrutural[30]. Ele diz a seus colegas ingleses que "para nenhum dos desenvolvimentos e mudanças que a vida traz, estava o indivíduo tão preparado como para o nascimento. A fisiologia e os instintos dos pais tornam essa transição [para fora do ventre materno] a mais suave possível"[31]. Leia-se, o sujeito está pronto para o evento e o ambiente, os objetos que o compõem fazendo as vezes de paraexcitação diminuem o impacto dos estímulos externos. Os "traumas reais", defende, relacionam-se à adaptação da criança à família, ao convívio social e ao abandono da infância.

O primeiro verdadeiro trauma discutido é o desmame por um método "atrapalhado", o que influencia desfavoravelmente a forma como a criança se relaciona com seus objetos de amor e como deles obtém prazer[32]. Na vigésima terceira *Conferência*

---

30  D. Kupermann, *Presença Sensível*, p. 150.
31  S. Ferenczi, The Adaptation of the Family to the Child, *Fin*, p. 64. De agora em diante The Adaptation...
32  Ibidem, p. 65.

*Introdutória*, Freud já adjetivara como traumática a mudança radical na maneira da criança obter prazer causada por um desmame súbito[33]. A observação de Ferenczi, todavia, relaciona-se a outro elemento da formação do trauma, igualmente presente nas *Conferências* – a saber, experiências que o sujeito, em função do seu estágio de desenvolvimento, não está psíquica nem emocionalmente preparado para enfrentar. As metáforas que usa reforçam essa observação: uma ferida durante a vida embrionária causa mais estragos que uma ferida infringida posteriormente; a mão, que quanto mais próxima da chama da vela, maior a sombra que causa na projeção da luz. E, por fim, o seio sendo tirado da criança de uma maneira problemática quando, ponto importante, *"faltam a ela os escapes adequados para suas emoções"*[34]. O segundo trauma indicado no artigo é a experiência de ver o coito parental durante o primeiro ou segundo ano de vida. Junto à capacidade de excitar-se com a cena, Ferenczi novamente destaca a falta de escapes emocionais apropriados como determinante para o caráter traumático do evento. Tanto o desmame quanto a visão do coito explicitam a dinâmica na qual o autor identifica o que pode ser e o que não deve ser considerado um trauma: tratam-se de experiências reais, que armam um conflito entre o indivíduo e o que lhe é externo, e com as quais não se pode lidar de forma adequada.

O aprendizado da higiene e a descoberta da sexualidade recompõem a mesma dinâmica, mas acrescentam algumas particularidades. A higiene envolve uma adaptação de funções fisiológicas ao convívio social, "aos requerimentos da civilização"[35], e determina modelos de reação que podem ser mantidos ao longo de toda a vida. O excremento é tomado pela criança como uma parte de si, "um algo transicional entre ele e seu ambiente, leia-se, entre sujeito e objeto"[36], de forma que as dificuldades inerentes ao aprendizado da limpeza, quando não encaradas com paciência e compreensão pelos pais, teriam efeito traumático.

---

33 Introductory Lectures on Psycho-Analysis (Part III), *SE*, v. XVI, p. 366.
34 S. Ferenczi, The Adaptation…, *Fin*, p. 66, grifo nosso.
35 Ibidem.
36 Ibidem, p. 67.

A descoberta da sexualidade – o quarto trauma descrito no artigo – soma à dinâmica comum entre as experiências listadas um elemento que se tornará central na teoria e na clínica ferencziana. Ele nos lembra que os considerados "maus hábitos" sexuais são, na verdade, expressões do autoerotismo infantil, pulsões sexuais primitivas, logo, comportamentos que não devem ser punidos. E fala também do esclarecimento sexual, dos questionamentos da criança sobre de onde vêm os bebês. As respostas, explica, podem ser falsas ou verdadeiras – pode-se responder com a cegonha ou com a anatomofisiologia humana – à criança, isso pouco esclarecerá. Ela reagirá com descrença:

> *O que a criança realmente precisa é uma admissão da importância erótica (sensual) dos órgãos genitais.* Ela não é um cientista que quer saber de onde os bebês vêm; obviamente, ela tem interesse nessa questão como tem em Astronomia, mas está muito mais desejante de uma admissão de seus pais e educadores de que o órgão sexual tem uma função libidinosa, e enquanto isso não é admitido pelos pais, nenhuma explicação é satisfatória.[37]

Como sente prazer ao tocar seus próprios genitais, a atitude dos pais ao não reconhecer o efeito da estimulação dos órgãos sexuais só pode ser lida pela criança como algo a ser duvidado e que torna o prazer que ela sente condenável. Em decorrência do recalque das próprias memórias ligadas ao autoerotismo infantil, "implicitamente esperamos a confiança delas [das crianças] enquanto *negamos a validade de suas próprias experiências físicas e psíquicas*"[38]. Aqui encontramos uma das ideias à qual Ferenczi se dedicará até o fim da vida; em sua teorização, um aspecto essencial para determinado tipo de formação traumática é a não validação, pelos objetos de confiança, de experiências físicas e psíquicas. A seguir, voltaremos a essa ideia; agora, é prudente acompanharmos o último trauma elencado na palestra à Sociedade Britânica de Psicanálise.

Ele também diz respeito à sexualidade e à confiabilidade dos objetos externos. Até determinada idade, todas as demonstrações edipianas da criança eram respondidas sem seriedade, era-lhe autorizado pensar e fazer tudo sem que fosse punida

37 Ibidem, p. 70.
38 Ibidem, p. 71, grifo nosso.

A VIAGEM DE BUDAPESTE A WIESBADEN          183

por suas intenções sexuais, que nem eram compreendidas como tais. De repente, quando entra no Édipo, a criança descobre que alguns comportamentos são levados a sério e punidos. Um difícil código instala-se. Ele é: 1. novo e desconhecido para a criança; 2. envolve uma inconstância daqueles que o determinam; e 3. demanda uma adaptação a seus termos. Tudo que se podia, como já dissemos, não se pode mais. O segundo e o terceiro pontos ligam-se diretamente e salientam características importantes da relação entre a criança e o meio externo. O Eu é a parte da mente humana "que deve se ajustar ao ambiente em qualquer relação particular"[39], mas no ambiente, a grande maioria dos objetos é constante, com exceção das pessoas. "O ser humano", diz o psicanalista húngaro, "é o único animal que mente. É isso que torna muito difícil para a criança adaptar-se à parte do ambiente que são os pais; até os pais mais respeitáveis não dizem sempre a verdade"[40]. "A verdade" aqui, como no trauma anterior, é o que não gera descrença e mantém a relação de confiança entre o adulto e a criança. No exemplo do palestrante, as crianças percebem que "doçuras" (o que é prazeroso) são boas e que o treinamento (a postergação do prazer ou o desprazer) é ruim, mas seus pais dizem o exato oposto. "A criança, sendo dependente de seus pais tanto física quanto emocionalmente, tem de se adaptar a esse novo e difícil código."[41] E o faz, ele nos dirá, identificando-se com o código dos pais, que são seus ideais – base do Supereu. Identificando-se também, portanto, com uma autoridade potencialmente punitiva[42].

O conflito entre o Eu e o mundo externo passa a acontecer internamente, entre o Eu e Supereu. O processo em si, de introjeção, não é o problema[43], como não são, em si mesmas, as experiências que Ferenczi chamou de "traumas reais". O que torna processos comuns ao desenvolvimento de toda criança patológicos, o que lhes acrescenta o adjetivo de traumáticos é a relação com objetos que mantêm certas características. Utilizando os termos com os quais temos pontuado este texto,

---

39  Ibidem, p. 72.
40  Ibidem.
41  Ibidem, p. 73.
42  Aqui cabe a observação de que não só a tirania, mas a permissividade excessiva também pode ter efeitos traumáticos.
43  Cf. S. Ferenczi, Introjection and Transference, C.

184     O TERCEIRO TEMPO DO TRAUMA: PARTE II

podemos dizer que a formação traumática para Ferenczi, em 1927, envolve um estímulo capaz de gerar, no indivíduo, uma excitação com a qual ele não é capaz de lidar; ou um não reconhecimento, pelos objetos, das percepções e sensações pessoais; ou ainda a imposição abrupta pelo ambiente de um código de conduta avesso ao até então em voga, que é substituído.

Ao centralizar o papel dos objetos externos, notadamente dos pais, na patogênese, entrou em jogo também o comportamento de seu sub-rogado transferencial, o analista, que deveria "tomar o lugar de todo o ambiente heterogêneo, particularmente das pessoas mais importantes ao redor do paciente"[44]. A resistência poderia armar-se por causa da sua postura habitual, que Ferenczi descreveu em seus últimos textos como de pouco tato, empatia e franqueza sobre os próprios erros e com excesso de autoritarismo.

Alterações desse tipo na postura do analista talvez tragam problemas, dirá Freud em uma carta ao colega húngaro, em 24 de janeiro de 1928. Mais claramente, seus pontos de discórdia em relação às mudanças aventadas por Ferenczi são assim descritos:

Não há dúvida de que você ainda tem muitas coisas similares a dizer, que seriam proveitosas de ouvir. Tão verdadeiro quanto é o que você diz sobre o "tato", essa admissão [dos próprios erros] parece-me muito mais questionável em sua forma. Todos aqueles que não têm tato verão nisso uma justificativa para a arbitrariedade, leia-se, do fator subjetivo, leia-se, dos próprios desenfreados complexos. O que empreendemos na realidade é um pesar, que continua imensamente pré-consciente[45], das várias reações que esperamos de nossas intervenções, no processo do qual é primeira e principal uma questão de avaliação quantitativa dos fatores dinâmicos na situação. Regras para essas medições naturalmente não podem ser feitas; a experiência e normalidade do analista

---

44   S. Ferenczi; O. Rank, *The Development of Psycho-Analysis*, p. 27.

45   Tempos antes, Freud, em The Dynamics of Transference, SE, v. XII, p. 115-116, fez uso de outra instância do psiquismo do analista para descrever sua parte no processo: "Para colocar em uma fórmula: ele [o médico] deve voltar seu próprio inconsciente como um órgão receptivo ao que transmite o inconsciente do paciente. Ele deve se ajustar ao paciente como um receptor de telefone está ajustado ao microfone transmissor. Assim como o receptor do telefone converte de volta em ondas sonoras as oscilações elétricas na linha do telefone que foram causadas por ondas sonoras, também o inconsciente do médico é capaz de, dos derivativos do inconsciente que lhe são comunicados, reconstruir esse inconsciente, que determinou as livres associações do paciente."

A VIAGEM DE BUDAPESTE A WIESBADEN

terão de ser fatores decisivos. Mas deve-se despir o "tato" de seu caráter místico para os iniciantes.[46]

A resposta de Ferenczi a essas considerações de Freud são apresentadas ao final de "A Elasticidade da Técnica Psicanalítica", onde as críticas são incorporadas ao artigo como tendo sido feitas por um colega. E Ferenczi concorda em grande parte com os problemas que Freud lhe aponta, notadamente com o mau uso que a técnica pode sofrer nas mãos de iniciantes ou dos que têm uma "tendência ao exagero"[47], que colocariam todo o manejo sobre o fator subjetivo, a intuição. Mas o palestrante também discorda de algumas das críticas.

Ele acredita que o texto pode ser compreendido erroneamente; e mais, diz que assim como suas considerações sobre uma técnica mais "ativa", descrita anos antes[48], tornaram-se para alguns analistas uma "desculpa para satisfazerem suas tendências de impor sobre seus pacientes regras completamente não analíticas, que algumas vezes beiravam o sadismo"[49], seu método da elasticidade, que "não é equivalente a não resistência e rendição"[50], pode ser levado a exageros que justifiquem uma "técnica masoquista". Contudo, em sua opinião, que ele considera mais otimista que a de seu crítico na possibilidade de agir sobre determinadas "condições dinâmicas", embora seja verdade que "tentamos seguir o paciente em seus humores [...] *nunca deixamos de nos ater firmemente ao ponto de vista ditado a nós por nossa experiência analítica*"[51].

O ponto que serve de resposta ao seu importante crítico e analista é o que Ferenczi denomina a segunda regra fundamental da análise – para analisar, é preciso ter sido analisado; não didaticamente, mas como um paciente e em profundidade. Entretanto, é importante esclarecermos o ponto desse

46 E. Brabant; E. Falzeder, op. cit., p. 332.
47 S. Ferenczi, The Elasticity of Psycho-Analytic Technique, *Fin*, p. 100. Doravante, The Elasticity...
48 Idem, On the Technique of Psycho-Analysis, *FC*; Technical Difficulties in the Analysis of a Case of Hysteria, *FC*; The Further Development of an Active Therapy in Psycho-Analysis, *FC*; Contra-Indications to the "Active" Psycho--Analytical Technique, *FC*.
49 S. Ferenczi, The Elasticity..., *Fin*, p. 100.
50 Idem.
51 Idem, grifo nosso.

## 186 O TERCEIRO TEMPO DO TRAUMA: PARTE II

contra-argumento que reconhece o uso errôneo que podem sofrer as recomendações.

Ferenczi experimentava com o método psicanalítico, podemos facilmente dizer que ele, na busca de resultados terapêuticos melhores, procurava maneiras de ajudar seus pacientes quando o método clássico de Freud parecia não levar a resultados clinicamente positivos ou quando se mostravam insuficientes[52]. Ele alterava, expunha e defendia seus métodos quando acreditava que eles tinham resultados terapêuticos e, quando percebia que prejudicavam a análise, explicitava as dificuldades enfrentadas e desaconselhava este ou aquele aspecto de sua técnica que apresentara problemas. Foi o caso da técnica ativa, que, em 1928, Ferenczi diz ter conduzido certos analistas a beirarem o sadismo em seus comportamentos clínicos. Podemos resumi-la – já que não é nosso intuito delinear todas as mudanças que o método psicanalítico sofreu por acréscimos e decréscimos – com um exemplo do próprio Ferenczi. Uma de suas pacientes era extremamente inativa durante as sessões e parecia estar conseguindo dirigir o tratamento sem que houvesse movimentos no sentido do inconsciente tornar-se consciente[53]. Ela apresentou pequenas melhoras, na opinião de seu analista, em decorrência da primeira transferência que efetuara. Ferenczi tentou colocar uma data para o fim do tratamento, de modo a pressionar a produção de conteúdos pela paciente, mas isso não teve resultados. Dispensou-a como "não curada". Meses depois, a paciente retornou em uma "condição desoladora". O tratamento reiniciou e, após uma rápida melhora, ela retornou ao comportamento anterior e a análise terminou por motivos externos a ela. Mais tarde, a paciente retornou uma terceira vez, mas agora não houve nenhuma rápida melhora de sua condição.

---

52 Cabe como ilustração o seguinte trecho, logo no começo de On the Technique of Psycho-Analysis, *FC*, p. 177: "Pode acontecer, porém, que quando o paciente foi educado sem pequenas dores na literal concordância dessa regra [a associação livre] que suas resistências tomem posse dela e consigam derrotar o médico com sua própria arma." A utilização da associação livre como resistência já fora descrita por ele anteriormente em um pequeno artigo que em inglês foi traduzido como *Talkativeness*.

53 Em inglês, a palavra utilizada foi *insights*.

A VIAGEM DE BUDAPESTE A WIESBADEN

No curso de suas inesgotavelmente [sic] repetidas fantasias amoro-
sas, que sempre diziam respeito ao médico, ela com frequência fazia o
apontamento, como que por acaso, de que isso lhe dava sensações "ali
embaixo". Isto é, ela tinha sensações eróticas genitais. Mas somente após
todo esse tempo, um vislumbre acidental da maneira que ela se dei-
tava no divã convenceu-me de que ela mantinha suas pernas cruzadas
durante toda a hora. Isso nos levou – não pela primeira vez – ao tema
do onanismo [...] Em ocasiões anteriores ela negou enfaticamente ter
alguma vez executado tais práticas.[54]

Ferenczi, então, proibiu que a paciente adotasse essa posição durante as sessões. Ele escreve:

Posso descrever o efeito dessa medida como nada menos que surpreendente. A paciente, a quem a descarga genital costumeira fora proibida,
foi atormentada durante as sessões por uma quase insuportável agitação física e psíquica; ela não podia mais deitar em paz, tinha que
constantemente mudar de posição. Suas fantasias lembravam o delírio
da febre, nas quais surgiram fragmentos de memórias esquecidas que
gradualmente se agruparam ao redor de certos eventos de sua infância
e permitiram a descoberta das mais importantes causas traumáticas
para sua doença.[55]

Podemos tirar desse exemplo dois pontos importantes.
O primeiro e mais próximo está relacionado à busca das "causas
traumáticas". Lembremos, o texto de cujo exemplo foi retirado é
de 1919; nessa época, portanto, ainda percebemos em seus escritos, assim como em alguns casos clínicos de Freud – o Homem
dos Lobos talvez seja o mais claro nesse sentido – uma busca
da causa primeira, e traumática, da doença, de cenas, eventos
ou experiências sobre as quais estaria ancorada a doença. Um
segundo ponto diz respeito a possíveis alterações no método
psicanalítico, nesse caso, de mais atividade da parte do analista,
que possam conduzir à emergência da lembrança de tais eventos.

Mais tarde, ao descrever a utilização exclusiva do princípio
da frustração – do qual a técnica ativa fora o mais radical exercício –, Ferenczi expôs alguns problemas que pôde observar.
Escreve não ter conseguido

---

54  S. Ferenczi, Technical Difficulties in the Analysis of a Case of Hysteria, FC,
    p. 113.
55  Ibidem, p. 191.

O TERCEIRO TEMPO DO TRAUMA: PARTE II

escapar à impressão de que a relação entre médico e paciente estava se tornando como aquela entre professor e pupilo. Também me convenci de que meus pacientes estavam profundamente insatisfeitos comigo, embora não ousassem se rebelar abertamente contra essa didática e pedante atitude do analista[56].

Deixando de dar atenção aos menores indícios de transferência negativa, o analista era incapaz de agir de forma diferente daquela realizada pelo ambiente e que fora vivida como traumática. O paciente experimentava a relação como uma "continuação de sua luta infantil contra a autoridade dos adultos [que] o fazia repetir as mesmas reações em caráter e sintomas que formaram a base de sua neurose real"[57].

Mas essas repetições não são necessárias ao processo analítico? Sim, e não. Do ponto de vista de um conflito interno, poderíamos apresentar uma resposta nesses termos: a repetição é a reprodução de algo do paciente que não é lembrado ou que nunca pôde ser representado, mas que, ao invadir a transferência, permite a interpretação e a construção[58]. Vista pelo ângulo de um conflito entre o indivíduo e o meio externo, de um trauma, a resposta complica-se: temos a repetição *ipso facto* de uma situação traumática gerando os mesmos efeitos que a experiência original. Tais repetições e o sofrimento que causam, argumenta Ferenczi, não podem ser evitados durante a análise, precisamente porque um dos objetivos é ajudar o paciente a suportá-los. No entanto, o vemos defender uma "economia do sofrimento"[59] equilibrada de um lado pela frustração das expectativas libidinais do paciente e, de outro, pela indulgência.

Antes de nos apressarmos em uma crítica ao que poderia envolver essa indulgência para com as expectativas libidinais, tentemos compreender a que Ferenczi se refere.

A atenção à transferência negativa, a diminuição do autoritarismo e o reconhecimento dos próprios erros conduziam a um maior relaxamento do paciente e à criação de uma "atmosfera de confiança entre médico e paciente", na qual os afetos tornavam-se mais livres e onde "sintomas físicos histéricos apareciam

56  The Principle of Relaxation and Neocatharsis, *Fin*, p. 113.
57  Ibidem, p. 118.
58  Cf. S. Freud, Constructions in Analysis, *SE*, v. XXIII.
59  The Principle of Relaxation and Neocatharsis, *Fin*, p. 118.

A VIAGEM DE BUDAPESTE A WIESBADEN

inesperadamente, com frequência pela primeira vez em análises de muitos anos"[60]. Alguns pacientes, durante o aparecimento desses sintomas, perdiam a consciência e não se lembravam do que diziam ou de como se comportavam.

Foi fácil utilizar esses sintomas como nova ajuda à reconstrução – como símbolos de memória física, diga-se. Mas havia uma diferença – agora, o passado reconstruído tinha mais a sensação de realidade e concretude sobre si que antes, aproximava-se muito mais de perto de uma verdadeira recordação, enquanto até então o paciente falara somente de possibilidades ou, no máximo, de variados graus de probabilidade e ansiava em vão por memórias. Em certos casos, esses ataques histéricos realmente tomavam a forma de *transes* nos quais fragmentos do passado eram revividos e o médico era a única ligação entre os pacientes e a realidade. Eu era capaz de interrogá-los então e recebia importantes informações sobre as partes dissociadas da personalidade.[61]

Um trabalho de reconstrução a que Freud já aludira diversas vezes, por exemplo, na décima oitava das *Conferências Introdutórias*[62] e em *Além do Princípio do Prazer*, quando falou sobre pacientes que repetem a situação traumática em sonhos, nos quais acontecem ataques histéricos que são reproduções completas de eventos traumáticos; ou muito antes, quando se deu conta de que os traços dos traumas "nunca estão presentes na memória consciente, somente nos sintomas da doença"[63]. Os estados de transe, de regressão, permitiam a emergência de sintomas que revelavam uma equação etiológica na qual o trauma tinha grande peso: o movimento das formações de fantasia nos neuróticos, histéricos e obsessivos, poderia explicar a arquitetura dos sintomas, mas "o primeiro ímpeto em direção a linhas de desenvolvimento anormais sempre foi pensado como tendo origem em traumas psíquicos reais e conflitos com o ambiente"[64]. As análises, defende, devem atingir esse ponto, esse primeiro ímpeto, e o trauma deve ser levado mais em conta como fator patogênico. A sensibilidade, ou "hipersensibilidade", constitucional da criança

60  Ibidem.
61  Ibidem, p. 119.
62  S. Freud, Introductory Lectures on Psycho-Analysis (Part III), *SE*, v. XVI, p. 274-275.
63  Idem, Further Remarks on the Neuro-Psychoses of Defence, *SE*, v. III, p. 166.
64  The Principle of Relaxation and Neocatharsis, *Fin*, p. 120.

é menos causa das neuroses que a ação do ambiente – como nos "traumas reais" descritos à Sociedade Britânica de Psicanálise. Mas não só: entre as possibilidades de traumatização, ganham destaque as experiências de sedução.

Os pacientes regredidos, em estados de transe, descrevem com frequência experiências desse tipo, o que, é claro, chama a atenção. Ferenczi passa a argumentar que as "fantasias histéricas não mentem quando" descrevem o comportamento dos adultos como punitivo ou excessivamente erótico. A resposta da criança a essas investidas de "erotismo passional" adulto por meio de brincadeiras é punida e a situação passa a apresentar um novo código, como aqueles que foram descritos como problemáticos durante a adaptação da criança ao ambiente. "Hoje", diz Ferenczi na palestra em Oxford, em 1929, "estou voltando à visão de que, além da grande importância do complexo de Édipo nas crianças, um grande significado também deve ser ligado ao reprimido afeto incestuoso dos adultos, que é mascarado como ternura"[65]. Brincadeiras eróticas genitais são punidas mesmo quando derivam da própria sensação prazerosa que procuram repetir, e o efeito é terrorífico: "O que elas realmente querem [as crianças], mesmo em suas vidas sexuais, é simplesmente brincadeira e ternura, não a violenta ebulição da paixão."[66] E não importa quão grande seja o relaxamento, ao analista será impossível satisfazer os desejos agressivos e sexuais do paciente. "Haverá oportunidade abundante para aprender a renúncia e a adaptação",[67] a atitude do analista pode satisfazer a parte infantil do paciente, mas não sua parte adulta. A crítica que apressadamente dirigiríamos ao autor contra sua defesa de uma economia entre frustração e indulgência perde muito de sua força: frustração das expectativas libidinais do adulto, indulgência à busca infantil por ternura. Não se deve confundi-las, pois são como duas línguas diferentes.

As mudanças técnicas contidas nos últimos textos de Ferenczi, seu "projeto de 'soltar as línguas'"[68], propiciavam o aparecimento de formas de expressão e comportamentos mais

---

65   Ibidem, p. 121.
66   Ibidem.
67   Ibidem, p. 123.
68   D. Kupermann, *Presença Sensível*, p. 157.

primitivos, infantis. Ao analista, não bastava "pretender falar 'da' criança, tampouco interpretá-la; [era] preciso poder falar 'com' a criança, de um modo que faça sentido para ela"[69]. Armava-se na sessão uma espécie de jogo (*Spiel*) que a "não adaptação [do analista] à compreensão de uma *criança*"[70] encerrava, tirando o paciente do estado regredido. O material surgido a partir da análise pelo jogo, afirma, era atuado muito mais do que lembrado, reproduzia cenas traumáticas e colocava o analista na posição de um dos objetos do ambiente infantil. Mas agora, como o paciente desenvolvera uma maior confiança, era possível estabelecer

o *contraste entre o presente e o insuportável passado traumático*, contraste que é absolutamente necessário ao paciente para que seja capaz de reexperimentar o passado não mais como reprodução alucinatória, mas como memória objetiva[71].

Poderíamos dizer que a postura do analista defendida por Ferenczi não inibe a repetição de experiências traumáticas, na verdade, facilita-as por meio do relaxamento e do uso da brincadeira. Contudo, trata-se de uma repetição diferencial, o analista: 1. conhece o potencial traumático da relação entre a criança e seus cuidadores; 2. sabe-se investido transferencialmente pelo paciente e, portanto, detentor de funções que antes couberam às figuras parentais; 3. mantém um olho constantemente voltado às expressões de raiva e decepção do paciente; e 4. quando necessário, *age*, na sessão, de maneira diversa daquela empreendida pelos objetos que compunham o ambiente da infância do paciente e que foram "traumatogênicos"[72].

Todavia, não podemos ignorar duas balizas necessárias ao rigor pretendido. A primeira diz respeito ao tom que Ferenczi utiliza em seus últimos textos e, consequentemente, à acolhida que suas palavras receberam. Na tentativa de expor suas ideias e indicar falhas, encontramos um problema de economia de acentos, melhor seria dizer, de peso dado aos argumentos que

69  Ibidem, p. 121.
70  S. Ferenczi, Child Analysis in the Analysis of Adults, *Fin*, p. 130.
71  Idem, Confusion..., *Fin*, p. 160.
72  M. Balint, Trauma and Object Relationship, *International Journal of Psycho--Analysis*, p. 429-435.

192     O TERCEIRO TEMPO DO TRAUMA: PARTE II

apresenta. Reza o provérbio russo, "se você falar a favor do lobo, fale também contra ele"[73]; o mesmo vale para o inverso, quando se pretende defender mudanças: se você falar contra o lobo, fale também a seu favor. Ferenczi o faz, precisamos reconhecer: o que é dito contra o lobo encontra do outro lado da balança a defesa do lobo, mas em evidência, ênfase ou tamanho muito menor[74]. O segundo ponto que devemos ressaltar é que, até o fim, Ferenczi questionou-se sobre qual deveria ser "A Atitude do Analista Para Com o Paciente" – título da nota que escreveu em 29 de outubro de 1932. Nela lemos:

> Dilema: *rigidez* provoca repressão e medo;
> benevolência provoca repressão e consideração.
> G.[75]: OBJETIVIDADE (nem rígida nem benévola) é a melhor atitude.
> Em todo caso: uma compreensiva, amistosa objetividade.
> Não é essa a técnica de Freud?[76]

Meses antes, em uma entrada do *Diário Clínico*, em 6 de julho de 1932, após discutir por meio de vários exemplos clínicos a contratransferência, afirma: "Tudo posto, ainda não há leis universalmente aplicáveis."[77]

A questão, percebe-se logo, não é simples; e fugiríamos do escopo deste texto ao prolongá-la ainda mais[78]. Para nossos propósitos, o caminho segue pela observação ferencziana de que experiências de sedução frequentemente estavam na patogênese. Em 1932, quando leu para Freud a conferência de Wiesbaden, ele pôde descrever esse tipo de experiência e mostrar como a formação traumática podia ter um desenho diferente do até então postulado.

---

73   A.I. Solzhenitsyn, *The Gulag Archipelago, 1818-1956*, p. 73.
74   Talvez não pudesse ser de outra forma, uma vez que seus últimos textos marcam uma oposição. Igualmente, a reação de Freud dificilmente seria outra, já que conhecia a índole de Ferenczi e procurava defender suas próprias posições.
75   Inicial que Ferenczi utilizou no diário para não revelar a identidade do paciente.
76   Notes and Fragments, *Fin*, p. 262.
77   *The Clinical Diary of Sándor Ferenczi*, p. 157. Doravante, CD.
78   Para uma rica discussão sobre o tema, cf. P. Giampieri-Deutsch, The Influence of Ferenczi's Ideas on Contemporary Standard Technique, em P.L. Rudnytsky; A. Bókay; P. Giampieri-Deustsch, *Ferenczi's Turn in Psycho-Analysis*.

# 9. O Duplo Trauma Ferencziano

Em "Confusão de Línguas", após um resumo de suas mudanças técnicas e de como elas permitiam a repetição diferencial de experiências traumáticas, Ferenczi chega à parte de sua conferência que mais irritou Freud. Ele e Brill ouviram:

> o trauma, especialmente o trauma sexual, não pode ser suficientemente valorado. Mesmo crianças de muito respeitáveis, sinceramente puritanas famílias, são vítimas de real violência ou estupro com muito mais frequência do que alguém ousaria supor. Ou são os pais que tentam encontrar uma gratificação substituta às suas frustrações dessa forma patológica, ou são pessoas que se acreditavam confiáveis, como parentes (tios, tias, avós), governantas e serviçais, que fazem mau uso da ignorância e da inocência da criança. A explicação imediata – de que essas são só fantasias sexuais da criança, um tipo de mentira histérica – infelizmente é invalidada pela quantidade de tais confissões, compreenda-se, de investidas contra crianças cometidas por pacientes atualmente em análise[1].

Pois bem, observemos o sentido do que acabou de ser dito. Não se trata de uma hipótese e não se trata, ainda, de qualquer teorização sobre essas experiências; o que temos é uma constatação: crianças são abusadas com mais frequência do que se

---

1 Confusion..., *Fin*, p. 161.

194     O TERCEIRO TEMPO DO TRAUMA: PARTE II

imagina e isso é confirmado não só pelo que dizem os pacientes que foram abusados, mas também pelos pacientes que confessam em análise os abusos. Para R. Cromberg, "Poder-se-ia pensar que Ferenczi esqueceu as fantasias sexuais infantis", mas as confissões em análise que ele cita mostram que não é disso que se trata: "Ou seja, um dos argumentos de Freud para fazer cair sua teoria da sedução, a não quantidade de pais perversos, é derrubado aqui por Ferenczi."[2] Poderíamos acrescentar que não se trata somente de uma derrubada da equivalência que nunca existiu, mas que Freud citou como um dos motivos para abandonar a *neurótica*, e sim da constatação de que seja ou não o pai aquele que abusa, as crianças passam por essas experiências com muito mais frequência do que nós, Freud, ou os demais psicanalistas da época gostaríamos de imaginar.

Mas a conferência segue:

Um jeito típico no qual seduções incestuosas podem ocorrer é esse: um adulto e uma criança se amam, a criança nutre a fantasia lúdica de tomar o papel da mãe do adulto. Essa brincadeira pode assumir formas eróticas, mas permanece, de toda forma, no nível da ternura. Isso não é assim, no entanto, com adultos patológicos, especialmente se foram perturbados em seu equilíbrio e autocontrole por alguma desgraça ou pelo uso de drogas intoxicantes. Eles confundem a brincadeira das crianças com os desejos de uma pessoa sexualmente madura ou até se permitem – sem respeito às consequências –se deixarem levar.[3]

Lembremo-nos de Réal quando falou de sua filha:

Inocentemente, ela me pede para tomar seu banho comigo. Eu penso rapidamente: "Tudo está sob controle, não há perigo, eu aceito!" Logo, observo que me causa estranhamento que ela me olhe. Ensaboamo-nos mutuamente. Uma ereção se manifesta. Ela está surpresa e eu, pouco à vontade. Digo-lhe: "Não se preocupe! Isso se ensaboa tão bem quanto o restante!" E minha filha o executa com candura.[4]

Em outro testemunho colhido por Gilles David, encontramos essa confusão ainda mais clara: "Eu vim a sexualizar minhas emoções e interpretar de forma distorcida certas situações. Por

2    *Cena Incestuosa*, p. 178.
3    Confusion..., *Fin*, p. 161.
4    G. David, *J'Ai commis l'incest*, p. 136.

O DUPLO TRAUMA FERENCZIANO

exemplo, você vê a criança nua e pensa: 'Como! ela começa a gostar disso, me mostrar seu púbis! Ela deve estar pronta para fazer as experiências."[5]

Em suma, quer dizer Ferenczi, abusos acontecem e têm um valor etiológico muito maior do que o então considerado. Mais, eles acontecem tipicamente porque o adulto confunde a ternura da criança com desejos sexuais adultos, e responde com algo diferente daquilo que a criança esperava ou desejava, mesmo quando a ternura se mostra em brincadeiras erotizadas. Em palavras que já foram ditas três anos antes, em Oxford, as crianças não buscam a paixão quando se dirigem eroticamente ao adulto. Ou como expresso no caso da Sra. L.: "Ela se dirigiu ao pai atrás de maternagem, e por seus desejos edípicos",[6] e ele a violentou.

Em Wiesbaden, Ferenczi chama o estágio anterior ao Édipo, no qual a criança procura o adulto com fantasias e brincadeiras sexuais, de "passivo amor de objeto ou de ternura", e

quase sem exceção encontramos a brincadeira de tomar o lugar do genitor do mesmo sexo para que se casem com o outro genitor, mas deve ser salientado que isso é meramente fantasia; na realidade, a criança não quereria, de fato não poderia, ficar sem a ternura, especialmente aquela que vem da mãe. Se *mais amor* ou *amor de um tipo diferente do que elas precisam* é forçado sobre a criança no estágio da ternura, isso pode levar a consequências patológicas do mesmo modo que a *frustração ou privação de amor* [...] A consequência deve ser a confusão de línguas, enfatizada no título deste trabalho[7].

Amor de objeto passivo, estágio de identificação, ou de ternura. De toda forma, seja qual for a nomenclatura escolhida, Ferenczi postula a identificação como uma forma de investimento libidinal ao qual caberia a alcunha de ternura, por não envolver, fora da fantasia e do lúdico, a tomada ativa do lugar em que pode haver uma relação mais madura com o objeto.

A reação da criança a essas violentas ebulições da paixão não são as que se esperaria – como poderiam ser as reações de um adulto, de ódio, nojo ou fuga. Para Ferenczi, a criança fica

5    Ibidem, p. 123.
6    A.E. Bernstein, The Impact of Incest Trauma on Ego Development, em H.B. Levine, *Adult Analysis and Childhood Sexual Abuse*, p. 79.
7    Confusion..., *Fin*, p. 163-164.

196 O TERCEIRO TEMPO DO TRAUMA: PARTE II

paralisada, como que sonhando, incapaz de protestar "mesmo que só em pensamento, porque a avassaladora força e autoridade do adulto a torna muda e podem lhe roubar os sentidos"[8].

O trauma causado pela confusão de línguas não termina com essa primeira reação, mas há algo dela que não podemos deixar de notar. Quando Ferenczi apresentou sua conferência sobre as neuroses de guerra no Maria Valerie, ele descreveu o efeito imediato daquelas experiências da seguinte forma: "Eles [os soldados] perderam a consciência imediatamente, e só recobraram novamente os sentidos em um hospital atrás das linhas."[9] Caso não tivessem desfalecido no momento do choque, ficavam como que em compasso de espera, adoecendo mais tarde, depois de um pequeno susto. A reação imediata da criança à investida do adulto não poderia ser comparada à do soldado após uma explosão, por exemplo? O contra-argumento a uma comparação desse tipo é a diferença óbvia entre a natureza das duas experiências, o que nos impediria de colocá-las lado a lado. Todavia, ao discutir alguns dos efeitos das neuroses traumáticas de guerra, em especial a fixação ao momento do trauma pela revivência em sonhos e atos, assim como a hiperestesia dos sentidos, Ferenczi não hesitou em relacionar experiências tão díspares. A sintomatologia das neuroses de guerra reproduzia a cena traumática de forma similar ao comportamento de pacientes que foram abusados na infância e se colocavam em situações em que poderiam sofrer uma nova violência. O objetivo, em ambos os casos, era "controlar a experiência originalmente inconsciente e não compreendida por meio de uma subsequente, que é consciente"[10]. O leitor fará a ressalva – justificada – de que, nessa época, Ferenczi ainda não desenvolvera grande parte de sua teorização sobre o assunto, logo, a comparação seria descabida. Em seus últimos escritos, o trauma é compreendido de uma forma mais "psicológica, baseada na experiência perceptual e em seu significado para a pessoa, em vez de nas vicissitudes da energia mental"[11]. O ponto de vista

8    Ibidem, p. 162.
9    Two Types of War Neuroses, *FC*, p. 132.
10   Ibidem, p. 140.
11   J. Frankel, Ferenczi's Trauma Theory, *American Journal of Psycho-Analysis*, p. 43.

O DUPLO TRAUMA FERENCZIANO

econômico, no entanto, não desaparece em seus últimos textos, ele se torna uma espécie de pano de fundo.

No *Diário Clínico*, sob uma entrada com o título "O que é o 'trauma'?", lemos: "'Concussão', reação a um 'insuportável' estímulo externo ou interno de um modo autoplástico (modificando o *self*) em vez de um modo aloplástico (modificando o estímulo)."[12] Em outras palavras, um estímulo que o sujeito não pode cessar e do qual não pode fugir causa uma "concussão" – termo frequente na época das neuroses de guerra –, definida, em 1932, como a destruição total ou parcial do Eu e a criação, a partir dos fragmentos cindidos, de um novo Eu mais adaptado ao estímulo disruptivo. A entrada do dia 30 de julho continua:

A força relativa da excitação "insuportável" determina o grau e a profundidade da desintegração do Eu:

1. mudança na consciência (transe, estado de sonho);
2. perda da consciência;
3. síncope;
4. morte.

A eliminação da consciência egoica resulta na diminuição da dor causada pela ação do estímulo; assim, a parte do Eu que ficou intacta pode se recuperar mais rapidamente. [...] O retorno da consciência revela lacunas no lembrar ou na certeza do lembrar em relação aos eventos durante o choque. [...] Compulsão à repetição nos traumatizados é uma renovada tentativa de *melhor resolução*.[13]

Ora, se não soubéssemos que esse trecho foi escrito no *Diário Clínico*, poderíamos crer, sem dificuldade, que sua redação data de quando Ferenczi era médico militar. O cerne da discussão, quando lemos sobre um estímulo insuportável, não é outra coisa senão a experiência de choque descrita por Freud, em 1920, ou – outro termo utilizado pelo húngaro – comoção psíquica, *Erschütterung*[14]. Para que ela ocorra, o sujeito deve estar despreparado, crendo-se seguro e precisa ter narcisicamente

---

12 S. Ferenczi, *CD*, p. 181.
13 Ibidem, p. 181-182.
14 H.C. Kahtuni; G.P. Sanches, no *Dicionário do Pensamento de Sándor Ferenczi*, p. 95, dedicam a *Erschtütterung* um verbete: "O termo comoção psíquica – tanto quanto o termo choque psíquico – foi utilizado por Sándor Ferenczi em diversas ocasiões e tem sentido equivalente ao de trauma emocional. [...] A comoção psíquica refere-se, portanto, a toda experiência dolorosa de origem *externa* que *ultrapassa a capacidade egoica de elaboração psíquica.*"

O TERCEIRO TEMPO DO TRAUMA: PARTE II

superestimado suas próprias capacidades[15], como Jennifer e o jovem camponês húngaro, que acreditavam poder lidar com situações aflitivas. Os sinônimos podem variar de excitação insuportável à comoção psíquica, mas Ferenczi prescreve a todos o mesmo efeito: "Não há choque ou susto sem algum traço de divisão da personalidade";[16] e *A primeira reação* à experiência *"sempre parece ser uma psicose transitória* – uma fuga da realidade"[17].

Um esclarecimento parece-me necessário. Nos últimos textos de Ferenczi, encontramos a formação do trauma mostrada sob duas perspectivas. A primeira tem o modelo de um filme, exibe momentos que, vistos quadro a quadro, revelam uma cena complexa, mas organizada, da traumatização. A segunda é uma espécie de microscópio dirigido a cada um dos quadros, a cada lâmina, permitindo que vejamos processos simultâneos e outros sequenciados. No modelo da película cinematográfica, o primeiro quadro mostra o choque: ele causa um desinvestimento do sistema consciente e o Eu é cindido – em um processo que lembra o da histeria traumática[18]. No segundo modelo, observamos uma tentativa de resistir ao ataque, a reação física à aflição e, paralelamente, a perda da consciência e a cisão do Eu. Nas duas maneiras de apresentação, é a experiência de comoção psíquica que inicia a formação traumática, seu primeiro tempo, para utilizarmos a nomenclatura proposta anteriormente. Acompanharemos, na sequência, os quadros seguintes; agora, porém, nosso exercício será descrever o choque sabendo que a formação do trauma não termina, necessariamente, com ele.

Ferenczi descreve a reação inicial ao trauma com as seguintes palavras: "Primeiro, há a completa paralisia de toda espontaneidade, incluindo toda a atividade de pensamento", no lado mental; no físico "isto pode ser acompanhado de uma condição parecida com o choque ou o coma"[19]. O escudo protetor contra estímulos foi rompido e é necessário um grande deslocamento de energia na tentativa de ligar e descarregar a quantidade de excitação que penetrou no psiquismo. As reações a um estímulo

15  S. Ferenczi, Notes and Fragments, *Fin*, p. 253-254.
16  Confusion..., op. cit., p. 164.
17  The Principle of Relaxation and Neocatharsis, *Fin*, p. 121.
18  Discutimos, nos capítulos 2 e 3, algumas semelhanças entre as neuroses traumáticas e a histeria.
19  Child Analysis in the Analysis of Adults, *Fin*, p. 137.

O DUPLO TRAUMA FERENCZIANO

externo, descritas por Freud em 1920, são reafirmadas – o indivíduo tenta "adaptar-se à situação de desprazer 1. recuando do estímulo (fuga), 2. removendo o estímulo (aniquilação da força externa)"[20]; ele tenta uma "defesa agressiva, aloplástica"[21], mas é incapaz de levá-la a cabo. A criança não tem força para resistir ou fica paralisada frente ao adulto. "O resgate não aparece. Esperança de ser resgatado parece fora de questão. O desprazer aumenta e exige descarga."[22] A reação continua a ocorrer no corpo e no psiquismo: o indivíduo está em um momento de "completa exaustão do tônus muscular" e qualquer anseio

por ajuda ou alívio do trauma é abandonado. A morte, que já está ali, podemos dizer, não é mais temida; obviamente toda moral e escrúpulos também desaparecem em vista do fim inevitável; [...] e uma última, desesperada tentativa de adaptar-se, talvez similar ao fingir-se de morto dos animais, ocorre. A pessoa divide-se em um ser psíquico de puro conhecimento, que observa os eventos de fora, e um corpo totalmente insensível[23].

O cenário é catastrófico. Ferenczi fala da tentativa de liberar a angústia gerada pela situação; parece-lhe preferível a autodestruição a suportar tudo em silêncio. "O mais fácil de destruir em nós mesmos", escreve, "é o cs [o sistema consciente] – a integração de imagens mentais em uma unidade (a unidade física não é presa tão fácil para os impulsos autodestrutivos)"[24]. A reação autoplástica que se segue à perda da esperança e à sensação total de abandono é a cisão do Eu, o rompimento de sua unidade.

Se os choques aumentam em número durante o desenvolvimento da criança, o número e os vários tipos de cisão na personalidade aumentam também, e logo se torna extremamente difícil manter contato sem confusão entre todos os fragmentos, cada qual se comporta como uma personalidade separada que não sabe sequer da existência das outras. Eventualmente pode se chegar a um estado que – continuando o quadro da *fragmentação* – estar-se-ia justificado em chamar de *atomização*.[25]

20  Notes and Fragments, op. cit., p. 249.
21  *CD*, p. 176.
22  Notes and Fragments, *Fin*, p. 249.
23  *CD*, p. 104. Entrada do dia 30 de maio de 1932.
24  Notes and Fragments, *Fin*, p. 249.
25  Confusion..., *Fin*, p. 165.

Esse agravamento da defesa refere-se ao aumento na quantidade e na forma da cisão: quanto mais choque, mais divisão; quando as divisões atingem um nível considerável, podemos falar em fragmentação da personalidade. *In extremis*, o funcionamento de cada parte se torna independente das outras, e poderíamos falar de atomização psíquica. O mecanismo é vantajoso, escreve Ferenczi, por

1. criar uma superfície mais extensa voltada ao mundo externo, ou seja, pela possibilidade de uma maior descarga dos afetos; 2. do ponto de vista fisiológico: o abandono da concentração, da percepção unificada, ao menos põe fim ao sofrimento simultâneo da dor múltipla. Os fragmentos sozinhos sofrem por si mesmos; a insuportável unificação de todas as qualidades e quantidades da dor não acontece; 3. na ausência de uma maior integração, a cessação da inter-relação dos fragmentos dolorosos permite a cada fragmento sozinho uma maior adaptabilidade[26].

Vemos a cisão ser descrita também em termos econômicos, como uma tentativa de ampliar o escudo protetor contra estímulos, segmentando-o, de forma que o colapso de uma das partes não comprometa o todo. Se é que podemos falar de um "todo"; a imagem parece mais próxima do cenário de um país invadido por força estrangeira, cada indivíduo submetendo-se ao estado de exceção e preocupado com a própria sobrevivência. Não é a excitação que diminui, mas a forma como ela é sentida: já que há pouca relação entre as partes, o afeto fica restrito a determinado elemento, não se transfere aos demais.

Ferenczi apresenta graus de dissociação[27] que estão ligados à fragmentação ou à atomização, na medida em que envolvem alterações na consciência como as descritas na entrada de 30 de julho de seu *Diário*. O nível mais extremo seria a morte, antecedido pela "total negação da realidade"[28], como na síncope. Em níveis menos agressivos, ocorre a negação parcial da realidade e sua substituição por um estado de sonho, uma compensação alucinatória positiva que pode envolver imagens de paz e liberdade

---

26  Notes and Fragments, *Fin*, p. 230.
27  Cf. J. Frankel, op. cit.
28  *CD*, p. 180.

O DUPLO TRAUMA FERENCZIANO

associadas a uma sensação de prazer[29]. O indivíduo vê-se sendo "mutilado ou destruído com interesse, como se não fosse mais ele, mas outra pessoa que passasse por estes tormentos"[30].

Essa compensação alucinatória é particularmente notável, porque representa a própria desintegração psíquica: uma parte do Eu afasta-se para muito longe e, em segurança, pode acompanhar o desenrolar da cena traumática, ver o corpo reagindo à agressão, desistindo e adaptando-se. Encontramos um exemplo dessa representação do trauma e da defesa que ele aciona na conferência sobre a segunda função dos sonhos, de 1931. Ferenczi descreve dois sonhos subsequentes, ou um sonho dividido relatado por uma paciente em análise[31].

O primeiro, que acontece em estados de sono "quase comatoso" é uma pura repetição de impressões sensórias traumáticas, portanto, sem figurabilidade:

Uma paciente a quem o pai fez investidas sexuais em várias ocasiões em sua infância e também quando ela atingiu a idade adulta, por muitos meses traz material que indica um trauma sexual em seu quinto ano; porém, apesar de inúmeras repetições em fantasia e em quase sonhos, esse trauma não podia ser lembrado, nem podia ser levado ao nível de uma convicção. Muitas vezes, ela acorda do seu primeiro sono profundo "como que esmagada" com violentas dores em seu abdômen, sentimento de acúmulo em sua cabeça, e todos "músculos dilacerados como se depois de uma violenta luta", com exaustão paralisante etc.[32]

Podemos identificar nesse estranho sonho as sensações físicas que Ferenczi relaciona à comoção psíquica. Na incapacidade

29 The Principle of Relaxation and Neocatharsis, *Fin*, p. 121. Para T. Pinheiro, *Ferenczi: Do Grito à Palavra*, p. 94: "A alucinação negativa permite ao sujeito negar o evento do trauma e, além disso, lhe dá o direito de fazer dele uma vitória." Sua afirmação baseia-se nos textos finais de Ferenczi e em uma passagem de *Thalassa*, p. 284, onde se lê sobre "a negação do trauma por uma alucinação negativa". No artigo O Princípio de Relaxamento e Neocatarse, entretanto, lemos que a vitória sobre o trauma reside muito mais em uma compensação alucinatória positiva do que na alucinação negativa, e que esta negaria o trauma por meio da alteração do estado de consciência. Parece-me que tanto a alucinação negativa quanto sua correlata, a compensação alucinatória positiva, precisam ser indicadas na negação do trauma e na sua eventual transformação em vitória.

30 *CD*, p. 6.

31 Utilizei alguns dos trechos a seguir, sobre esse pequeno texto de Ferenczi, em um artigo intitulado Fresh Old News From Ferenczi About the Function of Dreams, *International Journal of Psycho-Analysis*.

32 On the Revision of the Interpretation of Dreams, *Fin*, p. 241.

do psiquismo de oferecer uma resposta adequada à situação, "o organismo começa a pensar"[33], a tensão muscular aumenta até o limite e depois cessa, em uma adaptação do corpo à violência que é vista como uma morte psíquica[34]. O material produzido pela paciente indica a existência de um trauma sexual no quinto ano, mas não há lembrança do episódio; durante o trabalho analítico o tema é abordado, mas sem convicção de que tal evento ocorreu. O segundo sonho é uma tentativa de solucionar o trauma por meio de atenuações e distorções que permitam uma reintegração mínima da experiência. Seu conteúdo manifesto era:

uma pequena carroça é puxada montanha acima por uma longa fila de cavalos ao longo do cume, pode-se dizer, divertidamente. À direita e à esquerda há precipícios; os cavalos são guiados em certo tipo de ritmo. A força dos cavalos não é proporcional à facilidade da tarefa. Fortes sentimentos de prazer. Súbita mudança de cena: uma jovem garota [criança?] está deitada no chão de um barco, branca e quase morta. Sobre ela, um homem enorme oprimindo-a com seu rosto. Atrás deles, no barco, um segundo homem está em pé, alguém muito conhecido dela, e a garota está envergonhada porque esse homem testemunha o evento. O barco é cercado por montanhas muito altas e íngremes, de forma que ninguém pode vê-los de qualquer direção, exceto talvez de um avião a uma distância enorme[35].

A interpretação de Ferenczi acerca do sonho toma a seguinte linha:

A primeira parte do sonho secundário corresponde a uma cena parcialmente conhecida por nós, parcialmente reconstruída de outro material de sonho, na qual a paciente quando criança escorrega montada em cima do corpo de seu pai e com curiosidade infantil faz todo tipo de viagens de descoberta na procura das partes escondidas de seu corpo, durante as quais ambos divertem-se imensamente. A cena do lago profundo reproduz a visão do homem incapaz de se controlar, e o pensamento daquilo que as pessoas diriam se soubessem; finalmente o sentimento de extremo desamparo e de estar morta.[36]

Temos, então, a aparição de uma cena construída a partir do que é conhecido pelas associações da paciente e do material de outros sonhos: a criança explorando o corpo do pai e

33  CD, p. 6.
34  Ibidem, p. 179.
35  On the Revision of the Interpretation of Dreams, Fin, p. 241-242.
36  Ibidem, p. 242.

O DUPLO TRAUMA FERENCZIANO 203

ambos tendo prazer na brincadeira. E vemos a segunda cena, do homem descontroladamente próximo, com a paciente projetando em uma menina extremamente desamparada, ou morta, o que ela mesma sentira. Também está ali um terceiro elemento, não explicado – se mais próximo da repetição de sentimentos quando do trauma ou de sentimentos posteriores sobre ele – que é o da vergonha caso aquilo fosse conhecido[37]. O próprio processo de cisão é representado no segundo sonho: a menina morta (o corpo insensível) é abusada e a cena pode ser observada à distância por alguém que não pode fazer nada (o psiquismo). Dito de outra forma, o indivíduo "fica fora de si"[38].

37 M. Schneider, *Le Trauma et la filiation paradoxale*, p. 217-224, aponta, nessa dupla presença masculina, a expressão da ausência de alguém com a função de ajudar ou salvar a sonhadora, do caráter irremediável da experiência.

38 Ferenczi fala especialmente da criança, mas a ideia pode ser estendida a pacientes que vivenciaram traumas em épocas posteriores da vida; "a gravidade da comoção", e da cisão, podemos acrescentar, "depende da intensidade do choque, de sua duração, do efeito surpresa, da capacidade de reação e da resistência psíquica" (G.F. Jouvenel, *Sándor Ferenczi: Un Psychanalyste humaniste*, p. 57).

Para G. Boulanger, *Wounded by Reality*, p. 27-28, por outro lado; "Há uma distinção entre a dissociação que ocorre na infância e a dissociação catastrófica que resulta de um massivo trauma psíquico na vida adulta." A dissociação na infância seria tanto adaptativa quanto defensiva: "conforme a criança, e depois o adulto, assume papéis que a protegem contra outros danos. Na idade adulta, o processo dissociativo não cria demais cisões em uma personalidade desenvolvida, mas defende contra o terror, deixando uma memória indelével da própria experiência dissociativa. Provisoriamente, a dissociação catastrófica protege do terror, mas, em última instância, deixa o sobrevivente num estado de confusão e anomia. Nisso ela não é adaptativa".

Embora a distinção defendida por Boulanger seja enriquecedora, trazendo à tona um problema de difícil solução, não me parece que ela possa ser sustentada com a precisão utilizada pela autora. A memória da experiência traumática na vida adulta não é sempre acessível, como vimos em alguns dos casos de neurose de guerra descritos por Ferenczi. Muitas vezes, a lembrança é um constructo fragmentado que foi necessário para cobrir a lacuna deixada pelo trauma. Outra afirmação questionável, em minha opinião, diz respeito à "dissociação catastrófica", após um trauma na vida adulta, não ser adaptativa. Aqui o problema está ou na consideração de que a cisão infantil é uma tentativa de adaptação que tende à atividade – o que não me parece ser o caso – ou da hipótese de que a dissociação catastrófica no adulto, geradora de um "estado de confusão e anomia", não ocorreria com a criança; o que contradiz as diversas descrições ferenczianas das reproduções, em análise, de efeitos do trauma. Meu desacordo, portanto, reserva-se à compreensão de que ambas as dissociações, no adulto e na criança, são adaptativas porque entre seus efeitos podem ser observados o estado de confusão, a anomia e o "colapso do *self*" (p. 29). Entretanto, uma diferença que podemos agora somente indicar é a pluralidade do meio onde acontece, e no qual se poderia encontrar ajuda para o trauma psíquico, e a dissociação por ele acionada.

204 O TERCEIRO TEMPO DO TRAUMA: PARTE II

Quando os pacientes em análise revivem esse estado mental, conseguem descrevê-lo como um "ser noutro lugar", onde não há dor ou angústia, nem a sensação de tempo ou espaço[39]. Caso o psiquismo cindido ainda esteja acessível a emoções, seu interesse não é mantido no corpo mortificado, mas se volta aos sentimentos do agressor, os únicos presentes na cena.

"É como se a psique", anota Ferenczi no *Diário Clínico*, que tem como função reduzir a tensão e "evitar a dor, no momento da morte de sua própria pessoa, automaticamente alterasse suas funções de aliviar a dor para as dores, tensões, e paixão do agressor, a única pessoa com sentimentos, isto é, se identificasse com elas [...] Logo, não sinto a dor infringida sobre mim porque não existo. Por outro lado, sinto a gratificação prazerosa do agressor, que ainda sou capaz de perceber"[40].

Em "Confusão de Línguas", a ideia é exposta de maneira similar. Quando a angústia gerada pelo trauma atinge um nível máximo, ela

compele [as crianças] a se subordinarem como autômatos à vontade do agressor, a adivinhar cada um de seus desejos e a gratificá-los; completamente abstraídas de si mesmas, elas identificam-se com o agressor. Por meio da identificação, ou digamos, introjeção do agressor, ele desaparece como parte da realidade externa, e torna-se *intra* em vez de extrapsíquico; o intrapsíquico é então sujeito, em um estado de sonho como em transe traumático, ao processo primário[41].

O processo caminha junto ao da cisão, em uma tentativa de reagir ao trauma. Para sobreviver, a criança identifica-se com aquilo que o agressor quer que ela seja, submetendo-se completamente a ele[42]. Ou, nas palavras de Jay Frankel, "Ao mesmo tempo, a identificação muito sensível da vítima conduz sua dissociação: diz-lhe precisamente quais percepções, pensamentos e sentimentos devem ser 'eliminados' para estar segura junto ao agressor."[43]

No entanto, o mecanismo tem consequências:

39  CD, p. 32.
40  Ibidem, p. 104.
41  Confusion..., *Fin*, p. 162.
42  CD, p. 176.
43  Identification With the Agressor and de "Normal Traumas", *International Forum of Psycho-Analysis*, p. 79.

O DUPLO TRAUMA FERENCZIANO

A mais importante mudança, produzida na mente da criança pela escondida-ansiedade-medo identificação com o parceiro adulto, é a *introjeção dos sentimentos de culpa do adulto* que fazem com que brincadeiras até então sem perigo pareçam ofensas puníveis.[44]

A criança, confusa após o abuso, está dividida e, pela introjeção do agressor, ela é "inocente e culpada ao mesmo tempo"[45]. Porque, na identificação, o que é introjetado não suplanta o antigo Eu, mas aumenta o contraste da divisão, deixando como rastro uma parte que é inocente e outra, culpada – notadamente a primeira sendo o que era o antigo Eu, e a segunda aquilo que se introjeta do agressor. Aumentando ainda mais a culpa da criança, nos dirá o conferencista, temos a atitude posterior do agressor, que "atormentado e enraivecido por seu remorso"[46], deixa a criança sentindo-se ainda mais culpada e envergonhada.

Devemos notar que a identificação ajuda a criança a compreender o que está acontecendo[47], e que não se trata de uma passagem da passividade à atividade, como no *Fort-da*, ou da emissão de um sinal de angústia para evitar uma situação percebida como de perigo, mas sim de outra maneira de lidar com o que é originalmente traumático. Ferenczi também observa a identificação clinicamente, na relação estabelecida entre analista e paciente. Ele argumenta que mesmo com um maior relaxamento e durante a análise pelo jogo, os pacientes tinham dificuldade em dar livre curso à parte negativa da transferência e ensaiar críticas ao analista. Por quê?, ele se pergunta. Se o material clínico muitas vezes indica a existência de ódio e ressentimento dirigidos ao analista, por que os pacientes tinham dificuldade em expressá-los? Em seguir a regra fundamental, mesmo com uma maior liberdade e indulgência oferecidas pelo analista?

Gradualmente, então, cheguei à conclusão que os pacientes têm uma sensibilidade extremamente refinada aos desejos, tendências, caprichos, simpatias e antipatias de seu analista, mesmo se o analista está completamente ignorante dessa sensibilidade. Em vez de contradizer o

---

44  *CD*, p. 162.
45  Ibidem.
46  Ibidem.
47  Ibidem, p. 183.

206 O TERCEIRO TEMPO DO TRAUMA: PARTE II

analista ou acusá-lo de erros e cegueira, os pacientes *identificam-se com ele*; [...] normalmente eles não se permitem criticar-nos, tal criticismo não se torna consciente neles a não ser que demos a eles permissão especial ou mesmo encorajamento para serem tão ousados. Isso significa que devemos discernir não só os dolorosos eventos do passado de suas associações, mas também – e com muito mais frequência que até agora suposto – suas reprimidas ou suprimidas críticas sobre nós.[48]

Essa resposta traz as complicações habituais para os ouvintes de suas palestras e carrega um aspecto muito caro à sequência da discussão que o conferencista apresenta. Ferenczi diz que a crítica reprimida dos pacientes dirige-se à "hipocrisia profissional" dos psicanalistas. Podemos imaginar a irritação de Freud ao ouvir uma colocação como essa, que ainda foi exemplificada:

Nós recebemos o paciente com educação quando ele entra em nossa sala, pedimos que comece com suas associações e prometemos sinceramente a ele que o ouviremos atentamente, daremos nosso interesse integral ao seu bem-estar e ao trabalho necessário a ele. Na realidade, porém, pode acontecer que somente com dificuldade possamos tolerar certas características externas e internas do paciente, ou talvez nos sintamos desagradavelmente incomodados com algum assunto profissional ou pessoal durante a sessão analítica. Aqui, também, eu não posso ver outro jeito que não tornar a fonte desse nosso incômodo completamente consciente e discuti-lo com o paciente, admitindo-o talvez não só como uma possibilidade, mas como um fato.[49]

Os pacientes têm uma sensibilidade aguçada[50], e o analista deve respeitá-la e não esconder ou negar os pontos em que ela acerta o alvo. Dito de uma forma sintética, ao analista não cai bem a hipocrisia e a insinceridade, e o paciente acusa a diferença entre o que é dito pelo analista e o que é percebido nele. A saída que Ferenczi defende para o fim desse impasse é a franqueza e o fim da hipocrisia "até agora vista como inevitável"[51], o que, em vez de dificultar para o paciente o processo analítico, na verdade, o facilitaria. Adotada a posição (ou, para a época,

48  Confusion..., *Fin*, p. 157-158.
49  Ibidem, p. 158-159.
50  Cf. N. Coelho Junior, Psicanálise, Corpo e Setting, em L.C. Figueiredo; N. Coelho Junior, *Ética e Técnica em Psicanálise*, no qual encontramos aspectos interessantes a esta discussão, em especial sobre o lugar do corpo na psicanálise.
51  Confusion..., *Fin*, p. 159.

antiposição) de mais tato e modificado o *setting*, os ataques traumáticos dentro e fora das sessões "tornam-se consideravelmente mais brandos, eventos trágicos do passado podem ser reproduzidos *em pensamento* sem criar novamente uma perda do equilíbrio mental"[52]. Do ato, pode-se entender nesse argumento, vai-se à palavra. O que antes era reproduzido como repetição em ato, agora pode ser reproduzido em pensamento.

Um exemplo de mudança no *setting* (enquadre) e maior tato do analista pode ser encontrado no tratamento da Sra. L.[53]. Resumirei os elementos do caso, os sonhos da paciente e suas experiências sexuais mais antigas, para que a sequência nos esteja mais próxima. Temos: 1. um evento sexual descrito – o banho com o pai onde ela puxa seu pênis; 2. mais de dois anos depois, ela tem um sonho em que era um colorido ovo de Páscoa "sentado silenciosamente na mesa dos pais, um objeto que estava ali para diverti-los e gratificá-los"; 3. lembra-se de um episódio do começo de sua adolescência, quando foi penetrada por trás por um funcionário; contou-o à tia que traiu sua confiança, e falou, em análise, da fantasia anal para masturbação; 4. pouco depois do divórcio, sonhou que estava velejando com um homem que surgia sobre ela, e teve a lembrança das brincadeiras sexuais com o vizinho; 5. depois de discutida a cirurgia para hemorroidas, teve o sonho em que fizera sexo anal e fora deixada com fezes e sangue espalhados sobre si, seguida da pergunta da analista que fez com que a paciente saísse da sala; 6. aparecimento de impressões visuais e olfativas. Ponto importante: ela se lembrou do cheiro de álcool, de seu quarto de infância, de ser atacada por um homem e de ir limpar-se de sangue e fezes; as associações chegaram a seu pai e ela *então* se lembrou que um homem veio a sua cama. Sequenciando cronologicamente o caso, podemos apontar seus movimentos no sentido de uma ligação cada vez mais contundente entre o abuso sexual sofrido e seu pai. A primeira lembrança gira em torno de uma experiência com o pai, o primeiro sonho a mostra como um objeto que serve para gratificar ambos os pais; na segunda lembrança de cunho claramente sexual, temos a experiência de penetração por trás e o início da fantasia masturbatória. Apreendemos duas

---

52  Ibidem.
53  Apresentado no capítulo 6 deste livro.

lembranças de natureza sexual para a paciente, uma envolvendo o pai e outra um funcionário que a penetrou, entre elas, o sonho de ser um objeto para gratificar. O próximo grupo de elementos é mais interessante; temos o sonho no barco a vela e a brincadeira sexual com o vizinho em um barco. Aqui, o barco é o elo de união e as associações passam pelo pai, com quem a paciente velejava. Monta-se uma rede de representações que envolvem lembranças objetivas e sonhos que as ligam. Ou seja, os sonhos têm como legenda as experiências sexuais da paciente. Os dois próximos elementos são o sonho cru de reprodução do evento "em partes", ela fizera sexo anal e estava suja, e a emergência de impressões visuais e olfativas. "Em partes" porque falta ao sonho aquele com quem ela fez sexo anal; o mesmo dado que falta ao sonho do homem com quem ela velejava e que "surgia". As repetições em que se coloca ativamente, com o funcionário, podemos supor, e com o vizinho, ocultam a figura ausente ou enevoada desses sonhos, a saber, aquele que a penetra por trás primeiro, antes do menino e antes do funcionário. Entre os dois sonhos, o do barco a vela e o de sexo anal, temos uma mudança na transferência facilitada pela analista e não só pela necessidade de transferir da Sra. L. A analista, percebendo a inibição da paciente, levanta o assunto a respeito das angústias e medos em relação à cirurgia de hemorroidas; mostra interesse pelas sensações da paciente e disposição para discuti-las. Nas palavras de Ferenczi, das quais a analista da Sra. L. talvez discordasse, ela preocupou-se

como uma mãe afetuosa, que não irá para cama à noite até que tenha falado com a criança sobre todos os problemas atuais, grandes e pequenos, medos, más intenções, e escrúpulos de consciência, que esta tenha, assim, aliviando-a. Por esse meio, podemos induzir o paciente a abandonar-se a todas as anteriores fases de passivo amor de objeto, nas quais – como uma criança real a ponto de dormir – ele irá murmurar coisas que nos dão clareza quanto ao seu mundo de sonhos[54].

Essa mudança de atitude – que obviamente não tem a mesma extensão que a descrita por Ferenczi quando explicitou o jogo infantil e regredido nas associações – tornou a analista alguém mais confiável e permitiu à paciente falar de sonhos

54   Child Analysis in the Analysis of Adults, *Fin*, p. 137.

O DUPLO TRAUMA FERENCZIANO

mais expressamente traumáticos. A analista, ao ouvir esses relatos de sonhos, pôde perguntar se a Sra. L. fizera alguma vez sexo anal. Em vez de responder, ela entrou em pânico e saiu da sala. Então, outra atitude serviu para assegurar-lhe que seria compreendida: rompeu-se o que poderíamos chamar de um enquadre analítico rígido, e a paciente pôde recompor-se fora da sala. A sequência foi a emergência de impressões sensitivas que, por meio da interpretação e das associações da paciente, permitiram a reconstrução do trauma. Ela fora abusada pelo pai.

Ao voltarmos à conferência de 1932, observaremos que Ferenczi apresenta, quase *en passant*, sem se ater sobremaneira, um aspecto interessante da formação do trauma e que não é novo. Podemos dizer que ele não se demora nesse aspecto porque ainda lhe faltava falar com algum cuidado sobre algumas das "formações de cicatriz" deixadas pelo trauma e de outras possibilidades de identificação e introjeção que não passam pelo abuso sexual. De qualquer forma, esse aspecto diz respeito a suas observações clínicas e também às nossas, se nos detivermos sobre algo similar em quase todos os casos apresentados, além, é claro, do fato da Sra. L., de Jennifer e de Réal terem passado por traumas sexuais. Ele diz aos ouvintes: "Usualmente a relação com um segundo adulto – no caso citado acima, a mãe – não é intima o suficiente para a criança encontrar ajuda ali; tímidas tentativas nesse sentido são recusadas por ela como sem sentido."[55]

Ouvimos dele algo similar, em 1927, quando discutiu as perguntas das crianças sobre de onde vêm os bebês e o não reconhecimento pelo adulto do caráter sensual do genital: "negamos a validade de suas próprias experiências físicas e psíquicas"[56]. Não se trata aqui do mesmo problema? A criança, que confia até então no adulto, busca nele a validação de suas próprias experiências, mas estas são desconsideradas e negadas. Ou dito de uma forma mais recente na cronologia que seguimos, "se a mãe está à mão com compreensão e ternura" e completa sinceridade, a criança pode se restabelecer mesmo do choque mais severo sem maiores problemas.

55  Confusion..., *Fin*, p. 163.
56  The Adaptation of the Family to the Child, *Fin*, p. 71.

210    O TERCEIRO TEMPO DO TRAUMA: PARTE II

No caso da Sra. L., chama a atenção a falta de uma pessoa que ela julgasse confiável para contar o que acontecia. Temos a tríade mãe-tia-analista como figuras em quem se tenta confiar e nem sempre se consegue. Sua mãe, como sabemos, era alcoólatra e bebia até o estupor, além disso, a paciente sentia que ela "a criticava, castrava e neutralizava". Toda transferência girava em torno da relação com a mãe, mesmo tendo sido o pai aquele que a violentava, e – importante repetir – quando foi possível um descolamento mínimo da analista da transferência de sentimentos que a paciente tinha por sua mãe, também foi possível um aumento na confiança e a rememoração dos abusos. A terceira personagem da tríade, a tia, figura a meio caminho entre a mãe e a analista, é aquela a quem se pôde falar (o episódio da penetração por trás pelo funcionário), mas que lhe traiu a confiança repassando a informação aos pais da paciente.

Nos casos de Jennifer e de Réal, os próprios pacientes apontam esse elemento, do adulto, comumente a mãe, que não é confiável ou com quem não se pode falar, como relevante em suas respectivas histórias de vida. No caso de Jennifer, quando voltou para casa após o estupro, "Seu pai estava constantemente viajando a trabalho, 'sua mãe não podia sequer reconhecer a agressão e Jennifer nunca conversou com ninguém sobre o incidente." No caso de Réal, depois de ser punido e "humilhado" pela professora, ele escreve: "Não falei com minha mãe, convencido de que ela não acreditaria em mim e que ela teria argumentado em favor da professora. Quando minha mãe, afinal, ficou sabendo, ela me censurou por não lhe ter dito, o que não foi muito consolador."

Observemos este ponto. Cromberg comenta:

A falta de crença ou a não possibilidade de um contato íntimo com outro adulto que possa descarregar os ombros infantis de tamanho peso, promove um aprofundamento da clivagem produtora da identificação com o agressor, o que faz da criança um autômato em posição masoquista diante de um pai atormentado pela culpa que o transforma num atormentador sádico.[57]

Posição masoquista porque submetida, pela introjeção do agressor e pelo não reconhecimento do trauma por outro, aos

---

57  *Cena Incestuosa*, p. 181-182.

O DUPLO TRAUMA FERENCZIANO

caprichos daquele que a abusou. Ferenczi enfatiza que a formação traumática não implica só a confusão de línguas, mas o abandono, a falta de alguém que possa ajudar na metabolização da experiência[58]. A certa altura, afirma que é isso que "realmente torna o ataque traumático, isto é, causando o colapso da psique. O ser deixado assim sozinho desta maneira deve dividir-se em alguém que ajuda e alguém que é ajudado"[59].

Uma das primeiras pacientes que me foram encaminhadas com a suspeita de ter sido abusada sexualmente foi Naná[60], que contava três anos quando chegou ao consultório trazida pela avó. Ela teve a necessidade, após uma experiência nova, de dirigir-se a alguém confiável e por quem se sentia acolhida. Contou à avó a experiência que teve. Seu pai, disse, tocara seus genitais com um tipo de pedra amarela com a ponta rosa que parecia um graveto, e isso a surpreendera. A avó assustou-se após ouvi-la e levou a neta e sua filha, a mãe da criança, a um pediatra. A mãe de Naná afirmou que a filha nada lhe dissera e que provavelmente inventara alguma história envolvendo o pai. Encorajada pela avó e pelo pediatra, a criança começou a recontar o que aconteceu. Dessa vez, disse que o pai esfregara seus genitais com um graveto, após o que exclamou: "fiz [c] agada". Quando chegou à parte do "fiz" na exclamação de seu pai, sua mãe a beliscou com tanta força que Naná terminou a frase chorando.

Dois dias depois desse beliscão, ela contou-me a mesma experiência. Falou sobre o contato físico feito pelo pai, que não doera, mas deixou uma pequena marca avermelhada em sua virilha. Perguntei-lhe se sabia a diferença entre um menino e uma menina, e ela respondeu que sim. A diferença era "aquilo", disse, segurando uma boneca Barbie verticalmente, apoiando-a em seu púbis, como um pênis ereto. Da rua, ouvimos uma sirene, e ela pediu-me silêncio, colocando o dedo na frente dos lábios. "A polícia", falou, "tava atrás do homem que falava pinto [sic]". Perguntei se sua mãe sabia o que o pai fizera. Ela respondeu, "Não. Ela sabe. Não sei." A mãe de Naná tinha graves

---

58 CD, p. 202.
59 Ibidem, p. 193.
60 Apresentei seu caso em fala intitulada The Third Time of Trauma, em *International Ferenczi Conference: Faces of Trauma*.

problemas de visão e, embora não acreditasse que o marido pudesse ter investido sexualmente contra a filha, reconhecia que não conseguia vê-la o tempo todo e que, muitas vezes, ela e o marido mantinham relações sexuais sem atentar onde estava a criança. Nas sessões seguintes, Naná tornou-se menos comunicativa, não queria brincar nem falar. Passou a chorar quando chegava ao consultório e não queria entrar. Quando se acalmava, depois de ter entrado acompanhada da avó, ouvia o que esta falava. Em uma sessão em que continuara chorando após entrar na sala junto com a mãe e a avó – de uma forma desesperada, diferente da que se tornara habitual –, eu lhe disse que devia ser muito ruim estar ali e não poder falar o que aconteceu com medo de um beliscão. "O papai fez a [c]agada e você não entendeu. Mesmo se você fosse grande não era para isso ter acontecido. E não tem mais ninguém para quem você possa falar." O choro parou e o semblante de Naná mudou, ela pareceu triste, desamparada. Mandou-me calar a boca com um berro. Disse-lhe que ficaria quieto, se ela começasse a falar. Pegou furiosamente algumas folhas em branco, lápis coloridos, e desenhou ininterruptamente formas que lembravam amebas, adicionando-lhes o que pareciam ser pseudópodes. Fez mais de uma dezena desses desenhos, arremessando em minha direção cada folha assim que terminava e pegava outra.

Na sessão seguinte, Naná entrou sozinha e, sem chorar, disse imediatamente: "onde está tua mãe? Eu não sei onde está minha mãe, eu vou cuidar de você". "E quem vai cuidar de você?", perguntei. "Eu cuido. Vovó cuida. Você cuida?" Meu objetivo não é discutir longamente o caso de Naná, mas por ora demonstrar como uma experiência do tipo das discutidas por Ferenczi promove uma tentativa de autocuidado que procura suprir a inépcia do objeto externo em cuidar e também em acolher o que a criança fala sobre as próprias sensações e percepções.

Além disso, gostaria que o leitor observasse o primeiro movimento da paciente: após a experiência com o pai, ela se dirigiu a um adulto confiável tentando situar esse evento entre os outros de sua vida. Portanto, ela tentou dar-lhe sentido; tentou, podemos dizer, ligar psiquicamente a excitação. Salientemos este ponto, que será retomado na parte final deste texto: o

O DUPLO TRAUMA FERENCZIANO 213

fato de Naná ter ido contar à sua avó mostra-nos que, psiqui-camente, algo acontecera; algo a motivara em direção a outro adulto, dessa vez confiável, nem seu pai, protagonista na cena, nem sua mãe, que tão logo ouviu o relato da filha, quis impe-di-la à força de falar.

O psicanalista parece, assim, ter dois papéis a desempe-nhar. Eles se relacionam a duas figuras diferentes, mas ligadas ao trauma e à cisão do Eu decorrente dele; e envolvem diferen-ciar-se, por contraste, da atitude dessas duas figuras. A primeira é o agressor, e o analista não deve – como Ferenczi julgava que fazia boa parte de seus colegas – comportar-se como figura ameaçadora e autoritária que, ao ser introjetada, não permite ao paciente sequer a possibilidade de criticá-lo. A segunda é o outro, normalmente a mãe, a quem o analista também não deve repetir ao invalidar as percepções do paciente. A reação ao trauma, de um jeito autoplástico, leva-o a pensar

em uma mente que consiste somente de Id e Superego, e à qual, por-tanto, falta a habilidade de se manter estável face ao desprazer – da mesma forma que o imaturo acha insuportável ser deixado sozinho, sem cuidado maternal e sem uma considerável quantidade de ternura[61].

Para Ferenczi, é importante notar, o trauma psíquico decorre tanto do excesso quanto da falta de afeto. A respeito de uma das pacientes que cita no *Diário Clínico*, ele se pergunta se "o 'trauma' em seu caso não foi criado pela retirada do amor, em vez de pelo estupro"[62]. A certa altura, em uma entrada de 13 de agosto no *Diário*, ele escreve: "ESTAR SOZINHO leva à cisão."[63] Na identificação, portanto, pode-se introjetar aquele que agride, ou quem desconsidera a agressão, ou ainda a figura que desin-veste afetivamente a criança, deixando-a sozinha – o "abandono traumático"[64]. Vimos movimentos nesse sentido no caso da Sra. L. – identificada a certa altura com o pai, quando se ligou ao movimento feminista, e à mãe, a qual mimetizava na relação com a analista. E também no caso de Naná, que após a reprimenda da mãe, identificou-se com seu desejo de silenciar o ocorrido.

---

61 Confusion..., *Fin*, p. 163.
62 *CD*, p. 164.
63 Ibidem, p. 201.
64 D. Kupermann, *Presença Sensível*, p. 153.

O TERCEIRO TEMPO DO TRAUMA: PARTE II

Trazendo o problema mais próximo da clínica:

Pais e adultos, do mesmo modo que nós analistas, deveriam aprender a estarem constantemente avisados de que por trás da submissão ou até adoração, assim como atrás do amor de transferência, de nossas crianças, pacientes e pupilos, descansa escondido um ardente desejo de livrar-se desse amor opressivo. Se podemos ajudar a criança, o paciente ou o pupilo a abandonar essa reação de identificação e se defender dessa pesada transferência, então podemos dizer que atingimos o objetivo de elevar essa personalidade a um nível mais alto.[65]

Identificação com o agressor, com o adulto, com o analista, com os pais, com todos aqueles que, se nos lembrarmos de 1927, são os elementos inconstantes do ambiente em que vive a criança, e o paciente – nessa analogia direta e carregada de responsabilidade para os envolvidos, em que o paciente equivale-se à criança, e os traumas estão tanto lá, na infância, quanto aqui, na clínica. Na opinião de Ferenczi,

não conseguimos perceber que os pacientes, embora sejam adultos, na realidade permanecem pequenas crianças e só querem brincar com as coisas, são temerosos da realidade mesmo na transferência, mas, por medo de nós, não nos falam sobre isso e por nossa causa comportam-se como se estivessem apaixonados[66].

A situação não deixa de ser paradoxal; sem a pretensão de oferecer qualquer argumento definitivo, podemos dizer que é tanto a criança quanto o adulto que comparecem à sessão. Consequentemente, o paradoxo estende-se à atitude analítica – se a observarmos com a devida atenção, ela parece tornar-se como que pendular: um ajustar-se às necessárias ausências e às necessárias presenças, que fazem o paciente saber que não está sozinho[67]. Mesmo antes de 1932, Ferenczi já fizera observações

---

65 *CD*, p. 164.
66 Ibidem, p. 205.
67 Em uma profícua discussão sobre o assunto e seu interesse para clínica contemporânea, L.C. Figueiredo escreve, no artigo Presença, Implicação e Reserva, em L.C. Figueiredo; N. Coelho Junior, op. cit., p. 24, 26-27, sobre "o espaço para uma forma muito especial de *presença*: trata-se de uma presença que comporta certa *ausência*, uma ausência convidativa, um convite, no caso, que se constitui como *disponibilidade* e *confiabilidade*. Trata-se de *uma presença reservada*". Para o autor, revela-se essencial a criação de um▶

O DUPLO TRAUMA FERENCZIANO          215

nesse sentido ao falar do complicado trabalho mental necessário ao analista[68], e descrevera a análise como um "processo de desenvolvimento fluído desdobrando-se aos nossos olhos, em vez de uma estrutura com um desenho a ela pré-imposto por um arquiteto"[69].

Ainda sobre as identificações, que Ferenczi chama também de fixações, porque prendem a criança ao adulto, as vemos acontecerem não somente na confusão encontrada no abuso sexual, mas também em outras duas situações salientadas na conferência de Wiesbaden. Elas dizem respeito, de acordo com Kupermann, às próprias condições que armam a confusão de línguas, quando "o adulto, tomado pela linguagem da paixão, perde a dimensão" da diferença entre ele e a criança, "efetuando uma violência"[70]. É importante citá-las brevemente. A primeira refere-se à "punição insuportável": "Os delitos lúdicos da criança são alçados à realidade somente pelas apaixonadas, geralmente enfurecidas, sanções punitivas e levam a estados depressivos na criança que, até então, sentia-se calmamente sem culpa."[71]

A segunda diz respeito a um "terrorismo do sofrimento", no qual a criança tem de arcar com o peso dos problemas dos adultos de forma a poder "desfrutar novamente o perdido descanso e o cuidado e a atenção que o acompanham"[72]. O exemplo aqui, se no anterior é a punição da brincadeira e da fantasia no estágio da ternura, gira em torno do sofrimento de uma mãe – por exemplo, "em estado de melancolia"[73] – que é constante-

---

▷ tempo e um espaço "para que as produções inconscientes do analisando e do analista e as comunicações conscientes entre eles possam ocorrer lado a lado, cruzarem-se, deixarem-se pescar e ao mesmo tempo invadir, interromper e fecundar umas pelas outras, já que o que se busca é exatamente uma maior possibilidade de trânsito intrapsíquico, o que é condição para os ganhos na luta contra a repressão e contra as cisões e dissociações".

68  The Elasticity of Psycho-Analytic Technique, *Fin*, p. 96: "Ele", o analista, "deve deixar as associações livres do paciente jogarem com ele; simultaneamente, deixar sua própria fantasia trabalhar com o material das associações; de tempo em tempo, ele compara as novas conexões que surgem com os resultados anteriores da análise; e em nenhum momento ele relaxa a vigilância e o criticismo feitos necessários por suas próprias inclinações subjetivas".

69  Ibidem, p. 90.

70  D. Kupermann, op. cit., p. 152.

71  Confusion..., *Fin*, p. 164.

72  Ibidem, p. 166.

73  D. Kupermann, op. cit., p. 160n16.

mente deixada à cargo da criança, tornando-a, nos termos do conferencista, "uma verdadeira mãe substituta".

Nosso objetivo não é esgotar a teorização ferencziana sobre o trauma, mas destacar aquilo que, em sua compreensão, parece ser constitutivo desse tipo de experiência. Podemos perceber o que a clínica e as mudanças que Ferenczi lhe acrescenta trazem à teoria. Nas palavras de Freud, um retorno de 35 anos em termos etiológicos; para o seguidor, uma maior compreensão das vicissitudes do conflito que o Eu enfrenta ao encontrar-se com o mundo, que não lhe respeita a capacidade de reagir. Sem dúvida, não é de uma nova teoria da sedução que fala Ferenczi, mas é isso que Freud e boa parte de seus ouvintes pensarão. Ressaltemos, aqui não há só sedução, mas sim paixão, descontrole, terrorismo e transformação da fantasia em realidade.

Na mesma entrada do *Diário Clínico*, em 30 de julho de 1932, que citamos anteriormente, Ferenczi esquematiza como compreende a formação do trauma; chama o processo de "Choque duplo", ou "dupla comoção" – a depender da tradução – e acrescenta: "1. Trauma 2. Negação"[74].

Algumas frases antes, escrevera que, na análise, novos elementos são envolvidos na repetição do trauma. Ao contrário da experiência original, existe alguém que pode ajudar, porque quer e tenta entender a situação. As percepções e sensações do paciente não são consideradas fantasiosas e desvalidadas, como no segundo momento que destaca na formação traumática, o da negação.

Outro elemento diz respeito aos usos da sugestão que causava "uma sensação de aumento de força ou diminuída fraqueza da 'capacidade aloplástica para pensamento e ação'. Sem 'desamparo', 'impossibilidade'. A 'desintegração' é revogada"[75]. O objeto externo deixava de ser traumático e ajudava na reorganização; interrompia, podemos dizer, a continuação do trauma. Poderia tê-lo feito antes, de forma profilática, impedindo, a meio caminho, sua formação, caso oferecesse ajuda após o choque inicial. Ao menos é assim, em um tom por vezes inegavelmente otimista, que Ferenczi discute o desenvolvimento do quadro durante a infância, e seu posterior tratamento analítico.

74   CD, p. 182.
75   Ibidem.

# Parte III

# 10. O Terceiro Tempo do Trauma

Enquanto subíamos a escada de degraus curvos e gastos com o A Bao A Qu em nossos calcanhares, pudemos observar que o conceito de trauma não é anunciado por um coro ensaiado. Nossos autores de base, Freud e Ferenczi, apresentam visões diferentes sobre o traumatismo, que podem ser articuladas, mas não confundidas. O leitor à espera do terraço circular que lhe revelaria não só o corpo completo do ser imaginário, mas também todo o horizonte, talvez ainda conserve sua expectativa. E talvez se decepcione. A esperada forma completa – em sua natureza, porém, sempre incompleta – foi apresentada ao longo da subida. O terraço nos oferece uma paisagem de escuridão na qual entrevemos apenas alguns contornos. Ao leitor que compôs, à medida que subia cada degrau, o próprio entendimento sobre o que é o trauma, espero ainda dizer algumas palavras. Peço, contudo, que cerre os olhos e continue a raciocinar ao modo da personagem de Beckett, sem receio; o nevoeiro, como sabe, resistirá.

Salientamos que o trauma pode chegar a ter três tempos, o que não significa que sempre venha a tê-los ou que as fases envolvidas em sua formação sejam sempre três. O primeiro tempo ao qual chamamos a atenção do leitor, dizia respeito ao momento do choque ou da comoção psíquica, da experiência que não pôde ser integrada, que, a partir do exterior, rompe o escudo protetor contra estímulos. O segundo tempo que discutimos foi o de ressignificação posterior da experiência de choque – ao ser integrado, o evento ocorrido no primeiro tempo passa a ter um efeito propriamente traumático. Entre o primeiro e o segundo tempos encontramos discutida na teoria, a partir de Ferenczi, uma fase intermediária: após o choque causado no embate com o meio externo, o indivíduo procura integrá-lo com a ajuda dos objetos externos, volta-se a eles na tentativa de ligar a experiência disruptiva. É a esse tempo, intermediário na cronologia da formação traumática, mas o último a ser observado pela clínica e pela teoria psicanalíticas, que podemos chamar de terceiro. Cabe descrevê-lo, mais uma vez, com as palavras de Ferenczi:

> Na maioria dos casos de trauma infantil, os pais não têm interesse em imprimir os eventos na mente da criança, ao contrário, o tratamento usual é a repressão: "não foi nada"; "nada aconteceu", "não pense sobre isto"; "*katonadolog*"; mas nunca nada é dito sobre esses feios assuntos (por exemplo, de uma natureza sexual). Tais coisas são simplesmente escondidas num silêncio mortal; as fracas referências que a criança faz são ignoradas ou mesmo rejeitadas como absurdas, com a unânime anuência de todos ao seu redor, e com tal consistência a criança deve desistir e não pode manter seu próprio julgamento.[2]

O não reconhecimento das impressões oriundas do choque, pelos objetos investidos afetivamente, impede as tentativas de registro e de ligação. O tempo intermediário, vemos a partir do psicanalista húngaro, pode encerrar a formação do trauma iniciada com a experiência de comoção, mas nem sempre o faz. Caso o ambiente – que pode ser composto pelos pais, mas também, no caso de um adulto, pelos grupos sociais aos quais pertence – não ofereça elementos para a ligação e a significação das impressões, esse terceiro tempo pode prolongar-se, fixar-se num movimento dirigido aos objetos externos que repete as tentativas iniciais de registro que se seguiram ao choque. O modelo dos sonhos traumáticos, que discutimos

1  "Soldados aguentam", em húngaro.
2  *CD*, p. 25.

O TERCEIRO TEMPO DO TRAUMA

anteriormente, aponta um movimento muito próximo, a saber, de tentativa repetitiva de registro e ligação daquilo que não o foi quando da experiência de comoção, e nem na fase que lhe seguiu, na busca de reconhecimento e validação pelos objetos investidos afetivamente. O principal efeito após, e enquanto se desenha, a formação traumática é, como observamos, a tentativa no "sentido de um *sprit d'escalier*" de transformar, com a ajuda do ambiente, as impressões em percepções e estas, mais tarde, em representações.

O caráter esquemático da síntese aqui proposta está longe de esgotar as variações possíveis na formação traumática como é observada na clínica, ou mesmo as subdivisões as quais seus tempos podem ser submetidos. A importância do que reconhecemos como um terceiro tempo, ou fase, cujo eixo é a relação com o ambiente e os objetos que o compõem, já foi observada por autores que se debruçaram sobre as possíveis articulações entre as ideias de Freud e de Ferenczi.

Em seu artigo sobre trauma e relações de objeto, Balint apresentou uma articulação entre as teorizações sobre o tema feitas pelos dois autores, dando ao trauma uma estrutura trifásica[3]. Para Kahtuni e Sanches, a formulação proposta por Balint "diz respeito aos *três tempos do trauma* aos quais se referia Ferenczi"[4] – afirmação da qual não vejo motivos para discordar, caso subentendamos duas coisas: 1. que as postulações ferenczianas, embora difiram das de Freud, foram erigidas também a partir das ideias deste; e 2. que a primeira fase apontada por Balint envolve um estágio implícito na experiência de choque.

Vejamos: a fase 1, como Balint a descreve, envolve um estado no qual a criança depende do adulto "e, embora frustrações no relacionamento possam ocorrer e levar à irritação e até ao ódio algumas vezes"[5], a confiança entre um e outro permanece; a criança tem no adulto um objeto de amor. Ela está despreparada porque confia no ambiente, tem um "sentimento de *segurança*"[6] que é traído pela sequência dos eventos.

---

3    Cf. Trauma and Object Relationship, *International Journal of Psycho-Analysis*.
4    *Dicionário do Pensamento de Sándor Ferenczi*, p. 223n3, 280.
5    Op. cit., p. 432.
6    S. Ferenczi, Notes and Fragments, *Fin*, p. 254.

Na fase 2, o adulto surpreende a criança ao fazer com ela algo doloroso ou excitante – a confusão de línguas descrita por Ferenczi; ou, em termos mais elementares, acontece "a decepção provocada pelo objeto" investido afetivamente "em função de algum tipo de violência"[7]. Escreve Balint: "Parece que essa fase em si mesma, embora pareça impressionante, não age *sempre* de forma traumática."[8] É importante destacar que, quando antecedida pela primeira, a segunda fase pode ser traumática em si, como nas experiências de comoção muito intensas; mas não o é necessariamente. Em outras palavras, a divisão trifásica não exclui a possibilidade de o evento ser traumático, ao contrário. *O primeiro tempo da formação do trauma é a experiência de choque*, um evento que, em decorrência da falta de contrainvestimento do sistema consciente, ou da intensidade do estímulo que aflui ao psiquismo, paralisa-o, tomando-o por prisioneiro enquanto não se restabelece um mínimo equilíbrio. O *événement*, o grão de areia, ou, em termos ferenczianos, o momento de comoção psíquica, inicia a traumatização demandando, após a paralisia imediata, o trabalho de ligação, que discutimos na primeira parte deste texto[9], e acionando as medidas defensivas que Ferenczi destacou no fim de sua obra. Notemos que aquilo que consideramos como o primeiro tempo pode ser dividido, como o fez Balint, em duas fases – uma fase de confiança no ambiente, e outra que altera esse estado prévio de confiança.

Quando a experiência não é intensa o suficiente para causar um trauma, ao modo de uma neurose traumática, por exemplo, não devemos por isso excluí-la do processo: ela envolve um momento que, como temos observado, é essencial, pois quando não resume, inicia a formação do trauma. Cada percepção, cada experiência precisa ser ligada psiquicamente. Todas as "impressões mentais" – se preferirmos dizê-lo de uma maneira à qual o leitor já se familiarizou – "são passíveis de serem repetidas, não descarregadas e não dominadas". Os pequenos traumas, as impressões cotidianas que quase desaparecem ao lado daqueles de grande monta, pedem igualmente, mas com menos alarde, o trabalho de domínio.

---

7    H.C. Kahtuni; G.P. Sanches, op. cit., p. 223n3.
8    Op. cit., p. 432, grifo nosso.
9    Em especial no capítulo 5.

O TERCEIRO TEMPO DO TRAUMA 223

Todavia, Balint acrescenta uma última fase da formação – 3 –, reafirmando as ideias expostas por Ferenczi, entre 1927 e 1932:

A real composição do trauma se estabelece na terceira fase, quando a criança [...] dirige-se novamente ao seu parceiro [o adulto] com o desejo e uma oferta de continuar o excitante jogo da paixão, ou, ainda com dor e sofrendo pelo fato de que, na fase anterior, o que queria permaneceu ignorado, não reconhecido, ou mal-entendido, e agora tenta outra vez conseguir alguma compreensão, reconhecimento e conforto. O que acontece com frequência, em qualquer um dos casos, é *uma recusa completamente inesperada.*[10]

A recusa aqui referida – uma "negação, por parte de outros objetos amados, da realidade do ocorrido"[11] – acarreta, portanto, um novo choque. O adulto comporta-se como o agressor após o abuso, ou como a mãe descrita por Ferenczi no modelo da confusão de línguas. Ele age como se nada tivesse acontecido, não reconhecendo a experiência envolvida no primeiro tempo do trauma, que destacamos, ou nas fases 1 e 2 apontadas por Balint. A Sra. L., por exemplo, não mostra em seu funcionamento ao menos dois grupos de experiências, os abusos do pai e o desamparo causado pelo comportamento da mãe? Não se identifica com ambos, revelando fixação na reação a esses dois grupos? O traumatismo, como conceituado por Ferenczi, assim como a estrutura trifásica apresentada por Balint a partir das ideias de seu conterrâneo, dão ao objeto um papel central no processo, ao explicitar que antes de ser intrapsíquica, é na interação com o ambiente que encontramos a traumatogênese.

A esta altura da discussão, o leitor de boa memória talvez se pergunte de que valeu a exposição das primeiras teorizações de Freud sobre o que é o trauma se, ao atingirmos as conceituações tardias de Ferenczi, algumas das proposições de *Herr Professor* parecem ter sido deixadas de lado. Caso a formação traumática encerre-se na não validação da experiência pelo objeto externo, o efeito *a posteriori* retém alguma validade? Percebamos que, na estruturação trifásica descrita por Balint, não há referência explícita a *Nachträglichkeit*. Ele cita a ideia como um elemento da teoria da sedução, mas não a inclui na organização

10 Op. cit., p. 432, grifo nosso.
11 H.C. Kahtuni; G.P. Sanches, op. cit., p. 280.

que propõe. Mais que isso: tanto Balint como Ferenczi, embora dedicassem uma atenção particular à clínica e às repetições de situações traumáticas que nela ocorrem, não parecem achar necessário reafirmar a ideia de que uma experiência – sua lembrança, seria melhor dizer – fique inativa até que, mais tarde, outra venha reativá-la, possibilitando a integração da primeira e dando-lhe o adjetivo de traumática. Estariam falando de outro tipo de trauma e, consequentemente, de outro tipo de formação traumática? Em parte. É como se voltássemos às duas perspectivas que Ferenczi oferece ao discutir o assunto: ora temos à nossa frente uma lâmina no microscópio, que revela detalhes e sutilezas de determinada imagem, ora acompanhamos uma sucessão de quadros que, como em uma película cinematográfica, termina por exibir uma dinâmica que não poderia ser depreendida de cada quadro isoladamente.

Da perspectiva da imagem estanque, é justo afirmar que, para Ferenczi, o traumático abarca experiências muito díspares, como um desmame errático, a imposição apressada da higiene, a visão da cena primária, a descoberta da sexualidade, a entrada no complexo de Édipo, os episódios de confusão de línguas e o abandono[12]. Poderíamos acrescentar ainda outras experiências que são traumáticas, como acidentes, estados contínuos de tensão e violências que ultrapassam a capacidade de assimilação do indivíduo. O que o artigo de Balint traz de novo à compreensão do tema é a decomposição da estrutura dessas experiências em três quadros consecutivos. Temos o despreparo, a falta de contrainvestimento inicial; a experiência real que não pode ser metabolizada pelo psiquismo; e a ausência de um objeto que valide as percepções e sensações do sujeito, que deixa, portanto, de contribuir com o processo elaborativo. O primeiro e o último planos, as fases nas pontas da estrutura explicitada por Balint, são o que propriamente condicionam a perspectiva encontrada nos textos ferenczianos. Em outras palavras, se diversas experiências vistas isoladamente podem ser chamadas de traumáticas, ao recuarmos o olhar, avistamos momentos anteriores e posteriores que não podem ser

---

12 Cf. J. Frankel, Ferenczi's Trauma Theory, *American Journal of Psycho-Analysis*, p. 44-45.

dissociados do quadro intermediário sem prejuízo de uma compreensão mais legítima do que pode envolver o trauma.

Entretanto, como notávamos, a ideia do *a posteriori* parece excluída da equação; não lemos sobre uma lembrança que ganha o atributo de traumática ao ser reinvestida em um momento posterior da vida. Se pudermos recuar um pouco mais, tanto da lâmina no microscópio quanto do tríptico de Balint, ou ainda, observar por mais tempo os quadros sucessivos que envolvem a formação do trauma, talvez percebamos que, em alguns casos, falta-lhe um ingrediente – exatamente a possibilidade do efeito *nachträglich*. Afastemo-nos, portanto, para ter uma visão mais clara.

O psicanalista francês Claude Janin, que também se dedicou ao estudo do traumatismo, oferece-nos uma tentativa de incluir, na formação traumática, o *a posteriori*. Ele chama nossa atenção a alguns pontos importantes ao escrever que as diferenças entre as concepções freudiana e fer024ziana do traumatismo são consideráveis, mas devem ser relativizadas. Seu argumento é o de que "a concepção de Freud não permaneceu no traumatismo em dois tempos, organizado em torno do *aprés-coup*, mas" mudou progressivamente – em especial, nota o autor, após 1920, com *Além do Princípio do Prazer* – para uma na qual vemos ligados o indivíduo e seu mundo interno, o que lhe é externo, e "o [escudo de] paraexcitação que é a fronteira psíquica entre o Eu e o mundo exterior". Na definição que oferece o francês, o traumatismo, para Freud, seria uma experiência aflitiva "provocada pela efração do paraexcitação, caracterizada pelo fato de o Eu não ter mais a capacidade de ligar as quantidades de excitação que se apresentam a ele, sejam elas de origem interna ou externa"[13]. Discutimos ambas as concepções de Freud e pudemos observar como a que encontra sua mais forte definição, em 1920, econômica, é familiar à ideia de comoção psíquica em Ferenczi, que lhe acrescenta elementos. Para Janin, entretanto, em um plano metapsicológico, as posições entre os autores seriam inconciliáveis "*porque* a questão da natureza da realidade em jogo no fenômeno traumático opõe os dois autores: essencialmente psíquico para Freud, essencialmente

13  Au Coeur de la théorie psychanalytique, *Le Traumatisme psychique*, p. 46.

material", ligado a acontecimentos, "para Ferenczi"[14]. Pudemos notar antes como a posição freudiana em relação à realidade do trauma é mais complexa, e fugiríamos aos nossos propósitos caso a retomássemos neste momento[15]. Mas o psicanalista francês também encontrou três tempos no traumatismo, caracterizados, porém, de maneira diferente da proposta por Balint e da que tentamos organizar aqui.

Na compreensão de Janin, o primeiro tempo do traumatismo caracteriza-se pelo não respeito dos pais às necessidades da criança, o que pode ocorrer, nos exemplos que oferece: 1. em razão da falta de "excitação externa", vinda do objeto, na forma de contenção, o que causa internamente um excesso de excitação; ou 2. quando há excesso de excitação vinda de fora, do objeto. Em ambos os casos, o efeito seria uma ferida narcísica, um "núcleo frio do traumatismo", não assimilável pelo Eu. O segundo tempo, em sua teorização, relaciona-se à "sexualização do primeiro tempo traumático"[16] em um momento posterior, *après-coup*, e envolve a reinterpretação do primeiro tempo como sendo um de prazer, por causa das atividades de ligação que permitem a assimilação da experiência excessiva pelo Eu. Esse segundo tempo é nomeado por Janin como "núcleo quente do traumatismo"[17].

Até aqui, vemos o autor discriminando dois momentos precoces da formação traumática: um, no qual experiências de excesso ligadas à ação dos objetos causam feridas narcísicas e não são integradas pelo Eu, e outro, com movimentos de ligação, também influenciados pelos objetos, que integram as experiências de excesso ao Eu, e as requalificam *a posteriori*, considerando-as, então, prazerosas. São movimentos, escreve Janin, "nos quais incansavelmente, e de modo repetitivo, certos pacientes tentam transformar" o que é do "*traumático* (do não sexual) *em qualquer coisa de sexual*"[18].

O terceiro tempo acrescentado por Janin ocorre após a puberdade e diz respeito à montagem de um "traumatismo *paradoxal constituído desses dois núcleos, frio e quente*, sem que

14  Ibidem.
15  Ricas discussões sobre o tema podem ser encontradas em N. Coelho Junior, *A Força da Realidade na Clínica Freudiana*, e em M. Dayan, *Inconscient et réalité*.
16  Op. cit., p. 47.
17  Ibidem.
18  *Figures et destins du traumatisme*, p. 40.

seja mais possível distinguir um do outro"[19]. Temos aqui, portanto, dois momentos nos quais se revela o efeito *nachträglich*; um deles ocorreria quando da integração ao Eu da ferida narcísica, e o outro seria mais tardio, de reativação e manutenção da existência dos dois núcleos, um frio ("não sexual"), e outro quente. Na entrada, escrita por Ferenczi em 25 de março de 1932, em seu *Diário Clínico*, encontramos um efeito *a posteriori* que pode ser relacionado tanto com o que chamamos de terceiro tempo do trauma, quanto ao que Janin observa como uma requalificação do traumático com a influência dos objetos – com o acréscimo, a meu ver valioso, das possibilidades encontradas na experiência analítica. Lemos: "Na transferência apresentar-se-ia a oportunidade de fornecer aquela proteção e amparo que estavam ausentes durante o trauma." Os sentimentos positivos transferenciais – alcançados com o descolamento do analista da posição que Ferenczi critica – "produzem um *anti-investimento* diferido, que não ocorreu quando do trauma"[20]. O contrainvestimento que não foi oferecido pelos objetos (o pai e a mãe) quando do primeiro tempo do trauma, causador de uma, nas palavras do autor, "perda de fé na benevolência do ambiente" que levou à cisão, poderia ser *a posteriori* oferecido por novos, ou até pelos mesmos, objetos. Não podemos excluir a hipótese de que os pais, no caso de traumas infantis, possam restabelecer a confiança da criança no ambiente ao mudarem a forma como respondem aos endereçamentos que lhes são dirigidos; por exemplo, reconhecendo e oferecendo elementos de ligação às impressões da criança. Mesmo quando não há o restabelecimento da confiança no ambiente, existe a possibilidade, como observou Janin, de os objetos fornecerem elementos para a integração da experiência, na armação de um "núcleo quente do traumatismo". No trabalho clínico, entretanto, o que encontrei de forma mais clara aponta na direção de tentativas de remontagem do ambiente pós-traumático, do prolongamento do terceiro tempo, e do movimento em direção a novos objetos que possam funcionar como, e oferecer condições de, contrainvestimento *a posteriori*.

19  Au Coeur de la théorie psychanalytique, op. cit., p. 47.
20  CD, p. 69.

Naná, que aos três anos lutava para dominar e dar sentido à sua experiência, parece estar, de acordo com as informações que dei sobre seu caso, no momento pós-traumático. Ela tenta lidar com a experiência ao dirigir-se a um objeto confiável no mundo externo – o cuidador, a quem relata e de quem espera o reconhecimento de sua experiência. Sua mãe não parecia disposta a validar as sensações e percepções da filha. Caso Naná a tenha procurado com esse intuito, o beliscão na consulta pediátrica faz-nos supor que suas palavras não foram bem recebidas. A avó pareceu-lhe apta, um objeto confiável, e foi buscada como o outro que poderia dar sentido à experiência com o pai. Mais tarde, esse papel também me foi delegado transferencialmente.

Em decorrência de sua idade, e também do que parecia certa pressa de seus familiares em antecipar quase tudo que ela dizia, quando Naná falava sobre a experiência com o pai, ela não o fazia por meio de uma narrativa organizada. Faço essa observação notando que seu relato "fragmentado" causava-me angústia. Seu choro, nas primeiras sessões, pesava-me sobremaneira, assim como o pensamento – baseado em outros casos de temática incestuosa que havia atendido – de que minha posição assemelhava-se à de um sujeito que tentava apagar uma floresta em chamas com um pequeno balde. Como argumentou Freud, o trabalho de análise

caminha melhor se as experiências patogênicas do paciente pertencem ao passado, de forma que seu Eu possa manter-se a uma distância delas. Em estados de crise aguda, a análise é inútil para todas intenções e propósitos. Todo o interesse do Eu é tomado pela dolorosa realidade e ele se retira da análise que está tentando examinar sob a superfície e revelar as influências do passado[21].

Se o abuso sexual ocorrera, nada ainda indicava a possibilidade de as investidas terem cessado. Na mesma linha, caso fizesse sentido falarmos em uma experiência que ficara no passado, este ainda seria muito próximo temporalmente do momento atual. O balde teria um efeito irrisório, causaria uma pequena fumaça, na melhor das hipóteses. A narrativa, espontânea à princípio, mas fragmentada, revelava também o

---

21  Analysis Terminable and Interminable, *se*, v. xxiii, p. 232.

O TERCEIRO TEMPO DO TRAUMA

conflito em que fora colocada a criança; proibida de falar pelo pai, pela mãe, mas em busca de um objeto confiável que reconhecesse sua experiência.

Ghislaine Boulanger resume a opinião de diversos autores quando escreve:

> Dependendo da idade da criança e da relação com seu abusador, memórias como essas podem nunca ter sido formuladas, mas estão armazenadas em estados dissociados de *self*. O fato de que quase todo abuso acontece em privado, frequentemente com ameaças sobre as consequências de revelar o que ocorreu, dá espaço à distorção e também contribui para a vergonha, a incerteza e a dúvida que muitas vítimas de abuso sexual – e seus analistas – têm de enfrentar.[22]

Embora pudesse imaginá-la naquela situação, quando deixou de referir-se verbalmente à experiência com o pai, não pude escapar da sensação de que a forçava a falar algo que não queria ou sobre o que não sabia o que dizer. "As crianças", escreveu Ferenczi, "não têm confiança em seus próprios pensamentos e ações a não ser que estes sejam aprovados por seus pais"[23]. Mais que isso, podemos dizer que cada experiência ganha o *status* necessário à convicção quando é referendada pelos objetos externos investidos afetivamente; ou mais tarde, em razão da transferência, pela figura do analista.

Voltei a discutir o caso de Naná porque em muitos momentos fui tomado pela dúvida acerca da real extensão de suas experiências. À estimulação sexual feita por seu pai, somavam-se descrições da cena primária de um modo muito explícito. "A mulher senta no homem. Aperta. Não sei a cara dela. Mexe. Estão namorando", repetia ela, alterando vez ou outra os elementos, que descrevia de forma entrecortada. A falta de validação das percepções e sensações pela mãe – a negação de suas experiências – esvaziava suas brincadeiras, que mesmo quando se tornavam erotizadas, falando de "pinto", de "bater" e sobre "ser uma mulher" que namorava, evocavam-me a imagem de uma menina brincando de ser adulta. A falta de convicção sobre suas próprias vivências, efeito da reação de seus objetos de amor às tentativas elaborativas que realizou, foi sentida

22  *Wounded by Reality*, p. 29.
23  CD, p. 183.

contratransferencialmente como uma dificuldade de nomear os eventos reais escondidos por trás do que poderia ser considerado fantasioso. Eu a ouvia e via, mas a floresta em chamas parecia por vezes irreal.

Nelson Coelho Junior discutiu uma conferência proferida por Monique Schneider, em 1991, que nos ajudará na introdução de um aspecto importante da análise, quando o paciente viveu situações que podemos chamar de traumáticas. O paciente "mostra, eu vejo. Torno-me testemunha de algo"[24], escreve ele. Seguindo Schneider, ele afirma que:

uma recusa por parte do analista em reconhecer a realidade expressa pelo paciente, e principalmente aquela que remete a vivências traumáticas, implica o não reconhecimento dessas vivências também por parte do paciente[25].

Na mesma linha argumentativa, lemos em Mészáros: "Todos nós, psicanalistas e psicoterapeutas, somos 'testemunhas da existência' de experiências sofridas – nós somos os que autenticam experiências traumáticas."[26] Atenção ao implícito: nós, psicanalistas, testemunhamos os movimentos do psiquismo, o dínamo de repetição, não o fato em si, mas seus efeitos. Essa autenticação, esse reconhecimento, não consiste em um "subscrever" intelectual, como o carimbo de um órgão de censura política a chancelar determinada imagem, mas em um reconhecimento afetivo, "um acolhimento, se posso dizer assim, do traumático, do indizível", e – acrescento – do que só pode ser dito a muito custo, por uma parte do indivíduo que hesita em mostrar-se, "no espaço analítico"[27].

O ambiente pós-traumático e o analista como "a presença de alguém com quem se pode dividir e comunicar alegria e tristeza (amor e compreensão)" escreve Ferenczi, "pode CURAR o trauma"[28]. "Curar", no sentido que o atribuímos em português, parece-me um termo perigoso e demonstrativo tanto do otimismo ferencziano quanto de seu alardeado *furor curandis*.

---

24  *A Força da Realidade na Clínica Freudiana*, p. 156.
25  Ibidem, p. 163.
26  Elementos Para a Teoria Contemporânea do Trauma, *Percurso*, p. 19.
27  N. Coelho Junior, op. cit., p. 163.
28  *CD*, p. 201.

O TERCEIRO TEMPO DO TRAUMA

Os casos apresentados ao longo desta pesquisa indicam a possibilidade de que, se o ambiente pós-traumático for acolhedor, a formação do trauma pode não ser potencializada em um segundo momento, não acrescentar outra experiência disruptiva à primeira. Quando o ambiente pós-traumático falha em oferecer recursos elaborativos, ele pode estender-se no tempo, repetir-se à exaustão na busca de um objeto que possa testemunhar – acolher afetivamente a experiência. Como já citamos, ressaltando o tom característico utilizado por Ferenczi, é admissível supor que "as crianças superam mesmo os choques mais severos sem amnésia ou consequências neuróticas, se a mãe está à mão com compreensão e ternura e (o que é mais raro) com completa sinceridade"[29].

O que vemos nessas situações, nesses tipos de formação traumática, pode ser apresentado esquematicamente da seguinte forma: temos um primeiro tempo, que corresponde à experiência de choque; um segundo, notável pela procura, no ambiente, de elementos que auxiliem a metabolização da experiência; e um terceiro tempo ou fase, caracterizado pelo momento no qual os anteriores são ressignificados *nachträglich*. Na formação do trauma, em sua cronologia pessoal, a busca de validação pelos objetos externos confiáveis – a condição pós-traumática – pode ser considerada o segundo tempo, ou fase, do trauma, mas na teorização psicanalítica, ela foi destacada após o reconhecimento da experiência de choque e da possibilidade de integração *a posteriori*, como se Ferenczi teimasse em descrever um terceiro tempo não suficientemente abordado nos textos de Freud. Um momento tão indispensável que chegaria a condicionar a própria sequência da formação do trauma: se ele não foi assaz disruptivo quando do choque, poderia ser aqui encerrado, com a ajuda do objeto externo, ou potencializado, caso não seja reconhecido; tenderia a repetir-se e, dependendo de suas características, eventualmente emergir à consciência ao ser integrado após uma nova experiência, que lhe desse significado.

Ocorre-me uma história, que não posso deixar de contar. Era fevereiro de 1948, o líder comunista Klement Gottwald postou-se no balcão de um palácio rococó, de fachada rosa

---

29  Child Analysis in the Analysis of Adults, *Fin*, p. 138.

232 O TERCEIRO TEMPO DO TRAUMA: PARTE III

e branca em estuque, na praça da Cidade Velha, em Praga, a algumas dezenas de metros do monumento a Jan Hus. Centenas de milhares de pessoas fitavam o balcão. Milan Kundera nos diz que "Foi um grande marco na história da Boêmia. Um momento fatídico que ocorre uma ou duas vezes por milênio."[30] Aqui é provável que esteja exagerando, tanto o momento quanto seu caráter fatídico não são raros a tal ponto; o século xx viu-o diversas vezes. Mas Kundera é tcheco, e talvez dê importância a Gottwald no balcão do palácio, tanto por motivos históricos como por motivos estilísticos e afetivos. Sigamos o romancista, agora sem interrompê-lo:

Gottwald estava cercado por seus camaradas, e a seu lado, bem perto, encontrava-se Clementis. Nevava, fazia frio e Gottwald estava com a cabeça descoberta. Clementis, cheio de solicitude, tirou seu gorro de pele e colocou-o na cabeça de Gotttwald.

O departamento de propaganda reproduziu centenas de milhares de exemplares da fotografia da sacada de onde Gottwald, com o gorro de pele e cercado por seus camaradas, falou ao povo. Foi nessa sacada que começou a história da Boêmia comunista. Todas as crianças conheciam essa fotografia por a terem visto em cartazes, em manuais ou nos museus.

Quatro anos mais tarde, Clementis, acusado de traição, foi enforcado. De imediato, o departamento de propaganda fê-lo desaparecer da História e, claro, de todas as fotografias. Desde então, Gottwald aparece sozinho na sacada. No lugar em que estava Clementis não há mais nada a não ser a parede vazia do palácio.[31]

Não fosse o fim do regime soviético, ou antes, em 1978, a publicação do romance de Kundera, quem observasse a foto não se incomodaria com o vazio ao lado de Gottwald, nem se perguntaria se o gorro em sua cabeça era de fato dele. Na imagem utilizada pela propaganda, teríamos ao mesmo tempo um vazio e um objeto, ligados um ao outro, mas cuja relação seria desconhecida. O vazio na foto oficial indica o que só uma testemunha poderia relatar: "aquele gorro tinha outro dono, e o dono estava ali". O que gostaria de salientar é que, muitas vezes, parece ser preciso outro elemento para ligar a experiência traumática: aquele que reconhece as sensações e percepções que

30  O Livro do Riso e do Esquecimento, p. 7.
31  Ibidem.

O TERCEIRO TEMPO DO TRAUMA

nem sempre podem ser postas às claras; no processo analítico, podemos falar em um testemunho da experiência emocional, já que é a ela, e só a ela, que temos acesso. Para processar experiências traumáticas, é preciso alguém que reconheça que o gorro na cabeça de Gottwald foi colocado ali, com muita solicitude, por um vazio na parede. Ou, utilizando a bela frase de Myriam Uchitel: "Em todo paciente, em todo fragmento de sessão" e em muitos momentos históricos, acrescento, "podem estar presentes – para quem possa adverti-lo – os indícios do trauma."[32]

A formação traumática estruturada em três tempos pôde ser depreendida muitas vezes ao longo deste texto. Gavrilo sempre iniciava as sessões fazendo-me uma pergunta sobre algo que sentiu ou percebeu. Perguntava também sobre o que já sabia, esperando que eu validasse suas experiências e lhe desse elementos com os quais pudesse elaborar tanto o acidente como seu processo de reabilitação física. Eu testemunhava, assim, tanto seu acidente como sua recuperação. Naná fez algo semelhante, mas de forma mais explícita: perguntou se eu cuidaria dela. Na falta da mãe, percebendo limitações na avó, um novo objeto vinha a calhar. O efeito *nachträglich*, em seus casos, só pode ser visto amiúde, por causa da proximidade das experiências de comoção. Gavrilo, por exemplo, angustiou-se com a possibilidade de uma cirurgia que iria retirar alguns pinos de sua coluna vertebral; Naná afligia-se quando a mãe afirmava não poder enxergá-la mesmo a poucos metros. Já nos casos de Jennifer e da Sra. L., observamos eventos que reativavam, podemos dizer, suas experiências de choque. No caso da primeira, ser deixada sozinha, assim como algumas sensações, remetiam-na às cenas da guerra; no da última, determinados assuntos, imagens e cheiros forçavam a emergência de lembranças intoleráveis.

Qualquer generalização com intuito conclusivo daria uma compreensão ingênua da formação traumática. O que acompanhamos foi o trauma formando-se em um evento psiquicamente avassalador, ou em uma cadeia de situações interconectadas que têm relações intersubjetivas como pano de fundo. Em outras palavras: uma série de problemáticas e confusas interações com

32 *Neurose Traumática*, p. 134.

os objetos – os genitores, o analista ou outras figuras que são investidas afetivamente.

Fecho minha pasta parafraseando Ferenczi: "Espero que vocês não rejeitem sumariamente o que eu disse, mas retenham seu julgamento até" a próxima vez que um paciente deitar-se em seus divãs. "De toda forma, agradeço a cortês paciência"[33] com que leram minhas observações.

---

33 Child Analysis in the Analysis of Adults, op. cit., p. 142.

# Referências

I. Obras de Sigmund Freud:

A edição de referência utilizada neste estudo foi a *Standard Edition of the Complete Psychological Works of Sigmund Freud* (SE), em 24 volumes, sob coordenação de tradução de James Strachey (London: The Hogarth, 2001). A ordem das publicações originais, da mais recente à mais antiga, segue abaixo:

FREUD, Sigmund [1937a]. Analysis Terminable and Interminable. SE, v. XXIII.

_____ [1937b]. Constructions in Analysis. SE, v. XXIII.

_____ [1929-1930]. Civilization and Its Discontents. SE, v. XXI.

_____ [1926]. Inhibitions, Symptoms and Anxiety. SE, v. XX.

_____ [1925]. A Negativa. EPI, v. III.

_____ [1924]. The Economic Problem of Masochism. SE, v. XIX.

_____ [1920]. Além do Princípio do Prazer. EPI, v. II.

_____ [1914-1918]. From the History of an Infantile Neurosis. SE, v. XVII.

_____ [1915-1917]. Mourning and Melancholia. SE, v. XIV.

_____ [1916-1917]. Introductory Lectures on Psycho-Analysis (Part III). SE, v. XVI.

_____ [1915-1916]. Introductory Lectures on Psycho-Analysis (Parts I and II). SE, v. XV.

_____ [1915a]. Pulsões e Destinos de Pulsão. EPI, v. I.

_____ [1915b]. O Inconsciente. EPI, v. II.

_____ [1914a]. On the History of the Psycho-Analytic Movement. SE, v. XIV.

_____ [1914b]. Remembering, Repeating and Working-Through. SE, v. XII.

236     O TERCEIRO TEMPO DO TRAUMA: PARTE III

\_\_\_\_ [1914c]. À Guisa de Introdução ao Narcisismo. *EPI*, v. I.

\_\_\_\_ [1912]. The Dynamics of Transference. *SE*, v. XII.

\_\_\_\_ [1910]. The Psycho-Analytic View of Psychogenic Disturbance of Vision. *SE*, v. XI.

\_\_\_\_ [1905]. Three Essays on the Theory of Sexuality. *SE*, v. VII.

\_\_\_\_ [1900]. The Interpretation of Dreams. *SE*, v. IV-V.

\_\_\_\_ [1896a]. Further Remarks on the Neuro-Psychoses of Defence. *SE*, v. III.

\_\_\_\_ [1896b]. The Aetiology of Hysteria. *SE*, v. III.

\_\_\_\_ [1895]. Project for a Scientific Psychology. *SE*, v. I.

\_\_\_\_ [1894]. The Neuro-Psychoses of Defence. *SE*, v. III.

FREUD, Sigmund; BREUER, Josef [1893-1895]. Studies on Hysteria. *SE*, v. II.

Para alguns textos, em especial, nossas referências foram os três volumes dos *Escritos Sobre a Psicologia do Inconsciente* (EPI), nas *Obras Psicológicas de Sigmund Freud*, Rio de Janeiro, Imago, 2004 (v. 1), 2006 (v. 2) e 2007 (v. 3), sob a coordenação de tradução de Luiz Alberto Hanns.

As obras com títulos em inglês, portanto, referem-se às da *Standard Edition* (SE), e as com títulos em português, às dos *Escritos Sobre a Psicologia do Inconsciente* (EPI).

II. Obras de Sándor Ferenczi:

A edição de referência utilizada neste estudo foi a publicada pela Karnac, em 2002, em três volumes: *First Contributions to Psyho-Analysis* (C), *Further Contributions to the Theory and Technique of Psycho-Analysis* (FC) e *Final Contributions to the Problems and Methods of Psycho-Analysis* (Fin). As obras que não constam destas edições foram selecionadas entre as mais bem editadas e de mais fácil acesso ao leitor; é o caso, por exemplo, do *The Clinical Diary of Sándor Ferenczi*, publicado pela Harvard University Press.

FERENCZI, Sándor [1933]. Confusão de Línguas Entre os Adultos e a Criança. *Obras Completas*, v. 4. São Paulo: Martins Fontes, 1992.

\_\_\_\_ [1932-1933]. Confusion of Tongues Between Adults and the Child. The Language of Tenderness and of Passion, *Fin*.

\_\_\_\_ [1932]. *The Clinical Diary of Sándor Ferenczi*. Ed. Judith Dupont. Trad. Michael Balint; Nicola Z. Jackson. Cambridge/London: Harvard University Press, 1995.

\_\_\_\_ [1930-1932]. Notes and Fragments. *Fin*.

\_\_\_\_ [1931a]. On the Revision of the Interpretation of Dreams. *Fin*.

\_\_\_\_ [1931b]. Child Analysis in the Analysis of Adults. *Fin*.

\_\_\_\_ [1930]. The Principle of Relaxation and Neocatharsis. *Fin*.

O TERCEIRO TEMPO DO TRAUMA 237

_____ [1928a]. The Adaptation of the Family to the Child. *Fin.*
_____ [1928b]. The Elasticity of Psycho-Analytic Technique. *Fin.*
_____ [1925]. Contra-Indications to the "Active" Psycho-Analytical Technique. *FC.*
_____ [1924]. *Thalassa: Ensaio Sobre a Teoria da Genitalidade.* Trad. Álvaro Cabral. São Paulo: Martins Fontes, 1990.
_____ [1920]. The Further Development of an Active Therapy in Psycho-Analysis. *FC.*
_____ [1919a]. On the Technique of Psycho-Analysis. *FC.*
_____ [1919b]. Technical Difficulties in the Analysis of a Case of Hysteria. *FC.*
_____ [1916-1917]. Two Types of War Neuroses. *FC.*
_____ [1915]. Talkativeness. *FC.*
_____ [1913]. A Little Chanticleer. *C.*
_____ [1909]. Introjection and Transference. *C.*
FERENCZI, S. et al. *Psycho-Analysis and the War Neuroses.* London/Vienna/New York: The International Psycho-Analytical Press, 1921. (Reedição: Kessinger Publishing, 2010.)
FERENCZI, S.; RANK, Otto [1925]. *The Development of Psycho-Analysis.* New York/Washington: Nervous and Mental Disease Publishing Company. (Reedição: Kessinger Publishing, [S.l.].)

## III. Obras de outros autores:

Nos autores clássicos da psicanálise, mantivemos o ano da publicação original de seus trabalhos após seus nomes.

ABRAHAM, Karl [1907]. Les Traumatismes sexuels comme forme d'activité sexuelle infantile. In: ABRAHAM, Karl. *Oeuvres complètes de Karl Abraham/I.* Paris: Payot, 1965.
AGAMBEM, Giorgio. *The Time That Remains: A Commentary on the Letter to the Romans.* Stanford: Stanford University Press, 2005.
ANDERSSON, Ola. *Freud Precursor de Freud.* São Paulo: Casa do Psicólogo, 2000.
BALINT, Michael [1969a]. *The Basic Fault. Therapeutic Aspects of Regression.* Evanston: Northwestern University Press, 1992.
_____. [1969b]. Trauma and Object Relationship. *International Journal of Psycho-Analysis,* v. 50, n. 4.
BECKETT, Samuel. O Expulso. *Novelas.* Trad. Eloisa Araújo Ribeiro. São Paulo: Martins Fontes, 2006.
BERGMANN, Martin S. The Tragic Encounter Between Freud and Ferenczi and Its Impact on the History of Psycho-Analysis. In: RUDNYTSKY, Peter L.; BÓKAY, Antal; GIAMPIERI-DEUSTSCH, Patrizia (eds.). *Ferenczi's Turn in Psycho-Analysis.* New York: New York University Press, 1996.
BERNSTEIN, Anne Eduard. The Impact of Incest Trauma on Ego Development. In: LEVINE, Harry B. *Adult Analysis and Childhood Sexual Abuse.* Hillsdale: The Analytic Press, 1990.
BORGES, Jorge Luís; GUERRERO, Margarita. *O Livro dos Seres Imaginários.* 8. ed. São Paulo: Globo, 2000.
BOSI, Ecléa. *O Tempo Vivo da Memória: Ensaios de Psicologia Social.* 2. ed. São Paulo: Ateliê, 2004.

BOULANGER, Ghislaine. *Wounded by Reality: Understanding and Treating Adult Onset Trauma*. New York: Psychology Press, 2009.

BRABANT, Eva; FALZEDER, Ernest (eds.). *The Correspondence of Sigmund Freud and Sándor Ferenczi: Volume III, 1920-1933*. Cambridge/London: The Belknap Press of Harvard University Press, 2000.

_____. *The Correspondence of Sigmund Freud and Sándor Ferenczi: Volume II, 1914-1919*. Cambridge/London: The Belknap Press of Harvard University Press, 1996.

BRABANT, Eva; FALZEDER, Ernest; GIAMPIERI-DEUTSCH, Patrizia (eds.). *The Correspondence of Sigmund Freud and Sándor Ferenczi: Volume I, 1908-1914*. Cambridge/London: The Belknap Press of Harvard University Press, 1993.

CANESIN DAL MOLIN, Eugênio. Entre o Tempo e o Outro: O Reconhecimento da Experiência nas Franjas da Transferência. *II Colóquio de Psicanálise da Criança*. São Paulo: Instituto Sedes Sapientiae, 2012a.

_____. Fresh Old News From Ferenczi About the Function of Dreams: The Dream as a *Kur*, as a Treatment and as a *Gyógyászat*. *International Journal of Psycho-Analysis*, v. 93, 2012b.

_____. The Third Time of Trauma: Notes for a Better Understanding of Intersubjectivity in Trauma Formation. *International Ferenczi Conference: Faces of Trauma*. Hungria/Budapeste, 2012c.

_____. O Problema do Foco nas Primeiras Sessões Com Crianças Vítimas de Abuso Sexual. *Percurso: Revista de Psicanálise*, n. 46, 2011.

_____. *Discussões Sobre o Trauma Entre Freud e Ferenczi: Um Exercício Clínico-Teórico*. Monografia de especialização em Psicologia Clínica: Teoria Psicanalítica. São Paulo, Cogeae-PUC/SP, 2009.

CARUTH, Cathy. *Unclaimed Experience: Trauma, Narrative, and History*. Baltimore: The Johns Hopkins University Press, 1996.

_____ (ed.). *Trauma: Explorations in Memory*. Baltimore: The Johns Hopkins University Press, 1995.

COELHO JUNIOR, Nelson. Psicanálise, Corpo e *Setting*. In: FIGUEIREDO, Luis Claudio; COELHO JUNIOR, Nelson. *Ética e Técnica em Psicanálise*. 2. ed. ampl. São Paulo: Escuta, 2008.

_____. *A Força da Realidade na Clínica Freudiana*. São Paulo: Escuta, 1995.

CROMBERG, Renata U. *Cena Incestuosa: Abuso e Violência Sexual*. São Paulo: Casa do Psicólogo, 2004.

DAVID, Gilles. (org.). *J'Ai commis l'incest*. Québec: Les Éditions de L'Homme, 1995.

DAYAN, Maurice. *Inconscient et réalité*. Paris: PUF, 1985.

_____. Freud et la trace: Le Temps de la mémoire. *Topique*, n. 11-12. Paris: PUF, 1973.

FALZEDER, Ernest (ed.). *The Complete Correspondence of Sigmund Freud and Karl Abraham, 1907-1925. Completed edition*. London: Karnac, 2002.

FAULKNER, William [1932]. *Light in August*. In: FAULKNER, William. *Novels 1930-1935*. New York: The Library of America, 1985.

FECZER, Diana; BJORKLUND, Pamela. Forever Changed: Posttraumatic Stress Disorder in Female Military Veterans, A Case Report. *Perspectives in Psychiatric Care*, v. 45, n. 4, oct, 2009.

FIGUEIREDO, Luis Claudio. Presença, Implicação e Reserva. In: FIGUEIREDO, Luis Claudio; COELHO JUNIOR, Nelson. *Ética e Técnica em Psicanálise*. 2. ed. ampl. São Paulo: Escuta, 2008.

_____. *Palavras Cruzadas Entre Freud e Ferenczi*. São Paulo: Escuta, 1999.

O TERCEIRO TEMPO DO TRAUMA 239

FORTUNE, Christopher (ed.). *The Sándor Ferenczi: Georg Groddeck Correspondence, 1921-1933*. London: Open Gate Press, 2002.

FRANKEL, Jay. Identification With the Aggressor and the "Normal Traumas": Clinical Implications. *International Forum of Psycho-Analysis*, v. 13, 2004.

_____. Ferenczi's Trauma Theory. *American Journal of Psycho-Analysis*, v. 58, 1998.

GAY, Peter. *Freud: Uma Vida Para Nosso Tempo*. São Paulo: Companhia das Letras, 2007.

GIAMPIERI-DEUSTCH, Patrizia. The Influence of Ferenczi's Ideas on Contemporary Standard Technique. Trad. Peter L. Rudnytsky. In: RUDNYTSKY, Peter L.; BÓKAY, Antal; GIAMPIERI-DEUSTSCH, Patrizia (eds.). *Ferenczi's Turn in Psycho-Analysis*. New York: New York University Press, 1996.

GINZBURG, Jaime. O Narrador na Literatura Brasileira Contemporânea. *Tintas. Quaderni di Letterature Iberiche e Iberoamericane*, v. 2, 2012.

GOMBROWICZ, Witold. *Cosmos*. São Paulo: Companhia das Letras, 2007.

GREEN, André. The Greening of Psycho-Analysis. In: KOHON, Gregorio (ed.). *The Dead Mother. The Work of André Green*. London: Routledge, 1999.

GUELLER, Adela S. *Vestígios do Tempo: Paradoxos da Atemporalidade no Pensamento Freudiano*. São Paulo: Arte & Ciência, 2005.

HANNS, Luiz Alberto. *Dicionário Comentado do Alemão de Freud*. Rio de Janeiro: Imago, 1996.

HAYNAL, André E. *Disappearing and Reviving, Sándor Ferenczi in the History of Psycho-Analysis*. London: Karnac, 2002.

HELLER, Peter (ed.). *As Cartas de Anna Freud a Eva Rosenfeld*. Rio de Janeiro: Imago, 1994.

HEMINGWAY, Ernest. *O Verão Perigoso*. Trad. Ana Zelma Campos. Rio de Janeiro: Bertrand Brasil, 2006.

HOFFER, Axel. Introduction. In: BRABANT, Eva; FALZEDER, Ernest (eds.). *The Correspondence of Sigmund Freud and Sándor Ferenczi: Volume II, 1914-1919*. Cambridge/London: The Belknap Press of Harvard University Press, 1996.

HORNBY, Albert Sidney; WEHMEIER, Sally (eds.). *Oxford Advanced Learner's Dictionary of Current English*, 2002.

HUNGARIAN RAILWAY MUSEUM. (Magyar Vasúttörténeti Park.) Disponível em: <http://www.mavnosztalgia.hu/en/menu/102>. Acesso em: 5 jan. 2016.

JANIN, Claude. Au Coeur de la théorie psychanalytique: Le Traumatisme. *Le Traumatisme psychique. Organisation et désorganisation*. Monographies de Psychanalyse de la Revue Française de Psychanalyse. Paris: PUF, 2005.

_____. *Figures et destins du traumatisme*. Paris: Presses Universitaires de France, 2004.

JONES, Ernest. *A Vida e a Obra de Sigmund Freud. Volume 2: A Maturidade*. Trad. Júlio Castañon Guimarães. Rio de Janeiro: Imago, 1989.

JOUVENEL, Geneviève François. *Sándor Ferenczi: Un Psychanalyste Humaniste*. Paris: EPU, 2010.

KAHTUNI, Haydée C.; SANCHES, Gisela P. *Dicionário do Pensamento de Sándor Ferenczi: Uma Contribuição à Clínica Psicanalítica Contemporânea*. Rio de Janeiro/São Paulo: Elsevier/Fapesp, 2009.

KARINTHY, Frigyes [1939]. *A Journey Round My Skull*. Trad. Duckworth Barker. New York: New York Review of Books, 2008.

KNOBLOCH, Felícia. *O Tempo do Traumático*. São Paulo: Educ/Fapesp, 1998.

KUNDERA, Milan. *A Lentidão*. Trad. Maria Luiza Newlands da Silveira e Teresa Bulhões Carvalho da Fonseca. São Paulo: Companhia das Letras, 2011.

_____ [1978]. *O Livro do Riso e do Esquecimento*. São Paulo: Círculo do livro, [S.d.].

KUPERMANN, Daniel. A Via Sensível da Elaboração. Caminhos da Clínica Psicanalítica. *Cadernos de Psicanálise-CPRJ*, ano 32, n. 23. Rio de Janeiro, 2010.

_____. *Presença Sensível: Cuidado e Criação na Clínica Psicanalítica*. Rio de Janeiro: Civilização Brasileira, 2008.

LACAPRA, Dominick. *Writing History, Writing Trauma*. Baltimore: The Johns Hopkins University Press, 2010.

LAPLANCHE, Jean. *La Révolution copernicienne inachevée*. Paris: PUF, 2008.

_____. *Problématiques VI: L'Aprés-coup*. Paris: PUF, 2006.

_____. *Problemáticas I: A Angústia*. 3. ed. Trad. Álvaro Cabral. São Paulo: Martins Fontes, 1998.

_____. *Problemáticas III: A Sublimação*. Trad. Álvaro Cabral. São Paulo: Martins Fontes, 1989.

LAPLANCHE, Jean; PONTALIS, Jean-Bertrand. *Vocabulário de Psicanálise*. 3. ed. São Paulo: Martins Fontes, 2008.

LE GUEN, Claude. *Dictionnaire freudien*. Paris: PUF, 2008.

LENDVAI, Paul. *The Hungarians: A Thousand Years of Victory in Defeat*. Trad. Ann Major. Princeton: Princeton University Press, 2003.

LEYS, Ruth. *Trauma: A Genealogy*. Chicago: The University of Chicago Press, 2000.

LUKACS, John. *Budapest 1900*. New York: Grove Press, 1988.

MASSON, Jeffrey M. (ed.). *The Complete Letters of Sigmund Freud to Wilhelm Fliess 1887-1904*. Cambridge/London: The Belknap Press of Harvard University Press, 1985.

MENEZES, Lucianne S. *Desamparo*. São Paulo: Casa do Psicólogo, 2008.

MÉSZÁROS, Judit. Elementos Para a Teoria Contemporânea do Trauma: A Mudança de Paradigma de Ferenczi. Trad. Eugênio Canesin Dal Molin. *Percurso: Revista de Psicanálise*, n. 46, 2011.

MEYER-PALMEDO, Ingeborg (org.). *Correspondência 1904-1938/Sigmund Freud, Anna Freud*. Trad. Kristina Michahelles. Porto Alegre: L&PM, 2008.

MEZAN, Renato. *Freud: A Trama dos Conceitos*. 4. ed. São Paulo: Perspectiva, 2006a.

_____. *Freud, Pensador da Cultura*. 7. ed. São Paulo: Companhia das Letras, 2006b.

MILOSZ, Czesław. *Mente Cativa*. Trad. Jane Zielonko. São Paulo: Novo Século, 2010.

MONZANI, Luiz Roberto. *Freud: O Movimento de um Pensamento*. Campinas: Editora Unicamp, 1989.

MÜLLER, Herta. *Sempre a Mesma Neve e Sempre o Mesmo Tio*. Trad. Claudia Abeling. São Paulo: Globo, 2012.

PASKAUSKAS, R. Andrew. *The Complete Correspondence of Sigmund Freud and Ernest Jones, 1908-1939*. Cambridge/London: The Belknap Press of Harvard University Press, 1995.

PINHEIRO, Tereza. *Ferenczi: Do Grito à Palavra*. Rio de Janeiro: Jorge Zahar/UFRJ, 1995.

RACHMAN, Arnold W. *Sándor Ferenczi: The Psychotherapist of Tenderness and Passion*. Northvale: Jason Aronson, 1997.

RANK, Otto [1924]. *The Trauma of Birth*. Eastford: Martino Fine Books, 2010. (Reimpressão da edição de 1952.)

RISEN, James. *The Struggle for Iraq: Treatment of Prisoners; GI's Are Accused of Abusing Iraqi Captives*, 2004. Disponível em: <http://www.nytimes.com/>. Acesso em: 5 jan. 2016.

ROAZEN, Paul. *Freud and His Followers*. New York: Da Capo Press, 1992.

O TERCEIRO TEMPO DO TRAUMA 241

RUDNYTSKY, Peter L. Introduction: Ferenczi's Turn in Psycho-Analysis. In: RUD-NYTSKY, Peter L.; BÓKAY, Antal; GIAMPIERI-DEUSTSCH, Patrizia (eds.). *Ferenczi's Turn in Psycho-Analysis*. New York: New York University Press, 1996.

SCHNEIDER, Monique. *Le Trauma et la filiation paradoxale*. Paris: Ramsay, 1988.

SCHRÖTER, Michael (ed.). *Sigmund Freud-Max Eitingon. Correspondance 1906-1939*. Trad. Olivier Mannoni. Paris: Hachette Littératures, 2009.

SHAKESPEARE, William. *Hamlet*. Trad. Millôr Fernandes. Porto Alegre: L&PM, 2001.

SKLAR, Jonathan. *Landscapes of the Dark. History, Trauma, Psycho-Analysis*. London: Karnac, 2011.

SOLZHENITSYN, Aleksandr I. *The Gulag Archipelago, 1818-1956*. New York: Perennial Classics, 2002.

SOUZA, Paulo César. *As Palavras de Freud: O Vocabulário Freudiano e Suas Versões*. São Paulo: Companhia das Letras, 2010.

STANTON, Martin. *Sándor Ferenczi: Reconsidering Active Intervention*. London: Free Associated Books, 1990.

STRACHEY, James [1958]. Editors Introduction to Remembering, Repeating and Working-Through. In: FREUD, Sigmund. *SE*, v. XII. London: The Hogarth Press, 2001.

TALARN, Antoni. *Sándor Ferenczi: El Mejor Discípulo de Freud*. Madri: Biblioteca Nueva, 2003.

THOMÄ, Helmut; CHESHIRE, Neil. Freud's *Nachträglichkeit* and Strachey's "Deferred Action": Trauma, Constructions and the Direction of Causality. *International Review of Psycho-Analysis*, v. 18, 1991.

UCHITEL, Myriam. *Neurose Traumática: Uma Revisão Crítica do Conceito de Trauma*. São Paulo: Casa do Psicólogo, 2004.

VAN HAUTE, Philippe; GEYSKENS, Tomas. *Confusion of Tongues. The Primacy of Sexuality in Freud, Ferenczi, & Laplanche*. New York: Other Press, 2004.

WILLIAMS, Tennessee. *The Collected Poems of Tennessee Williams*. In: ROESSEL, David; MOSCHOVAKIS, Nicholas (eds.). New York: New Directions, 2002.

_____. *Moise e o Mundo da Razão*. Trad. Leonel Vallandro. São Paulo: Círculo do Livro, [S.d.]

WINNICOTT, Donald W. [1969]. A Experiência Mãe-Bebê de Mutualidade. In: WINNICOTT, Clare; SHEPHERD, Ray; DAVIS, Madeleine. (orgs.). *Explorações Psicanalíticas de D. W. Winnicott*. Porto Alegre: Artes Médicas, 1994.

Este livro foi impresso na cidade de Cotia,
nas oficinas da Meta Brasil,
para a Editora Perspectiva.